쇼핑은 어떻게 최고의

엔터테인먼트가 되었나

쇼핑은 어떻게 최고의 엔터 테인 먼트가 되었나

석혜탁 지음

리테일 비즈니스, 소비자의 욕망을 읽다

미래의
창

리테일 비즈니스
욕망, 공간, 기술의 향연

미국의 유력 경제지인 《포브스Forbes》는 마윈馬雲 알리바바그룹 회장을 '리테일테인먼트 총사령관retail-tainment-in-chief'이라 칭한 바 있다. 더불어 광군제의 시작을 알리는 갈라쇼에 대해서는 아카데미 시상식, 신년 축하, 슈퍼볼(매년 미국 프로 미식축구의 우승팀을 결정하는 경기)을 합쳐놓은 것 같다고 평가했다. 실제로 광군제는 쇼핑 이벤트라기보다는 일종의 문화 페스티벌에 가깝다. 쇼핑은 단순히 물건을 구매하는 행위로 그 의미가 한정되지 않는다. 언제부터인가 쇼핑은 각종 욕망이 집약된 최고의 엔터테인먼트가 되었다.

　우리가 일상에서 마주치는 비즈니스의 대부분은 '유통'이라는 카테고리를 벗어나는 것이 거의 없다고 해도 과언이 아니다. 유통이란 무엇일까. 유통은 사전적으로 '상품 따위가 생산자에서 소비자, 수요자에 도달하기까지 여러 단계에서 교환되고 분배되는 활동'이자 '생산과 소비를 이어주는 중간기능으로, 생산품의 사회적 이동에 관계되는 모든 경제활동'으로 정의된다. 유통은 '사회적·경제적 현상의 현실적 행위'이기 때문에 '유통학'은 종합적인 사회과학 성격의 학문이라고 할 수 있다. 한자 '流通'을 살펴보면 더 쉽게 이해할 수 있을 것이다. 한마디로 상품이나 서비스가 흐르고流 통하는通 활동이다.

물론 최근 유통산업에서는 PB Private Brand(자체 브랜드)의 확산과 같이 제조업의 성격을 띠는 현상 역시 발견되고 있지만, 유통의 무게중심은 여전히 중개와 매개에 있다. 유통산업은 고용유발 효과가 제조업의 3배가 될 정도로 일자리 창출에 혁혁히 기여하고 있다. 백화점, 복합쇼핑몰, 마트, 편의점, 홈쇼핑, 면세점, 모바일 커머스 등 유통산업으로 분류되는 기업과 그에 따른 일자리도 넘쳐난다.

이렇듯 만사형통이 아니라 '만사유통'인 시대이다. 필자는 유통산업에서 벌어지는 각종 변화들과 이슈를 여러 각도에서 재조명해보는 대중적인 경제경영서에 대한 갈증으로 이 책을 써내려갔다. 이 책을 통해 유통의 출발과 업태의 변화 및 이슈에 대해 살펴보고자 한다.

백화점, 복합쇼핑몰, 마트 등 업태에 따라 직면해 있는 상황이 각기 다르고 중요하게 바라봐야 할 내용 또한 상이하다. 업태별로 주요 쟁점을 살펴보는 과정을 통해 리테일 비즈니스 세계를 조망해보는 기회를 얻을 수 있을 것이다. 또한 소비자의 욕망을 읽을 수 있는 단서가 되는 마케팅 이슈와 소비 트렌드에 대한 내용을 담았다. 4차 산업혁명 시대에 유통산업에도 거센 변화의 물결이 몰아칠 텐데, 다양한 기술과 창의적으로 융합하고 있는 유통 현장의 모습도 한 파트로 구성을 했다. 유통

공간이 명소가 되고, 하나의 상권으로 주목받는 현장도 담았다. 마지막 부록에는 유통업계에 취업하려는 이들을 위한 조언을 정리했다.

이 책의 독자층은 비단 유통업에 종사하는 사람들로 국한되지 않는다. 마케팅 담당자 역시 본인이 활동하고 있는 산업이 무엇이냐에 상관없이 유통산업에 대한 높은 이해도를 가지고 있어야 한다. 가령 자동차 회사 마케터라면 사람들이 많이 모이는 유통 핫플레이스를 대관하여 신차 홍보를 진행할 수도 있고, 백화점의 사은행사 1등 경품으로 자사 차량을 제안할 수도 있으며, 롯데월드몰에 있는 '커넥트 투CONNECT TO'처럼 복합문화카페를 고안해볼 수도 있다. 이 외에도 수많은 종류의 협업이 가능하다.

카드회사 마케터는 또 어떠한가? 카드와 유통의 결합은 곧 다양한 제휴 마케팅으로 이어진다. 또 집객효과를 극대화할 수 있는 공간에서 신규 출시 카드의 회원모집을 성공적으로 이어갈 수 있다. 적립과 할인 등을 통해 여러 형태의 유통업체와 건설적인 파트너십을 맺을 수도 있다. 금융도 마찬가지다. 우리은행은 크리스피크림도넛과 콜라보 매장을 선보인 바 있다. 비대면 거래가 확산되면서 편의점과 전략적 제휴를 맺으려는 은행 간 경쟁도 치열하다. IT, 관광 등도 예외가 아니다.

어떤 산업에서건 마케터라면 유통산업을 면밀하게 관찰하고 있어야 한다. 아울러 트렌드에 관심이 많은 2030 세대, 패션업계 및 물류업계 종사자, 경영학 및 광고홍보 전공자 등도 이 책의 주요 독자가 되리라 생각한다. 이 책을 통해 유통이라는 키워드와 독자 여러분의 거리가 가까워지길 바란다.

차례

들어가며 5

PART 1 **리테일 레볼루션, 유통업의 변화를 읽다**

거센 변화에 직면한 한국의 유통산업 13

'유통 맏형' 백화점 18

대형마트, 세계의 문을 두드리다 31

'편의점 왕국'의 미래는 어떻게 될 것인가 43

쇼핑하는 인간의 원더랜드, 복합쇼핑몰의 탄생 54

H&B 스토어, 한국형 드러그스토어로 부상하다 68

홈쇼핑, 쇼핑의 경계를 허물다 78

한국 면세점의 세계적인 경쟁력 88

SSM, 슈퍼마켓의 전문화·대형화·체인화 96

PART 2 **소비자의 욕망, 리테일 비즈니스 트렌드를 좌우하다**

17억 무슬림을 향한 구애 107

젠더 감수성이 새로운 소비 시장을 만든다 113

육식은 정말 '본능'일까? 채식을 허하라! 119

그린green으로 그린grin하다 126

남심을 잡기 위한 맨플루언서 마케팅 경쟁 131

'라이프스타일'에 집중하는 패션 비즈니스 138

슬리포노믹스, 잠이 돈이 되는 시대 143

시니어 친화적인 기업만이 살아남는다 147

호모 렌털쿠스, 소유하지 않는 인간의 출현 156

케모포비아, 화학제품 소비 트렌드를 바꾸다 162

취향의 시대, 유업계가 우유만 팔지 않는 까닭 167

펫팸족이 만들어내는 펫코노미 171

광군제, 전 세계가 즐기는 쇼핑 축제 180

기념일을 활용한 이색적인 데이 마케팅 185

홈트족의 니즈를 읽어라 190

레트로 마케팅, 추억과 분위기를 판매하다 195

머리카락을 지켜라! 급성장하는 탈모 시장 201

PART 3 미래 산업을 좌우할 리테일 테크놀로지의 진화

'리테일 테크', 가격 표시제가 바뀐다 209

쇼핑 도우미 역할의 로봇 등장 213

VR스토어, 고글을 쓰고 떠나는 쇼핑 여행 217

왕홍 커머스에 주목하라 222

무인 매장, 유통혁명의 총아? 228

빠르고 안전한 배송을 위한 물류 경쟁 234

PART 4 공간을 마케팅하는 리테일의 과학

향기가 공간을 지배한다 241

문센의 변신, 공익 마케팅의 실현 246

'쇼핑의 과학'으로 몰고어를 사로잡다 251

'씨네 라이브러리', 영화를 읽다 255

유통공간의 정치학 258

만화카페, 새로운 문화 쉼터 262

경험을 소비하라, 스포테인먼트 콘텐츠 266

루프톱 상권, 날개를 달다 271

지역 친화 마케팅, 고객과의 거리를 좁히다 275

복층 편의점, 공간 활용의 상상력을 더하다 280

부록 리테일 취업 어드바이스

영수증을 허투루 보지 마라 289

우문현답 292

플로어 가이드를 모아라 295

여기만은 가보고 자소서를 쓰자 298

실패해도 좋다, 공모전에 지원하라 304

'비非상경계' 걱정 말고, 경제자격증을 취득하라 307

참고문헌 311

PART 1

리테일 레볼루션,
유통업의 변화를 읽다

거센 변화에 직면한
한국의 유통산업

국내 유통산업은 여러 환경 변화에 직면해있다. 첫 번째는 인구 감소 현상이다. 지속적인 인구 감소로 2050년에 이르면 인구성장률이 -0.76%가 될 것으로 예측된다. IMF는 한국이 2050년에 총인구 대비 노동력을 2000년 수준으로 유지하고자 한다면 총인구의 35%에 달하는 누적 이주 노동자가 필요하다고 지적하기도 했다.

한국보건사회연구원에 따르면 우리나라 인구는 2026년 5,165만 명으로 정점을 찍은 후 하향곡선을 그리기 시작해 2050년에는 4,600여만 명으로 감소한다. 심지어 2100년에는 2,222만 명으로 반토막이 날 것으로 전망했다. 인구가 절반으로 줄어든다는 것은 한국 사회를 지탱해왔던 모든 사회적, 경제적, 정치적 시스템의 작동이 제대로 이뤄지지 않을 수 있다는 것을 의미한다.

대한민국의 1, 2위 도시도 인구 감소 흐름에서 자유롭지 못하다. 서울시는 2015년 천만 명을 정점으로 인구가 줄기 시작해 글로벌 메가시티(인구 천만 명이 넘는 소형 국가급 초대형 도시) 경쟁에서 뒤처질 위험에 처해 있다. 부산의 인구는 2016년에 처음으로 심리적 마지노선인 350만 명 이하로 줄어들었다. 서울과 부산의 총인구 감소는 소비와 산업의 잠재성장률과 미래 경쟁력을 떨어뜨릴 공산이 크다. 인구에 대한 전망치가 기관마다, 측정 기준마다 다소 다르긴 하지만 한국의 인구 감소세가 엄연한 현실인 것만은 분명하다. 이에 따라 유통업체를 찾는 고객의 수역시 자연히 감소할 것이다.

두 번째는 고령화 현상이다. 2050년 한국의 노인 비율은 일본에 이어세계 2위가 될 것으로 예측된다. 여타 선진국들이 고령화 사회에서 초고령사회로 들어서는 데 100년 내외의 시간이 걸렸던 것에 비해, 한국은그 시간이 26년밖에 되지 않는다. 참여정부에서 초대 청와대 정책실장을 지냈던 경제학자 이정우 교수는 외국과 우리의 고령화 속도를 비교하며 다음과 같이 비유했다. "다른 나라들은 마라톤 선수처럼 달리는데한국은 인간탄환 우사인 볼트처럼 질주하고 있다."

이러한 변화에 따라 상대적으로 금융 자산과 여유시간이 풍부한 고령자층의 특성을 면밀하게 고려하여 이들을 대상으로 한 상품 및 서비스의 개발이 활발해질 전망이다. 또한 고령자들은 도보로 이용 가능한점포를 선호하므로 시가지나 주택지에 근접한 중소 소매점의 확대에 대해서도 고민해봐야 한다.

세 번째는 여성의 사회진출 및 1인 가구의 증가이다. 2014년 여학생의 대학 진학률은 약 74.6%로 67.6%의 남학생보다 높았다. 외무고시합격자와 약사의 60% 이상이 여성이고, 9급 공무원 합격자의 절반이 여성 수험생이다. 대학(원) 전임교원, 의사, 치과의사, 한의사 등은 여성의 비율이 여전히 30%가 채 되지 않지만, 그럼에도 이전에 비해 공직과 전문직에 종사하는 여성의 수는 꾸준히 증가하고 있다.

여성들은 이전보다 훨씬 더 다양한 분야에 진출하고 있고, 왕성한 소비력을 보이는 연령대도 가지각색이다. 유통업계는 여성들의 세분화된 취향을 사로잡기 위한 매력적인 라이프스타일 콘텐츠를 발굴하는 데 노력해야 할 것이다. 또한 제품 브랜딩이나 프로모션 과정에서 '젠더 감수성'에 어긋나는 문구나 표현은 없는지 각별히 주의해야 한다.

1인 가구의 증가세는 또 어떠한가. 통계청은 2020년 한국에서 1인 가구 비중이 30%에 육박하는 600만 명에 달할 것으로 전망했다. 1980년에 1인 가구가 전체 가구에서 차지하는 비중이 4.8%였던 것을 감안하면 그야말로 격세지감이다. 1인 가구는 연평균 5.0~7.6%에 달하는 증가율을 보이고 있는데, 이는 2인 가구의 증가 속도보다 높은 수치이며, 3인 가구와 비교하면 1.5배에 해당하는 증가 속도다. 사실 1인 가구의 증가는 세계적인 현상이다. 스웨덴은 이미 1인 가구의 비중이 50%에 육박한다. 다만 한국의 경우 그 변화 추세가 상당히 빠른 국가라는 것이 특기할 만하다.

유통업계는 미국의 사회학자 에릭 클라이넨버그^{Eric Klinenberg}가 말한 작금의 '싱글턴 사회^{Singleton Society}'에서 어떤 서비스로 고객의 마음을 사로잡을 수 있을지 심사숙고해야 할 것이다. '싱글턴'은 혼자 사는 사람들을 일컫는 말로, 독신과는 차이가 있다. 독신인 사람들은 혼자 사는 경우도 있고, 그렇지 않은 경우도 있다. 어떤 독신자들은 애인 혹은 룸메이트와 함께 생활을 영위해간다. 따라서 독신자라고 해서 모두 싱글턴인 것은 아니다.

2020년이 되면 1인 가구의 시장 규모가 120조 원에 이를 것이라는 전망도 나왔다. '개인화 비즈니스 트렌드'는 유통산업 내에서 매우 다채롭게 펼쳐질 것이다. 최근 1인 고객을 위한 소포장 제품, 1인 전용 좌석 등 1인 가구 맞춤형 아이템이 증가하고 있고 혼술, 혼밥 등을 즐기는 나홀로 문화(이른바 '혼족')가 확산되고 있는 흐름을 예의 주시해야 한다.

최근에는 심지어 '점오 가구'라고 부르는 0.5인 가구까지 등장한 상황이다. 1인 가구 중에 2곳 이상에 거처를 두거나 여행과 출장 등으로 자주 집을 비우는 부류를 가리킨다. 1인 가구와 관련한 경제 트렌드를 가리키는 '솔로 이코노미Solo Economy'를 넘어, 0.5인 가구는 '하프 이코노미Half Economy'로 지칭된다.

네 번째 환경 변화는 유통산업의 글로벌화로 촉발된 국내 유통기업의 해외진출이다. 1990년대 유통시장 개방으로 업계에는 당시 초비상이 걸렸지만, 결과적으로는 까르푸와 월마트가 한국에서 사업을 접고 짐을 싸는 신세가 됐다. 반면 이마트를 비롯한 한국의 유통기업들은 경쟁력을 제고하고 보다 선진화된 운영 노하우를 확보할 수 있었다. 이를 기초로 활발한 해외진출이 이뤄졌고, 그 흐름은 계속되고 있다. 중국, 베트남, 인도네시아, 몽골, 말레이시아, 이란 등 이전에 비해 진출 국가를 다변화하고 있다는 점이 주목할 만하다.

대형마트의 해외진출은 단순히 '유통기업의 세계화' 정도로 그 의미가 국한되지 않는다. 미·식·통 산업과 한국문화가 다양한 시너지 효과를 낼 수 있는 발판을 마련한 것으로도 해석할 수 있다. 패션·코스메

틱·성형 등을 의미하는 미^美 산업, 한식·외식점·음료·가공식품 등의 식^食 산업, 백화점·대형마트·홈쇼핑·온라인 몰 등 유통산업을 포괄하는 통^通 산업이 한국문화와 융화되어 부가가치를 창출할 수 있는 것이다.

다섯 번째는 모바일 커머스의 성장이다. 모바일 쇼핑과 같은 개념인 모바일 커머스는 '손 안의 시장'이라고도 불리며, 모바일 기기를 이용한 모든 유형의 전자상거래를 지칭한다. 모바일 커머스는 온라인 상거래가 증가하고, 스마트폰의 대중화가 이뤄지면서 활성화되었다. 모바일 커머스는 편재성^{ubiquity}, 접근성^{reachability}, 보안^{security}, 편리성^{convenience}, 위치확인^{localization}, 즉시 연결성^{instant connectivity}, 개인화^{personalization} 등의 특성을 지닌다.

단순한 인스턴트 메신저로 시작했던 카카오톡은 4,800만 명(2016년 기준)의 가입자 수를 바탕으로 다양한 O2O^{Online to Offline} 서비스를 제공하고 있다. 모바일 커머스 환경에서 오프라인, TV, PC 등 채널별 구획의 의미가 줄어들면서 시장의 경계가 허물어지고 있다. 다양한 업체에서 경쟁적으로 모바일 커머스에 뛰어들고 있으며, 모바일 거래의 비중 또한 증가세를 보이고 있다.

'유통 맏형'
백화점

백화점은 다양한 유형의 상품과 깊이 있는 구색을 갖추어놓고 고객에게 다양한 서비스를 제공하는 대표적인 소매 업태다. 주로 의류, 잡화, 가정용품 등을 중심으로 폭넓은 제품 계열을 취급하는데, 각 제품 계열은 전문구매자나 머천다이저merchandiser, MD가 관리한다.

정체기의 벽을 넘어설 수 있을 것인가
——

국내 백화점 매출 규모는 30조 원에 조금 못 미치는 수준이다. 2012년부터 2017년까지 29조 원대에 머무르고 있어, 백화점 업계에서는 '미魔의 30조 원 벽'이라는 표현을 쓰곤 한다.

　2009년에 매출 규모 20조 원을 돌파한 지 8년이 지나도록 30조 원을 넘어서지 못한 배경은 무엇일까? 일단 온라인 쇼핑의 성장세가 결정적인 요인으로 거론된다. 전자상거래 기술의 발달과 온라인 시장의 성장

뒤에는 대표적인 오프라인 채널인 백화점을 방문하는 고객의 수가 정체되고 있다는 사실이 숨어 있다. 그래서 한편으로는 전자상거래가 백화점을 '전시장'으로 바꾸고 있다는 자조 섞인 목소리도 들린다. 그 외 고고도미사일방어체계^{THAAD, 사드} 배치로 촉발된 중국의 경제 보복, 유통산업에 대한 규제 강화 분위기 등도 백화점 성장 둔화에 영향을 미쳤다고 볼 수 있다.

백화점의 경우 마트나 편의점 등 다른 유통업태에 비해 상대적으로 고가의 내구소비재 및 패션상품의 구성비가 높다. 이런 상품들은 경기 변동에 탄력적인 특징을 갖기 때문에 경제상황의 변화에 영향을 많이 받는다.

백화점 빅3, 시장을 지배하다

2016년을 기점으로 국내 백화점 전체 점포 수는 100개를 넘어섰다. 국내 백화점 빅3로는 롯데백화점, 신세계백화점, 현대백화점이 꼽힌다. 2017년 초 기준으로 점포 수를 살펴보면 롯데가 33개, 현대가 15개, 신세계가 13개다. 빅3의 시장점유율은 80%에 달한다.

IMF 사태가 백화점의 대형화를 몰고 왔다는 분석이 있다. 롯데, 현대, 신세계가 이 시기에 자금난에 봉착했던 작은 백화점들에 대한 인수 경쟁을 치열하게 벌였기 때문이다. 빅3가 백화점 업계에서 차지하는 비중은 1997년도 47%에서 IMF 사태를 거친 1999년에는 75%로 대폭 상승했다.

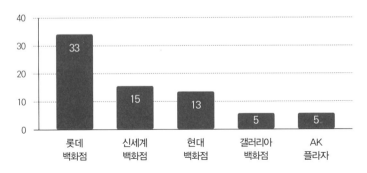

국내 주요 백화점 점포 수(단위: 개)

2017년도 초 기준

또한 백화점을 운영하려면 적정 부지 매입 및 건축에 막대한 금액이 필요하다. 이런 대규모 투자자금이 높은 진입장벽이 되어 새로운 경쟁자의 진출을 어렵게 만들고 있다.

1979년 설립된 롯데백화점은 지하철역과 같이 쇼핑객들이 몰리는 특정 거점을 중심으로 주요 입지를 '선점preemption'하고 있다. 롯데백화점을 상대로 경쟁하려면 점포 입지에서부터 난관에 부딪히기 십상이다. 롯데는 1979년 12월에 기존 백화점(3천 평 정도)의 2배 이상 크기(7,600여 평)로 명동에 백화점을 선보이면서 백화점 대형화 추세의 계기를 마련했다.

롯데가 등장하기 전 1970년대까지는 신세계와 미도파가 백화점 양강체제를 형성하고 있었다. 그 후 롯데까지 합쳐 백화점 트로이카 시대를 맞이하게 된다. 한때 국내 최고 경쟁력을 지녔던 미도파백화점은 2002년 롯데쇼핑에 의해 인수된다.

롯데백화점은 국내에서 현대백화점과 신세계백화점을 합친 것보다 더 많은 지점을 갖고 있고, 해외에서도 9개의 점포를 운영하고 있다. 국내외에서 한국을 대표하는 백화점 브랜드인 것. 2007년 9월 러시아 모스크바점 오픈을 시작으로 중국(웨이하이점, 청두 환구중심점, 선양점, 톈진 동마로점, 톈진 문화중심점), 베트남(하노이점, 호찌민점), 인도네시아(자카르타점) 등지에서 글로벌 비즈니스를 펼치고 있다.

매출로 눈을 돌려보자. 2017년 총매출을 살펴보면 롯데백화점이 8조 4,160억 원, 현대백화점이 5조 7,520억 원, 신세계백화점이 4조 6,340억 원이다. 기준을 무엇으로 하느냐에 따라 현대, 신세계의 순위는 수시로

2016, 2017년 백화점 3사 총매출액 · 영업이익(단위: 원)

자료: 각사 IR, 금융감독원 전자공시시스템

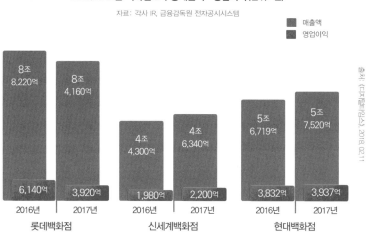

국내 백화점 빅3인 롯데백화점,
신세계백화점, 현대백화점

뒤바뀌는 형국이다. 현대백화점 실적에는 아울렛 부문이 포함되어 있는데, 신세계는 아울렛 비즈니스를 신세계사이먼이 맡고 있다.

현대백화점의 전신은 1971년에 설립된 금강개발산업이다. 1970년대 당시 정주영 회장은 중후장대형 사업을 영위하던 현대가 백화점 사업을 진행하는 것에 그리 긍정적이지 않았다. 그의 셋째 아들인 정몽근 금강개발산업 이사(현 현대백화점 명예회장)가 끈질기게 설득했다는 후문이다. 특히 1985년 압구정 본점을 짓던 당시 정주영 회장을 찾아가 수차례나 사업보고서를 내보이며 노력했다는 일화가 전해진다.

사실 정몽근 명예회장이 부친으로부터 자신의 몫을 물려받았을 때 금강개발산업은 다른 계열사에 비해 상대적으로 작은 회사였다. 현대건설의 국내외 현장에 피복을 공급하고, 호텔과 상가 및 유원지를 관리하는 일을 맡았다. 하지만 현대백화점 압구정 본점의 성공과 1988년 무역센터점 오픈, 연이은 반포점·부산점·천호점·광주점·신촌점 등의 개점으로 사세를 확장했다.

1999년 현대백화점은 현대그룹에서 분가했고, 2006년 정몽근 회장의 장남 정지선에게 경영권 이양작업을 마무리하였다. 현재 정지선은 현대백화점그룹 회장이다. 그룹 부회장은 동생인 정교선이 맡고 있다. 현대에서 분가된 그룹 중 가장 빨리 세대교체를 이뤄냈다는 평가를 받고 있다.

신세계백화점의 역사는 상당히 길다. 문학 얘기를 잠깐 꺼내보자. '박제가 되어버린 천재' 이상의 그 유명한 〈날개〉는 다음과 같이 끝이 난다. "날개야, 다시 돋아라. 날자. 날자. 날자. 한 번만 더 날자꾸나. 한 번만 더 날아보자꾸나." 널리 알려진 이 문장의 배경은 미쓰코시백화점 옥상이다.

현재 신세계백화점 본점의 전신이 바로 1930년 10월에 문을 연 미쓰코시백화점 경성지점이다. 해방 이후 동화백화점으로 이름을 바꾸었고, 1963년 동화백화점에서 신세계백화점으로 상호를 변경했다. 신세계백화점은 1969년 국내 최초의 직영 백화점으로 출발했고, 1991년에는 삼성그룹에서 분리되며 독립경영을 선언했다.

신세계 이명희 회장은 한 매체와의 인터뷰에서 삼성그룹이 전자나 반도체에 투자를 집중하기 때문에 삼성그룹에 함께 있는 동안 백화점을 발전시키기 어려웠다고 밝힌 바 있다. 그리하여 신세계는 유통과 호텔 중심 그룹으로 재출발하면서 새로운 도약을 모색했다. 2000년에 오픈한 강남점은 지금도 핵심 점포로 순항 중이고, 2009년에 문을 연 센텀시티점은 세계 최대 규모의 백화점으로 기네스북에 등재되며 화제를 모으기도 했다.

중위권 강자, 갤러리아와 AK플라자

중위권(4~5위) 경쟁도 치열하다. 한화그룹 계열인 한화갤러리아가 운영하는 갤러리아백화점은 그동안 상류층 고객을 타깃으로 한 프레스티지 마케팅 전략으로 프리미엄 백화점의 이미지를 획득해왔다. 전국에 5개 점포를 가지고 있어 빅3와는 규모 면에서 차이가 상당하다.

갤러리아백화점은 2019년 수원 광교 컨벤션복합단지에 6호점을 열

계획이다. 광교 컨벤션복합단지 프로젝트는 한화그룹이 경기도와 협력해 8만 1천㎡ 규모의 대지에 백화점과 호텔, 아쿠아리움, 오피스텔, 컨벤션센터 등을 구축하는 복합개발사업이다. 충남 천안에 센터시티점(천안점)을 개장한 것이 2010년이니 무려 9년 만의 신규 출점이다. 게다가 2019년은 한화가 한양쇼핑센터 영동점(현 갤러리아명품관 WEST)을 통해 백화점 사업을 개시한 지 40주년이 되는 뜻깊은 해다.

애경그룹 계열인 AK플라자 역시 5개 점포를 운영 중이다. 이들 5개 점포는 모두 해당 지역의 교통 요충지에 자리 잡고 있다. 또 지역 특색을 고려한 마케팅 전략을 통해 지역의 랜드마크로 발전하는 데 성공했다. 가령 1997년 분당 최초의 백화점으로 영업을 시작(당시 삼성플라자로 개점)한 AK플라자 분당점은 분당 주민에게 특화된 맞춤형 서비스를 제공한다. 분당점의 전체 매출 중 60% 이상이 분당 거주 고객에게서 나오고 있고, 분당 고객의 재구매율은 90%에 달한다. 분당에 거주하는 단골 고객의 이탈을 방지하기 위해 AK멤버스 회원의 구매행태를 치밀하게 분석하고, 정기적인 설문조사를 실시해 브랜드와 편의 시설을 전략적으로 배치하고 있다.

유럽 분위기가 물씬 풍기는 1층 광장 '피아짜360^{Piazza360}'은 분당 지역 내 만남의 장소로 각광 받고 있고, 식품관도 전면 리뉴얼해 '분당의 부엌'이라는 이름으로 새롭게 선보였다. '분당의 부엌'은 유명 맛집 유치와 간편식 강화 등을 통해 새단장 후 한 달 매출이 전년 동기 대비 30%나 신장하는 성과를 올렸다.

덩치가 큰 빅3에 대항하기 위해 'NSC$^{Neighborhood\ Shopping\ Center}$형 쇼핑몰'

을 구상 중이기도 하다. KT&G와 세종시 정부종합청사 앞 복합쇼핑몰 위탁운영 계약을 체결하는가 하면, 홍대입구역사와 안산시 사동에도 신규 개장을 준비하고 있다.

해외 백화점 위기에서 배워야 할 것들

백화점 업계는 해외 백화점이 겪고 있는 폐점 사례를 면밀하게 연구해야 한다. 프랭클린 루스벨트 대통령은 소련에게 미국 사회의 우월성을 가르쳐주는 데 가장 좋은 책이 무엇이냐는 질문을 받았을 때 시어스Sears 백화점의 카탈로그를 가리켰다고 한다. 시어스가 자본주의의 장점을 집약해놓은 최고의 백화점이라는 얘기였다. 하지만 지금 그 시어스의 상황은 어떠한가.

미국의 대표적인 백화점 체인인 시어스는 최근 5년 만에 매장 수가 절반 수준으로 줄었다. 2012년 2천 개가 넘었던 시어스 매장은 2017년 상반기에 1,100여 개 수준으로 줄어들었다. 1970년대에는 미국 전역에서 3,500여 개 점포를 운영했었는데, 이젠 과거지사가 되고 말았다. 2016년의 손실액은 22억 달러에 달한다.

메이시스Macy's는 주가 급락, 매장 폐점, 직원 대량 감원 등의 현실에 직면해있다. 온라인 쇼핑 급증과 아마존의 공습에 어려움을 겪고 있는 것이다. 감원 규모만 무려 1만여 명이다. 이 와중에 2017년 8월 메이시스가 이베이의 부사장을 역임했던 할 로튼Hal Lawton을 영입한 것은 주목할 만한 뉴스다. 콧대 높은 오프라인 유통의 강자가 온라인 비즈니스에서 경력을 쌓은 인물을 스카우트했으니 말이다.

110년이 넘는 역사를 갖고 있는 미국 백화점 체인 JC 페니^{JC Penny}도 130여 개 매장의 문을 닫았다. 물류센터도 대거 매각해버렸다. 콜스^{Kohl's}와 삭스 피프스 애비뉴^{Saks Fifth Avenue}도 적지 않은 점포를 정리했다.

일본 백화점 업계에서는 장기불황에도 불구하고 양적 확대를 멈추지 않던 대형 백화점 소고^{Sogo}가 2000년 무렵 맥없이 무너져버리는 일이 벌어졌다. 이는 소고백화점 전 사장이 스스로 목숨을 끊는 비극적인 사태로 이어졌다. 또한 일본 유통업계의 신화로 불리며 한때 소고백화점을 일본 백화점 업계 매출 1위까지 성장시킨 미즈시마 히로오^{水島廣雄} 소고그룹 회장은 자산 은닉 혐의로 경찰에 체포되는 수모를 겪게 된다. 일본의 대표적인 고급 백화점인 미쓰코시와 이세탄이 합병되어 탄생한 미쓰코시이세탄홀딩스도 일부 지역에서 폐점 의사를 밝혔다.

백화점 업계는 현재의 위기를 냉철히 인식해야 한다. 2005년 이후 매출 증가율이 소매판매 증가율보다 낮은 수준을 유지하고 있는 것도 가볍게 볼 일이 아니다. 다시 한번 고객중심적 사고로 중무장하여 오프라인 채널의 대표로서 작금의 위기를 하나하나 헤쳐나가야 한다.

혁신 경쟁, 새로운 콘텐츠 개발이 중요하다

새로운 비즈니스 콘텐츠를 발굴하는 일에도 노력을 경주해야 한다. 롯

홍대 인근에 처음으로 선보인 엘큐브 1호점. 2018년 4월에는
'홍대 엘큐브 게임관'으로 컨셉을 바꿔 새로 개관하였다.

데백화점은 '엘큐브el cube'라는 이름의 미니 백화점을 내놓았다. '미니 백
화점'이라는 말이 언뜻 낯설게 들릴 수도 있다. 백화점이라고 하면 보통
대규모 공간을 떠올리기 때문이다.

　2016년 롯데백화점은 발상의 전환을 통해 젊은 층을 겨냥한 엘큐브
1호점을 홍대입구역 인근에 오픈했다. 엘큐브를 디자인하는 과정에서
일본 이세탄백화점의 컴팩트 전문점들(이세탄 미러, 이세탄 살롱, 이세탄 리
빙 등)을 참고하기도 했다. 브랜드를 중심으로 점포를 내는 이세탄백화
점의 방식과는 달리, 엘큐브는 다양한 상품을 취급하고 있다. 크기만 대

폭 줄인 것이다.

홍대점에서 가능성을 본 롯데백화점은 홍대에 이어 이대, 가로수길 등에도 엘큐브의 문을 열었다. 백화점에서 20대 이하 고객의 비중이 10%대인 것에 반해, 엘큐브의 경우 그 비중이 최대 80%에 달했다. 핑크색의 외관도 SNS상에서 화제를 일으켰다. 젊은 층의 핫플레이스로 자리잡은 것이다. 젊은 층을 겨냥한 입지 선정, 상권별 핵심 고객을 세분화한 맞춤형 브랜드 전략, '이십화점二十貨店 전략' 등으로 조기 안착에 성공한 엘큐브는 점포별 매출 목표를 100억으로 잡고, 2020년까지 점포 수를 100개로 확대한다는 원대한 계획도 세웠다. 2018년 4월에는 엘큐브 홍대점이 게임전문관인 '홍대 엘큐브 게임관'으로 재단장하였다. 전 층을 게임 관련 콘텐츠로 꾸미면서 새롭게 개관한 것이다. 롯데백화점은 앞으로도 이러한 파격적인 매장 개편 실험을 지속적으로 선보일 계획이다.

신세계백화점은 스타필드 고양에서 오프 프라이스 스토어Off Price Store인 '팩토리 스토어'를 선보였다. '불황형 소비'에 맞는 오프라인 유통채널을 도입한 것으로, 이곳에서는 이월 제품을 할인된 가격에 구매할 수 있다. 이는 아울렛과 다르다. 아울렛은 각 브랜드에 매장을 임대해 운영하는 경우가 대부분인데, 팩토리 스토어는 신세계백화점이 가지고 있는 상품을 할인 판매한다. 미국의 노드스트롬백화점이 운영하는 '랙', 삭스 피프스 애비뉴의 '오프 피프스', 니만 마커스의 '라스트 콜' 등과 유사한 형태다. 대면 서비스가 아닌 '셀프 서비스' 방식으로 운영하는 것도 신선하다. 계산과 재고확인을 담당하는 직원 외에 따로 판매사원을 두고 있지 않다. 그래서 직원 눈치 보지 않고 편안하게 옷을 입어볼 수 있다.

팩토리 스토어에서는 좋은 상품을 백화점보다 저렴하게 '득템'할 수 있다는 것이 입소문으로 퍼지고 있다.

백화점 업계는 엘큐브나 팩토리 스토어와 같이 신선한 변화의 결과물을 끊임없이 고객들에게 보여줘야 한다. 고객들이 진정으로 원하는 것은 백화점 업체들 간 '덩치 키우기 경쟁'이 아니라, 고객만족도를 끌어올리는 '혁신 경쟁'일 것이다.

대형마트,
세계의 문을 두드리다

이마트, 한국 대형마트 역사의 첫 페이지를 장식하다

이마트 창동점은 유통산업 역사에서 빼놓을 수 없는 점포다. 이곳은
1993년 11월 12일 국내에서 할인점이라는 개념조차 익숙하지 않았을
때, 서울시 도봉구 창동에 문을 연 이마트 1호점이다. 1990년대 초만 해
도 선진국형 할인점을 운영한다는 것은 일종의 '모험'이었다. 이땐 많은
사람이 동네 슈퍼나 인근 시장에서 장을 보곤 했고, '상시 저가'라는 방
식도 낯선 컨셉이었다.

당시 신세계는 창동의 공터 2천여 평의 개발을 서둘러야 했다. 삼성
건설로부터 사들인 이 땅에서 수년간 마땅한 개발을 진행하지 못하고
있었기 때문이다. 자칫하다간 토지가 비업무용으로 분류돼 막대한 세금
을 부담해야 하는 상황에 직면할 수 있었다.

이곳에서 신규사업을 이끌던 정오묵(창동점 개발팀은 정오묵 팀장 포함
총 3명이 한 팀이었고, 정 팀장의 당시 직급은 과장이었다)은 창동점 오픈 한

달 전쯤 불안한 마음에 점쟁이한테 찾아간다. 가게를 차리기 좋은 날을 받기 위해서였다. 점쟁이는 복채를 치르고 나가려는 정 팀장에게 그 가게가 흥할 것이라고 말했다고 한다.

정오묵은 이마트 창동점의 초대 점장을 맡았다. 지금이야 이마트가 대형마트 업계 1위의 위용을 과시하고 있지만, 이마트 1호점인 창동점이 처음부터 승승장구했던 것은 아니다. 오픈 초기에는 주부들에게 중요한 품목인 식료품 부문에서의 경쟁력이 많이 부족했다. 라면, 조미료, 커피, 통조림 음식 등 해당 업계 1위 회사들이 이제 막 시작한 데다가 성공이 불투명한 할인점에 물건을 공급하기를 꺼려했기 때문이다. 소비자들 입장에서는 업계 1위 상품이 없다는 것을 이해할 수 없었을 것이다. 하지만 납품업체들 입장에서는 기존 상권의 강자였던 백화점을 비롯해 대리점, 전통시장과의 관계도 살펴야 하는 형국이었다.

업계 관계자들 사이에서는 이마트의 모험이 너무 무모한 것 아니었나 하는 회의적인 목소리가 조금씩 커져가고 있었다. 하지만 그때 생각지도 못했던 정치적 사건이 일어났다. 1994년 3월 19일 판문점에서 열린 남북 특사 교환 실무회담에서 북측 대표 박영수가 폭탄 발언을 한 것이다. "여기서 서울이 멀지 않습니다. 전쟁이 일어나면 불바다가 되고 말아요." 이른바 '서울 불바다 발언'이었다. 이로 인해 전쟁 위기감이 커지면서 생활필수품 사재기 열풍이 불었다. 이마트 창동점에 진열된 상품은 싹쓸이되었다. 이마트에 아직 없는 물건도 있었지만, 어찌 됐건 이마트 상품은 싸다는 인식이 이때 확산됐다. 뜻밖의 정치적 소용돌이를 거치며, 이마트 창동점은 1994년 매출목표로 설정했던 액수의 2.5배 실적을 기록한다.

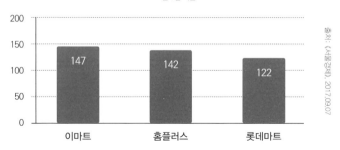

빅3 대형마트 점포 수(단위: 개)

2017년 9월 기준

출처: 〈서울경제〉, 2017.09.07

이후 일산에 2호점을 내면서 신도시 상권에 발을 내딛고, 안산과 부평에 각각 3호점과 4호점을 내며 대형마트 업계를 선도해갔다.

이마트 1호점 점장으로서 한국 대형마트 역사의 첫 페이지를 장식한 정오묵은 이후 신세계마트의 대표이사를 역임하고, 신세계그룹에서 여러 보직을 맡으며 주요 역할을 수행하게 되었다.

이마트 창동점으로 시작된 국내 대형마트 업계는 2003년 백화점의 시장 규모를 넘어서고, 월마트와 까르푸 등 쟁쟁한 글로벌 대형마트를 철수시키는 개가를 올렸다. 현재 국내 대형마트 시장은 이마트, 홈플러스, 롯데마트가 빅3 업체로서 업계를 선도하고 있다.

성장의 둔화, 출점절벽 위기에 빠진 대형마트

2015년 대형마트 시장점유율을 살펴보면 이마트가 28.5%로 1위, 홈플러스가 23.2%로 2위, 롯데마트가 15.2%로 3위를 차지하고 있다. 매장 수(2017년 9월 기준)는 이마트 147개, 홈플러스 142개, 롯데마트 122개 다. 영업부진 매장에 대한 구조조정과 이전에 비해 소극적인 신규 출점 으로 매장 수는 사실상 거의 정체되어 있어서 새로운 성장동력이 필요 한 시점이다.

현재 대형마트 업계는 온라인 시장의 강세와 주말 영업 규제 등의 영향으로 성장의 정체를 겪고 있다. 대형마트 3사의 매출 합계는 2014년 −3.4%, 2015년 −2.1%, 2016년 −1.4%로 매년 감소세를 보이고 있다.

이러한 추세에 따라 업계 선두주자인 이마트는 2017년에 신규 출점을 하지 않기로 결정했다. 1993년 도봉구 창동에 1호점을 낸 후 신규 출점이 없었던 것은 이번이 처음이다. 2위 사업자인 홈플러스도 오픈 계획이 없다. '출점 절벽'이라는 표현이 업계 관계자들 입에 오르내리고 있는 배경이다.

대형마트의 시장규모(2016년)는 33조 원 수준이다. 2013년 시장규모와 크게 다르지 않다. 그만큼 성장률이 저조하다는 것이다. 대형마트 3개 회사의 고용 규모만 6만 9천여 명에 달한다. 대형마트 업계가 부진하면 수많은 마트 노동자들의 생업에도 타격을 줄 수 있는 상황이다.

월마트와 까르푸는 왜 한국에서 실패했는가

세계적인 경쟁력을 갖추고 있던 월마트와 까르푸가 국내 시장에서 빛을 보지 못한 이유는 무엇일까? 첫째, 국내 업체가 초기 손실을 감수하면서 시장 확대에 집중했던 반면 외국계 업체는 협력업체의 일방적 희생을 강요한 경우가 적지 않았다는 데에서 그 원인을 찾을 수 있다.

둘째, 월마트와 까르푸는 외국계 경영진에 의한 관리를 고집했다. 까르푸는 프랑스식 관리법에 대한 과신으로 프랑스 현지에서 경영자와 판매원을 모집해오기도 했다. 한국 소비자들의 소비성향과 니즈를 제대로 파악하지 못한 것은 어찌 보면 자연스러운 귀결이었다.

셋째, 미국과 프랑스에서나 통용되던 어두침침한 조명의 창고형 매장을 한국에 그대로 이식하려 했다. 신선상품에 대한 한국 소비자들의 수요를 제대로 읽지 못하는 등 현지화에 대한 사전조사도 미흡했다. 게다가 본사 원칙에 따라 매장을 임대료가 싼 도심 외곽 등에 출점하는 전략을 고수하기도 했다.

월마트는 2016년까지 4년 연속 《포춘Fortune》 선정 500대 기업 1위에 올랐고, 한국 시장에서 고전하던 2004년에도 《포춘》이 발표한 '미국의 가장 존경받는 기업America's Most Admired companies' 1위에 오른 세계 최고의 기업이다. 하지만 한국 시장에서만큼은 빛을 보지 못했다. 그 결과 2006년 신세계가 월마트코리아 지분 전량을 인수해버렸고, 1998년 한국마크로를 인수하며 국내 시장에 진출했던 월마트는 8년 만에 쓸쓸히 퇴장했다.

당시 신세계는 다음과 같은 이유로 월마트가 한국에서 철수할 시점이 됐다고 판단했다. 첫째, 당시 롯데쇼핑이 상장을 통해 3조 원이 넘는 막대한 실탄을 확보한 후 할인점 사업에 대한 투자를 강화하려던 참이었다. 이는 이마트, 홈플러스에 뒤지고 있던 월마트에게는 엄청난 위협

요인이었다. 둘째, 원화 가치 상승으로 월마트 입장에서는 차익을 남길 수 있었던 시점이었다.

신세계 측에서 먼저 극비리에 월마트에 인수 의사를 타진했고, 2006년 9월 16개 점포를 인수하며 업계 선두주자로서 경쟁우위를 갖게 되었다. 당시 브레트 빅스Brett Biggs 월마트 전략사업개발 담당 부사장(현 월마트 최고재무책임자)은 "한국에서는 (세계 시장에서 인정한) 월마트의 경쟁력이 통하지 않는다"고 실패를 인정했다.

까르푸는 2006년 롯데, 신세계 등 쟁쟁한 경쟁자를 물리치고 이랜드가 1조 7,500억 원에 인수했다. 2년 전 일본 시장에서 철수한 까르푸는 한국 시장에서도 물러나게 되었다. 까르푸는 이후 홈에버로 사명이 변경되고, 2008년에는 홈플러스에 인수되었다.

국내 시장을 넘어 세계 시장에서 답을 찾다

이마트는 1997년 상하이에 '이마이더易買得'라는 이름으로 1호점(취향점)을 오픈하며 중국 시장에 첫발을 내디뎠다. 프랑스 까르푸, 독일 메트로에 이어 3번째로 진출한 것이다. '이마이더'는 쉽게 사고 이득을 얻는다는 의미로, 할인매장의 이미지를 효과적으로 표현했다는 평가를 받았다.

이런 이마트가 중국 시장에 깃발을 꼽은 지 20년이 지난 2017년 완전 철수를 선언한다. 한때 중국에서 최대 30개까지 매장을 늘렸지만, 계속되는 실적 부진으로 적자가 누적돼왔다. 2013년부터 2016년까지 영업적자만 해도 1,500억 원을 상회한다.

혹자는 이마트의 탈중국 행보의 이유로 '사드 리스크'를 지목한다. 틀린 이야기는 아니지만, 그것이 전부는 아니다. 주요 입지 확보에 성공하지 못했고, 현지인의 마음을 사로잡는 MD 전략도 기대에 못 미쳤다. 아울러 최근 중국 경기 둔화까지 겹친 상태에서 민감한 정치외교 이슈까지 폭발하는 등 복합적인 배경이 내재되어 있다.

이마트는 중국 시장에서 발을 빼고 중국 이외의 아시아 마켓에 집중하겠다는 계획이다. 2016년 울란바토르에 몽골 1호점인 '징키스칸점'을 오픈했고, 2017년에는 2호점 '호룰로점'의 문을 열었다. 베트남에서는 경제수도 호찌민에 1호점 '고밥점'을 2015년에 열었다. 베트남 현지의 오토바이 이용률이 높은 것을 감안해 오토바이 1,500대, 자동차 150대를 주차할 수 있는 대규모 주차장을 마련했다. 호찌민 2호점도 개점 준비 중이다. 이밖에도 캄보디아와 인도네시아, 라오스 등으로 진출하려는 계획을 면밀히 세우고 있다.

한편 롯데마트는 국내 업계 3위지만, 2010년에 업계 최초로 해외 점포 100개 시대를 여는 등 글로벌 경영에서는 가장 활발한 모습을 보이고 있다. 롯데마트는 특히 아세안 시장을 '넥스트 차이나Next China'로 보고 적극적으로 공략하고 있다. 아세안 지역은 사드 문제와 같은 정치적 돌발 변수가 발생할 리스크가 적고, 아직까지는 상대적으로 인건비도 낮은 편에 속한다. 젊은 층의 인구비중이 높아서 성장잠재력도 높다. 또한 업계 입장에서는 중국의 자국기업 보호 움직임이 노골화되고 있는 상황에서 시장 다변화의 필요성에 대한 인식이 점차 높아지고 있다.

2008년 롯데마트는 인도네시아의 네덜란드계 대형마트 체인인 마크로Makro를 인수하며 유통업체 중 가장 먼저 인도네시아에 진출하였다. 저가형 매장이던 마크로를 고급스러운 분위기와 깨끗한 이미지로 탈바꿈시키며 인도네시아 시장에 안착했다. 현지 대형마트들은 고온다습한 기후 탓에 매장에 벌레가 많았는데, 롯데마트의 선진적인 위생 서비스로 이 문제를 해결했다.

롯데마트는 인도네시아의 25개 도시에서 46개의 점포(2017년 기준)를 운영 중이다. 2020년까지 35개 도시에서 80여 개 매장을 운영한다는 계획을 세우고 있다. 롯데그룹 전체 해외 매출액의 15%가 인도네시아에서 나오고 있을 정도로 그룹 차원에서 인도네시아 시장에 쏟는 관심이 크다. 롯데백화점, 롯데리아, 롯데면세점 등 롯데그룹의 인도네시아 진출 계열사만 10여 개에 달하는데, 이들 간 시너지 효과도 기대된다. 게다가 엘포인트를 통한 통합된 고객 프로모션도 눈에 띄는 강점이다.

또한 롯데마트는 2008년 남사이공에 1호점을 오픈하며 베트남 시장에도 발을 디뎠다. 당시는 세계적인 마트 체인들이 베트남 시장에 진출하지 않은 상황이었다. 경제성장률과 소비수준이 상승하며 현대적 유통 시설에 대한 소비자들의 욕구도 커졌다. 이는 롯데마트에게 기회요인으로 작용했다. 게다가 1호점을 연 남사이공 지역은 소득수준이 높고 신도시개발 지역과 가까운 상권이라서 진출기반을 닦기에 제격이었다. 현지화 전략과 한국상품(인삼·김치·라면·소주 등 베트남에서 인기가 많은 품목 중심) 판매 특별매장을 설치하는 등의 특화 전략을 함께 구사하며 베트남에서 현재(2017년 12월 기준) 14개의 매장을 운영하고 있다. 2020년까지 6배가량 매장 수를 확대할 계획이다.

마트의 진화, 지금은 PB 전쟁 중

유통 경로Channels Of Distribution는 '제품이나 서비스를 생산자로부터 최종 소비자에게 이동시키는 과정에 참여하는 기업과 개인들의 집합'이다. 최적의 유통 경로를 찾기 위한 유통업계의 노력은 현재진행형이다.

대형마트 업계는 최근 자체 브랜드(이하 PB) 사업을 강화하고 있다. 본격적인 논의에 들어가기에 앞서 PB와 NB의 개념부터 먼저 살펴보도록 하자. PB는 Private Brand의 약자로 소매점이나 도매업자가 기획하고 독자적인 브랜드명으로 판매하는 유통업체 상품을 일컫는다. NB는 National Brand의 약자로 제조업체 상품을 의미한다. 간명하게 정리하면, 유통 경로 구성원의 책임이 유통업자에게 있으면 PB이고 제조업자에게 있으면 NB이다.

PB 제품은 제품 사양을 변경하기 용이하여 고객의 니즈를 반영하기 쉽다. 아울러 판촉비와 영업비를 줄일 수 있어 NB 제품보다 높은 수익률을 확보할 수 있다. 다만 상품의 지명도나 신뢰도가 NB에 비해 대체적으로 떨어질 수 있다. 게다가 재고에 대한 부담도 유통업체가 져야 한다.

PB 경쟁에서 가장 앞서가는 곳은 단연코 이마트다. 이마트는 2015년 품질과 가격에 집중해 만든 '노브랜드No Brand'를 세상에 내놓았다. 그렇다고 싸구려 제품을 파는 게 아니다. 가령 노브랜드 초콜릿은 팜유보다

"브랜드가 아니다. 소비자다"라는 문장을 캐치프레이즈로 삼은 노브랜드

더 비싼 카카오 버터를 쓰면서도 값을 낮춰서 출시했다. 좋은 재료를 쓰면서 저렴한 가격을 유지한 노브랜드는 현재까지 인기몰이를 하고 있다. 노브랜드의 품목 수(2017년 기준)는 1천여 개에 달하는데, 출시 첫해 6종에서 기하급수적으로 증가한 것이다. 매출은 2015년 234억을 기록했던 데에서 2016년에는 무려 1,900억 원으로 급등했다. 당초 매출 목표가 1천억 원이었으니, 목표 대비 2배에 가까운 성과를 올린 셈이다. 또한 경기 용인을 시작으로 오프라인 노브랜드 전문점도 꾸준히 늘려가고 있고, 온라인에서도 이마트몰에 노브랜드 전문관을 구축하며 판로 확대에 나서고 있다.

피코크PEACOCK는 이마트가 2013년에 선보인 자체 식품 브랜드다. 1970~1980년대에는 신세계백화점에서 판매하던 자체 의류 브랜드였던 피코크가 이마트에서 간편가정식HMR을 중심으로 한 식품 브랜드로 재탄생했다. 이마트는 피코크의 품질 제고를 위해 신세계푸드, 조선호텔 등 계열사와 긴밀히 협업하고 있다. 2013년 340억 원이던 매출은 2016년 1,900억 원으로 5.5배나 증가했다.

노브랜드와 피코크의 성공에 자극을 받은 롯데마트는 '온리프라이스Only Price'로 도전장을 내밀었다. 온리프라이스는 천 원 단위 균일가를 내세워 소비자들의 가격 인지가 보다 수월해질 것으로 보인다. 아울러 '최저가'가 아닌 '최적가'의 개념을 지향한다. 단순히 싼 가격에 집착하기보다는 해당 상품에 적합한 가격을 책정하겠다는 데에 차별점이 있다.

그동안 마트 업계에서 불문율로 여겨졌던 EDLPEveryday Low Price와 달리 온리프라이스는 할인행사와 상관없이 일정 기간 같은 가격을 유지한다.

이로써 동일한 상품의 가격이 수시로 바뀌는 것에 대한 고객의 불만을 줄일 수 있게 됐다. 가격은 낮추었지만 협력업체와의 이익공유 폭을 늘린 것 또한 특기할 만하다.

홈플러스는 가족 단위 고객을 타깃으로 한 '올어바웃푸드All About Food' 와 1인 가구를 겨냥한 '싱글즈 프라이드Single's pride' 등을 선보이고 있다. 특히 올어바웃푸드와 관련해서는 홈플러스 매장 내에 스페셜 존을 구성해 운영 중인데, 레시피를 추천해주기도 한다. 2017년 말에는 가성비를 높인 '심플러스Simplus'도 내놓았다.

대형마트 업계는 앞으로 국내에서 점포의 양적 확대에 매몰되기보다 시야를 해외시장으로 더욱 넓힐 필요가 있다. 특히 아세안 시장에서 펼쳐질 국내 업체 간의 경쟁은 향후 업계 판도에 미치는 영향이 클 것으로 보인다. 또한 PB 경쟁과 더불어 특성화 매장을 지속적으로 고안하여 '더 머무르고 싶은 공간'으로 변모하기 위한 노력을 기울여야 할 것이다.

'편의점 왕국'의 미래는
어떻게 될 것인가

시장 규모 20조 원 편의점 전성시대

편의점은 식료품처럼 상품 회전율이 높은 편의품을 주로 취급하는 셀프서비스 방식에 기초한 소규모 점포다. 편의점을 운영하는 방식은 본사 직영 혹은 본사와 계약을 체결한 가맹점에 의한 운영으로 분류된다.

편의점의 특징으로는 입지의 편리성(주로 주거지역 인근이나 교통이 편리한 곳에 위치), 시간의 편리성(대부분의 편의점이 연중 무휴 24시간 영업), 구색의 편리성(소비자들이 신뢰할 수 있는 브랜드 취급) 등이 거론된다.

1980년대 후반 한국에 편의점이 도입된 것은 국내 유통시장의 단계적 개방화, 소비자 라이프스타일의 변화, 심야활동 인구의 증가, 여성의 사회 진출 증가, 맞벌이 부부의 증대 등을 그 배경으로 한다. 최근에는 1인 가구의 증가가 편의점 성장을 견인하고 있다.

바야흐로 편의점 전성시대. 한국편의점 산업협회 자료에 따르면, 2016년 기준 편의점 수는 3만 4천여 개로 집계됐다. 10년 만에 3배나 성

연도별 편의점 매출 변화

편의점 매출액(단위: 조 원)　━●━ 매출 증감율(단위: %)

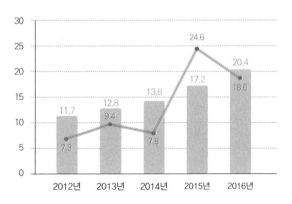

장한 것으로, 곧 4만 개를 넘어설 것으로 보인다. 편의점 매출액도 크게 증가했다. 2016년 20조 4천억 원으로 2012년(11조 7천억 원)에 비해 4년 만에 2배가 늘었다.

인구당 편의점 점포 수에서 언필칭 '콘비니 왕국' 일본을 제치기도 했다. 한국의 경우 1,365명당 편의점 1개가 영업을 한다고 봤을 때, 일본에서는 2,226명당 편의점 1개 꼴이다. 이로써 편의점 왕국이란 타이틀을 한국이 쥐게 됐다.

카셰어링에서 항공권 발권까지 빅3의 서비스 차별화

국내 편의점 1호는 어디일까? 서울 올림픽을 성공적으로 치른 후

1989년 서울 방이동에 문을 연 세븐일레븐 올림픽선수촌점이 국내 편의점 1호다. '편의점 제국'이라 불리는 일본에서는 편의점의 효시를 1969년 문을 연 마이숍으로 보고 있다.

국내 편의점 업계는 CU와 GS25의 1위 경쟁이 치열하다. 여기에 세븐일레븐까지 합쳐 편의점 빅3 그룹을 형성하고 있다. 물론 1위를 따지는 기준이 제각각이라 어떤 업체가 1등이라고 명확하게 말하기는 쉽지 않다. 예컨대 전체 매출은 GS25가 많고, 영업이익은 CU가 많을 때 누가 승자인지 가려내기 어렵다.

매장 수로 경쟁을 하기도 하는데, CU와 GS25 모두 1만 2천 개가 넘는 점포를 운영하고 있다. 2017년 11월 말 기준으로 CU의 점포 수가 1만 2,459개, GS25는 1만 2,404개다. 고작 54개 차이다. 2013년에 양사

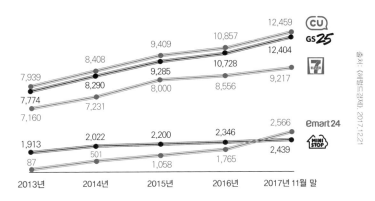

편의점 상위 5개사 점포 수 추이(단위: 개)

출처: 《헤럴드경제》, 2017.12.21

간 점포 수 차이가 165개였으니 그 격차가 좁혀진 것만은 분명하다.

CU와 GS25는 각각 BGF리테일과 GS리테일이 운영하고 있다. CU와 GS25 모두 1990년에 1호점을 오픈하며 시장에 모습을 드러냈다. 보광훼미리마트는 송파구 가락동에 1호점을 열며 편의점 사업에 뛰어들었다. 2012년 회사 이름을 BGF리테일로 바꾸고, 브랜드 이름도 훼미리마트에서 CU로 변경했다. CU는 '당신을 위한 편의점CVS for You'이란 의미를 갖고 있다. 매년 매출액의 0.05~0.25%를 일본 훼미리마트에 로열티로 지불해야 했던 BGF리테일은 현재 독자적인 브랜드인 CU로 승부를 보고 있다.

GS25는 'LG25'라는 이름으로 1990년에 1호점(경희점)을 내며 업계에 발을 내디뎠다. 24시간에 1시간을 더한다는 투철한 서비스 정신과 2와 5를 합치면 행운의 숫자 7이 된다는 연상을 담은 브랜드였다. 2004년 LG가와 GS가의 계열분리를 거치며 2005년에 GS25라는 새로운 이름을 갖게 되었다.

두 곳 모두 30% 초반의 시장점유율을 기록하고 있다. 3위 세븐일레븐은 롯데그룹의 코리아세븐이 운영하고 있다. 2017년 11월 말 기준으로 세븐일레븐의 점포 수는 9,200여 개에 달한다. 이로써 빅3가 전체 시장의 90%가량을 차지하고 있다.

빅3는 차별화한 서비스 개발을 위해 끊임없이 경쟁을 펼친다. CU는 업계 최초로 카셰어링car-sharing 서비스를 도입했다. 카셰어링은 자신의 현 위치와 가까운 주차장에서 차량을 시간 단위로 빌려 사용하는 자동차 공유 서비스다. 차량 공유 서비스 업체인 쏘카SOCAR와 손을 잡고 접근

근무자의 안전 시스템을 강화한 CU 안심 편의점

성과 가시성이 우수한 편의점을 카셰어링 존으로 활용하는 방식이다.

CU는 이 외에도 노래방 편의점, 버스킹 편의점, 물품 보관함 편의점을 여는가 하면, 범죄와 사고 예방 기능을 강화하여 근무자들의 안전을 세심하게 배려하는 '안심 편의점'을 열기도 했다. 그리고 여대생 고객을 위해 파우더 존과 피팅룸을 설치한 매장도 선보였다.

한편 GS25는 업계 최초로 항공권 발권 서비스를 개시했다. 에어부산과 협력하여 주요 점포에 신개념 무인 서비스기기(멀티키오스크)를 설치하기로 한 것이다. 항공권 예약, 발권은 물론 무료로 출력도 가능하다. 모바일 앱 '나만의 냉장고'도 출시했다. 도시락을 예약 주문한 뒤 인근 편의점에서 찾아갈 수 있으며, 1+1 또는 2+1 상품 중 일부를 보관했다가 추후 가져갈 수도 있다.

경남 창원 터널 입구 앞에는 차에서 내리지 않은 채 물건을 구매할 수 있는 드라이브스루drive-through 점포를 열었다. 운전자들이 잠시 휴식을 취할 수 있는 휴게공간도 마련했다. 이외에도 전기차 충전소를 세우고, 골목 세탁소와 연계해 빨래 대행 서비스를 내놓는 등 다양한 실험을 계속하고 있다.

편의점 최초로 도시락 카페를 연 세븐일레븐은 경쟁 상대를 아마존으로 보고 스마트 편의점을 선보이는 혁신을 선도해왔다. 롯데렌터카와 손잡고 자동차 렌털 서비스를 도입하기도 했다. 트렌드를 반영한 리사이징resizing 전략도 돋보인다. 혼자서 술 마시기를 즐기는 '혼술족' 소비자를 겨냥해 소용량 주류 전용 매대인 '세븐바Bar 시그니처'를 매장에 설치한 것. 세븐바 시그니처는 소용량 와인과 양주 등으로 구성해 소비자들의 부담을 덜고, 선택의 폭은 넓혔다는 평가를 받는다.

4, 5위 업체도 주목할 필요가 있다. 이마트24와 미니스톱이다. 두 곳의 점포 수는 2,500개 내외이다. 이마트24는 예전 위드미에서 이름을 바꾸면서 공격적인 행보를 보이고 있다. 신세계 정용진 부회장의 투자 의지가 강한 만큼 향후 성장이 더욱 기대되는 곳이다. 이마트24는 편의점 업태에 적합한 이마트24만의 자체 PB 개발에 전력하고 있다. 택배비 균일가 서비스 도입과 같은 독창적인 서비스도 내놓았다. 기존 편의점 택배 요금 체계는 2천 원대에서 8천 원대까지 폭이 넓었는데, 섬 지역을 제외하고는 3,500원 균일가격을 책정한 것이다. 대학 교수들과 협업해 미래형 편의점에 대해 연구하는 '편의생활연구소'를 신설하기도 했다.

미니스톱은 즉석식품과 편의점을 융합한 '콤보 스토어'라는 컨셉으로 고객에게 다가가고 있다. 빅3와 점포 수는 차이가 많이 나지만, 무리한 외형 확장보다는 면적당 매출과 같은 '질적 성장'에 방점을 찍고 있다.

위기에 직면한 편의점 업계, 해외로 눈을 돌리다

사회학자 전상인 교수는 "한국을 대표하는 '국민 점포'로서 편의점의 불패 신화는 결코 쉽게 사라지지 않을 것이다. '국민 주택' 아파트의 경우처럼 말이다"라고 말했다. 그의 말마따나 '편의점의 불패 신화'가 쉽게 사라지지는 않겠지만, 얼마나 지속 가능할지에 대해서는 여러 각도에서 고민이 필요하다. 1인 가구 시대에 유통업계에서 '나홀로 성장'이라는 소리까지 들을 정도로 보폭을 넓혀온 편의점 업계에도 위기 요인이 하나둘씩 거론되고 있다.

첫 번째는 과당경쟁으로 인한 위험이다. 치열한 점포 늘리기 경쟁으로 인해 출점 관련 비용 및 판촉비가 증가하면서 수익성이 악화되고 있는 것이 큰 문제다. 일단 편의점은 평균 창업 비용이 커피전문점, 한식 프랜차이즈, 피자집 등보다 낮다. 커피전문점과 한식 프랜차이즈는 1억이 넘고, 피자집도 9천만 원이 훌쩍 넘는데 편의점은 7천만 원대다. 예비창업자들이 편의점에 몰리는 이유다.

하지만 편의점의 점포별 평균 영업이익률이 2013년 5.3%, 2014년 5.2%, 2015년 4.3%로 감소하고 있다. 같은 기간 동안 치킨집의 영업이익률은 13.7%에서 17.4%로, 커피전문점은 8.5%에서 13.1%로 올랐다.

이익률 자체가 낮을 뿐 아니라 감소세인 것이 문제다.

두 번째는 최저임금 인상이라는 정책 이슈다. 정부는 2020년까지 시간당 최저임금을 1만 원까지 단계적으로 올리겠다는 입장을 피력했다. 이는 다른 유통업태에 비해 편의점에 미치는 영향이 크다. 편의점의 경우 점주를 제외하고는 사실상 대부분의 고용이 최저임금의 영향 아래 있기 때문이다.

무엇보다 국내 편의점 시장은 이제 포화상태에 다다랐다는 진단에 점점 힘이 실리고 있다. 이제는 해외로 눈을 돌려야 할 때다. BGF리테일은 이란의 가전제조·유통회사인 엔텍합 투자그룹 내 신설법인과 CU에 대한 마스터 프랜차이즈 계약을 체결하였다. 인구 8천만 명의 중동 최대 시장인 이란에서 CU가 문을 열게 된 것이다. 계약과 동시에 마스터 프랜차이즈 가맹비로 300만 유로(약 40억 원)를 벌어들였다. 편의점이란 업태 자체가 아직 익숙하지 않은 이란에서 얻은 괄목할 만한 성과다.

CU는 2017년 11월 이란 수도 테헤란에서 써데기예^{Sadeghiye}점을 성황리에 오픈했다. 써데기예점의 매장 면적은 국내 CU 점포의 평균 면적보다 3.5배 정도 크다. 편의점에 패스트푸드 카페를 융합한 형태다. 판매가 불허된 주류 대신 즉석 조리식품 비치를 강화한 현지 맞춤형 전략도 특기할 만하다.

CU의 테헤란 진출은 홍석조 BGF리테일 회장의 아들인 홍정국 부사장이 주도한 것으로 알려졌다. 재미있는 것은 BGF리테일의 본사 위치가 서울 강남구 테헤란로라는 것이다. 이번 사업으로 CU는 20여 년 만에 로열티를 내는 입장에서 로열티를 받는 브랜드로 우뚝 섰다. 프랜차

이란 수도 테헤란에 문을 연 CU 써데기예점

이지Franchisee에서 프랜차이저Franchisor로의 역사적인 변신이다.

BGF리테일은 한류의 영향으로 이란에서 한국 기업에 대한 호감도가 높은 것도 호재로 인식하고 있다. 한국 드라마 〈대장금〉이 현지에서 최고 시청률 90%, 〈주몽〉이 85%를 기록할 정도로 한국 콘텐츠에 대한 선호도가 높다. 이는 한국의 이미지 상승과 더불어 한국 제품에 대한 신뢰도를 높이는 데에도 혁혁히 기여를 했다.

이란은 또한 태권도 인구가 2016년 기준으로 200만 명에 달하고 태권도 도장이 3,800여 곳이나 있는 세계적인 태권도 강국이다. 태권도 프로리그도 열리고 있고, 여성들에게 허용하는 몇 안 되는 종목 중 하나가 태권도다. 한국문화에 대한 호감도를 추후 마케팅 전략에 잘 녹여내는 지혜가 필요하다.

GS리테일은 손킴그룹과 합자법인회사(조인트벤처) 설립계약을 체결하고 베트남 시장에 진출했다. 2018년 1월 호찌민시 핵심 상권에 GS25 1호점이 오픈한 것이다. 손킴그룹은 2012년부터 GS홈쇼핑과 홈쇼핑 사업을 함께 하고 있을 정도로 GS와 두터운 상호 신뢰가 쌓여 있는 기업이다.

GS리테일은 베트남 시장이 젊다는 것에 기대감을 갖고 있다. 2028년까지 베트남에서 2천 개의 매장을 운영하겠다는 포부도 밝혔다. 베트남은 15~34세 인구 구성비가 2016년 기준 34.6%로 27.7%인 한국보다 크게 높다. 35세 이하 인구 구성비는 57%나 된다. 베트남 국민의 소비력도 급격히 증가하고 있고, 편의점 산업도 매년 70% 이상 성장하고 있다.

베트남의 편의점 수는 2016년 기준 2천여 개로 추산된다. 이 수치는 소형마트까지 포함한 것이라서 앞으로 성장 가능성이 무궁무진하다. 베트남 편의점 업계의 1위 사업자인 빈그룹Vingroup이 운영하는 빈마트플러스Vinmart+의 점포 수는 900여 개다. 세븐일레븐도 호찌민에 1호 매장을 낸 지 얼마 되지 않았고, 싱가포르의 숍앤고, 캐나다의 서클케이, 태국의 B's 마트, 일본의 훼미리마트와 미니스톱 등이 베트남 시장을 두고 경쟁을 펼칠 채비에 한창이다.

중국 시장 역시 문을 두드려볼 만하다. 광활한 중국 땅에서 편의점 수가 아직 10만 개가 채 되지 못하다는 것은 추후 성장 가능성이 그만큼 높다는 방증이다. 중국 편의점 산업의 특징을 한 마디로 요약하면 '지역집중형'이다. 국토 면적이 원체 넓다 보니 중국 전역에서 비즈니스를 영위하는 편의점 브랜드가 아직 나오지 못했다. 철저한 현지 시장조사를 거친다면 중국 시장으로의 진출 가능성도 충분할 것이다.

'편의점 왕국'의 미래는 어떤 모습일까? 편의점은 문학작품의 소재로도, 대중가요의 가사 속에도 심심찮게 등장할 정도로 우리의 일상에 깊게 들어왔다. 과당경쟁으로 인한 이익률 감소와 최저임금 인상 등의 위기를 뚫고 앞으로도 순항할 수 있을지 귀추가 주목된다.

쇼핑하는 인간의 원더랜드,
복합쇼핑몰의 탄생

번화가보다 더 번화가 같은 쇼핑몰의 탄생
———

미국 최초의 현대적 실내 쇼핑몰인 사우스데일 센터가 미네소타주 에디나에 문을 연 지 60여 년이 훌쩍 지났다. 이 거대한 쇼핑몰을 탄생시킨 '몰 메이커Mall Maker'는 오스트리아 출신 건축가 빅터 그루엔Victor Gruen이다. 이후에도 미국 전역에서 수십 차례 이상 백화점을 설계한 빅터 그루엔은 건축가 르 코르뷔지에Le Corbusier가 쓴 '거주용 기계machine for living'라는 표현을 빌려 자신이 고안한 상점을 '상거래용 기계machine for selling'라고 불렀다.

한편 소비 자본주의의 상징적 공간을 만들어낸 빅터 그루엔이 사회주의자였다는 점은 퍽 흥미롭다. 사회주의자로서 쇼핑몰을 이웃들을 위한 모임장소로 설계하고자 구상했던 것이다. 그는 당시 좌익 성향의 유대인 지식인들이 대부분 그랬듯이 나치가 유럽 곳곳으로 힘을 뻗치자 미국으로 도피했다.

"절약은 반反미국적이다"라는 화이트Whyte의 말에서 알 수 있듯 당시 (1950년대) 미국은 소비 붐이 일어나고 있던 시기였다. 사우스데일 센터 가 개점했을 때 이런 광고가 나왔다. "사우스데일에서는 매일이 최고의 쇼핑 날입니다." 언론에서 월트 디즈니의 놀이동산을 재현했다는 찬사 를 받기도 했다. "번화가보다도 더 번화가 같다"거나 "놀라울 정도로 멋 지고 화려한 센터는 늘 사람들로 북적거린다"고 보도했다.

그루엔의 설계는 미국뿐 아니라 세계 도처에서 복제되었으며, 말콤 글래드웰Malcolm Gladwell은 그루엔을 20세기 미국에서 가장 영향력 있는 건 축가로 꼽았다. 실제로 1970년대에 이르면서 미국인들은 일터 외에는 다른 어떤 곳보다 쇼핑몰에서 많은 시간을 보내게 된다. 북미 지역에서 쇼핑은 TV 시청 다음으로 중요한 문화활동이 되었다.

쇼핑몰은 관광지 역할도 훌륭히 수행한다. 라스베이거스의 고급 쇼핑 몰 포럼숍The Forum Shops은 해마다 수천만 명의 관광객이 찾을 정도로 유명 하다. 두바이몰에서는 1,200여 개의 브랜드를 구경할 수 있고, 사막에서 스케이트를 타는 이색 체험을 즐길 수 있다. 에미레이츠몰은 쇼핑몰에 실내 스키장을 설치하는 발상의 전환으로 전 세계의 관광객을 유혹하고 있다.

유통 대세로 떠오르는 복합쇼핑몰

롯데몰, 스타필드 등 복합쇼핑몰complex shopping mall이 유통 대세로 떠오르

쇼핑, 레저, 힐링을 한곳에서 누릴 수 있는 '스타필드 하남'

고 있다. 비교적 최근 주목도가 높아진 만큼 복합쇼핑몰에 대한 정의는 다양하게 내려져있다. 일단 쇼핑몰의 어원을 살펴보면, '몰'은 나무 그늘이 진 산책길, 보행자 전용의 긴 통로 등의 의미를 지니고 있다.

법적인 규정은 다음과 같다. 유통산업발전법에 따르면 복합쇼핑몰은 '용역의 제공장소를 제외한 매장 면적의 합계가 3천㎡ 이상인 점포의 집단으로서 쇼핑, 오락 및 업무 기능 등이 한곳에 집적되고, 문화·관광 시설로서의 역할을 하며, 1개의 업체가 개발·관리 및 운영하는 점포의 집단'을 뜻한다.

그 외 여러 기관이 내리는 정의를 살펴보자. 대한상공회의소 유통물류진흥원이 펴낸 유통산업백서에 따르면, 복합쇼핑몰이란 '한 개 혹은 그 이상의 건물에 복합적으로 많은 점포들이 입점하여 상품과 서비스를 판매하는 장소'를 일컫는다. 방문객들이 여기저기 걸어서 다닐 수 있게 통로가 상호 연결되어 있는 것이 특징이다. 국제쇼핑센터협회International Council of Shopping Centers, ICSC는 쇼핑센터를 '계획, 개발, 운영, 관리하는 소매점의 집합체로 주차장 시설을 갖추고 있고 점포 규모가 커서 넓은 상권을 대상으로 하는 시설'로 보고 있다. 미국마케팅협회America Marketing Association, AMA는 쇼핑센터에 대해 '지리적 중심지에 위치하여야 하며, 구매를 위한 이동시간이 편리하고, 매력적인 장소'여야 한다고 인식하고 있다. 또한 소비자들의 니즈를 충족시킬 수 있도록 각 업종 및 업태의 소매점들이 집합되어 있어야 한다고 보고 있다. 국내에서는 복합쇼핑몰과 쇼핑센터가 큰 의미 차이 없이 혼용되기도 한다. 쇼핑타운이라고도 부른다. 일본쇼핑센터협회Japan Council of Shopping Centers, JCSC가 규정하는 쇼핑센터는 다음과 같다. 개발자가 계획한 소매업, 음식업, 서비스업 등이 집적되어 있고, 통일된 운영관리 통제 아래 원스톱 쇼핑이 가능한 시설을 갖추고 있는 곳이다. 단순한 상품 구매뿐 아니라 쇼핑 이외의 여러 가지 기능을 결합한 커뮤니티 시설로서의 특성도 포함한다.

좀 더 쉽게 풀면 다음과 같다. A 백화점에서 옷을 사고 B 레스토랑에서 밥을 먹은 후, C 극장으로 건너가 영화를 보고 또 다른 장소 D에서 사람을 만나는 것처럼 분절된 형태가 아닌 원스톱 라이프스타일을 실현해주는 공간이 복합쇼핑몰이다. 이런 복합쇼핑몰의 동선이 갖는 주된 특성으로는 연결성Connectivity, 접근성Permeability, 가시성Visibility, 쾌적성Amenity 등이 해당된다. 또한 쇼핑몰 내부는 고객들이 상품을 구경할 수 있는 시간과 기회를 최대화하기 위해 이들이 부지런히 돌아다닐 수 있도록 디자인되어 있다.

몰고어에서 몰캉스까지
라이프스타일 트렌드를 선도하다
———

복합쇼핑몰의 인기에 힘입어 덩달아 관련 신조어도 많이 생겨나고 있다. 대표적인 것이 몰링이다. 몰링malling이란 복합쇼핑몰을 걸어다니며 쇼핑과 문화체험, 여가를 동시에 즐기는 것을 가리킨다. 몰링을 즐기는 소비자를 가리켜 몰링족 혹은 몰고어mall-goer라고 부른다.

외국에서 들어온 용어로는 몰랫, 몰워커, 몰리 등이 있다. 몰랫mall rat은

미로처럼 얽혀 있는 복합쇼핑몰을 생쥐처럼 이곳저곳 부지런히 돌아다니는 10대, 20대 남성 몰링족을 가리킨다. 몰워커$^{mall\ walker}$는 운동 삼아 몰을 둘러보는 부류다. 또한 몰리^{mallie}는 쇼핑이나 영화관, 카페는 물론 몰 안에서 진행되는 다양한 이벤트까지 고루 즐기는 부류로 젊은 여성 고객들이 주로 해당된다.

레저핑$^{leisure-ping}$, 몰캉스^{mallcance} 등 국내에서 만들어진 용어도 있다. 레저핑은 '선^{先} 레저, 후^{後} 쇼핑'의 개념으로 레저와 쇼핑을 합친 말이다. 레저와 쇼핑의 선후 관계가 중요하다기보다는 이 단어가 생길 만큼 여가와 쇼핑을 복합쇼핑몰에서 모두 즐길 수 있다는 개념이 내포되어 있다. 물건 구입은 물론 오락, 여가 등 다양한 활동이 가능한 복합쇼핑몰은 24시간 살아 움직이는 생기 넘치는 모습으로 고객을 맞이하고 있다. 몰캉스^{mallcance}는 몰^{mall}로 바캉스^{vacance}를 떠난다는 의미를 갖고 있다. 여름에는 더운 날씨를 피해 몰에서 휴식을 즐기고, 겨울에는 다양한 레포츠 시설을 이용하러 쇼핑몰을 찾는 사람들이 늘고 있다.

'몰세권'과 같은 부동산 용어까지 등장했다. 부동산 업계는 '역'세권 뿐만 아니라 '몰'세권을 주목하고 있다. 쇼핑몰, 대형마트, 영화관, 스포츠 시설 등을 두루 갖춘 대형 복합쇼핑몰이 들어서면 인근 아파트 가격이 상승하는 효과를 의미한다. 주택시장이 실수요 중심으로 재편되며 쾌적한 쇼핑시설이 잘 갖춰진 지역의 경제적 가치가 올라가는 현상은 앞으로도 계속될 듯하다.

세계적인 소비심리 분석가 파코 언더힐$^{Paco\ Underhill}$은 몰을 주의 깊게 관찰하면 그 국가나 국민들의 경제적 상황과 심미적, 지리학적 특성을 간파할 수 있을 뿐 아니라 정신적, 감성적, 심리적 상태까지 파악할 수 있다고 강조한 바 있다. 또한 그는 "오늘날의 몰은 지역사회의 다양한 활동이 이뤄지는 커뮤니티 센터 역할을 한다"고 말하기도 했다.

또한 조지프 아마토Joseph A. Amato는 쇼핑몰은 도시생활에 지쳐 소외된 사람들에게 걸어 다니며 이야기할 수 있는 새로운 안식처 역할을 하고 있다며, 쇼핑몰이 '마을이 없는 사람들을 위한 마을'이 되었다고 말했다.

'마을이 없는 사람들을 위한 마을'인 복합쇼핑몰과 관련된 대표적인 회사로는 롯데의 복합쇼핑몰 개발과 운영을 이끄는 롯데자산개발, 신세계에서 이와 유사한 역할을 담당하는 신세계프라퍼티가 있다. 롯데자산개발은 롯데월드몰, 롯데몰 은평점, 롯데몰 수원점, 롯데몰 김포공항점, 롯데피트인 등을 운영하고 있다. 한편 신세계프라퍼티는 스타필드 하남, 스타필드 코엑스몰, 스타필드 고양 등을 운영하고 있다. 두 곳 모두 종합 부동산 회사라는 공통점이 있다. 이는 쇼핑몰 비즈니스의 기본적인 구조가 부동산 임대 사업이라는 것과 연관이 있다. 복합쇼핑몰은 기존 백화점, 마트 등과는 달리 부동산 성격이 강한 업태다. 실제로 일본에서도 이온몰이나 미쯔이부동산과 같은 부동산 회사가 쇼핑몰 사업을 이끌고 있다.

변신하고 혁신하라
'랜드마크'를 넘어 '퓨처마크'를 꿈꾸는 쇼핑몰

2011년 12월 오픈한 롯데몰 김포공항점은 세계에서 보기 드물게 국제공항 인근에 건립된 복합쇼핑몰로 녹지공원('스카이파크')의 면적을 대규모로 확보한 친환경 몰링 파크다. 김포공항 국제선 청사 앞에 들어선 이 쇼핑몰은 롯데자산개발이 내놓은 첫 작품이다. '2000년대 중반부터 롯데가 준비해온 유통채널, 유통기구 보완의 결정판'이라는 평가를 받기도 했다.

국제공항이라는 입지 특성을 반영하기 위해 건물을 비행기 엔진 모양으로 시각화하고, 스카이브리지 또한 비행기의 날개를 형상화해서 '비상飛上' 컨셉으로 디자인했다. 게다가 다양한 종류의 수목과 생화를 조경에 활용해 자연친화적 환경을 조성했고, 쇼핑몰 천장도 자연채광이 가능하도록 설계하였다.

롯데월드몰은 2014년 10월에 서울 잠실 지역에서 영업을 개시했다. 롯데월드타워와 쇼핑몰이 이어지는 구조로, 한국의 '랜드마크'를 표방하고 있다. 한국을 방문한 중국 관광객 4명 중 1명이 롯데월드몰을 찾았고, 오픈 3년 만에 누적 방문객 1억 명을 돌파했으니 랜드마크라는 표현이 전혀 과하지 않다. 앞으로는 랜드마크를 넘어 '퓨처마크futuremark'가 되려는 노력을 기울여야 할 것이다. 퓨처마크는 무형의 가치intangible value를 포괄하고, 변신과 혁신을 통해 스스로 지속 가능성을 확보하는 것이 핵심이다.

롯데월드몰에는 쇼핑몰, 백화점, 마트, 시네마, 아쿠아리움, 하이마트 등이 집합되어 있다. 소비자들은 롯데월드몰에서 쇼핑, 식사, 휴식, 엔터테인먼트 등 모든 니즈를 한곳에서 완벽하게 충족할 수 있다. 기존의 롯데백화점 잠실점, 롯데호텔, 롯데월드까지 포함해 거대한 복합단지를 형성하고 있다.

롯데몰 수원점은 롯데월드몰 오픈 한 달 뒤 2014년 11월에 문을 열었다. 경기 남부 교통 요충지에 자리 잡은 롯데몰 수원점은 오픈 1년 동안 경기도 인구의 2배를 고객으로 맞이할 정도로 지역의 대표적인 쇼핑 명소로 자리 잡았다.

롯데몰 수원점은 앞으로의 전망이 더욱 밝다. 2017년 6월 지하 1층과 지상 2층, 연면적 2만 600㎡ 규모의 수원역 환승센터가 개통되었기 때문이다. 그간 롯데몰 수원점을 찾아가려면 수원역사 양쪽 출구를 이용해 500미터를 걸어가야 했다. 역사를 완전히 나와서 이동해야 했기에 소비자들의 불편함이 적지 않았다. 또 수원역은 수도권에서 이용자가 가장 많은 환승역 중 하나인 데다가 수원역 인근은 협소하고 정비되지 않은 도로 환경으로 상습 정체 구간이었다. 하지만 이제는 환승센터 2층과 지하 1층이 롯데몰 수원점과 연결되면서 교통 편의성과 접근성이 대폭 개선되었다. 롯데몰 수원점은 수원역 환승센터와 함께 수원의 동서^東^西를 연결하는 지역 밀착형 복합쇼핑몰로 거듭나겠다는 계획이다.

2016년 12월 문을 연 롯데몰 은평점은 오픈 초기 요일별 맞춤 광고 문구로 친근한 이미지를 만들어냈다. 기발한 아이디어로 홍보에 도움이 됐을 뿐 아니라, 내용 면에서도 롯데몰 은평점의 특성을 잘 나타냈다. '월요병에는 가까운 롯데몰이 약이지' 같은 식으로 월요일부터 일요일까지 앞 글자를 따서 각기 다른 컨셉으로 롯데몰 은평점을 소개한 것이다. 기존 쇼핑몰들과 차별화한 MD 구성도 돋보였다. 리테일의 비중을 줄이고, 서비스·엔터테인먼트와 식음료의 비중을 영업 면적의 절반 가

롯데몰 은평점은 '송종국 축구교실' 등 키즈테인먼트 공간에 대한 투자에 집중하고 있다.

까이까지 끌어올렸다. 이색적인 체험과 먹고 즐길 수 있는 콘텐츠의 중요성이 늘어난 트렌드를 반영했다. 어린이 수영 클래스를 진행하는 '키즈 스플래시'와 농구, 발레, 치어리딩 등 레포츠 활동을 배울 수 있는 '키즈 스타일러' 그리고 송종국 축구교실 등 키즈테인먼트^{Kidstainment} 공간을 통해 가족 단위 고객에게 즐거움을 선사했다.

놀이하는 인간을 위한 최고의 선물
엔터테인먼트 쇼핑몰
———

쇼핑보다 나들이의 개념으로 스타필드를 찾는 고객이 늘어나고 있다. 스타필드 하남은 '체류형 쇼핑 테마파크'를 지향하며 2016년 9월에 문을 열었다. 연면적의 규모가 약 46만㎡로 축구장 70개에 달한다. 스타필드 하남은 고객의 시간을 점유할 수 있는 능력을 중요시했다. 실제로 기존 유통시설과 비교했을 때 고객들은 스타필드 하남에서 2배 이상 긴 시간 동안 머무르는 것으로 드러났다.

잠실 올림픽주경기장보다 넓은 식음 서비스 공간도 화제를 모았다. 자연을 한눈에 품은 오감만족 워터파크이자 찜질스파인 '아쿠아필드', 스포츠와 익스트림 게임을 즐길 수 있는 '스포츠 몬스터' 등 엔터테인먼트 시설들의 활약도 컸다. 1년 동안 각각 51만 명, 25만 명의 고객을 맞이했다.

국내 최초로 테슬라^{Tesla} 매장을 개점하기도 했다. 이는 소문난 자동차 수집가인 정용진 부회장의 공이 컸다. 그는 2013년 미국에서 모델S를 직접 구입하고, 집에 자체적으로 충전 시설까지 설치할 정도로 테슬라에 관심이 많았다.

스타필드 코엑스몰은 2016년 12월 기존 코엑스몰에서 스타필드로 간판을 바꿔 달고 새출발을 했다. 2016년 10월 신세계프라퍼티가 한국무역협회 자회사인 코엑스몰로부터 코엑스몰 운영권을 인수했고, 두 달 뒤 새로운 모습으로 재탄생한 것이다.

2000년 ASEM 정상회의 유치를 계기로 건설된 코엑스몰은 업무 시설, 쇼핑 시설, 엔터테인먼트 시설(수족관, 영화관) 등을 두루 갖춘 국내 최초의 본격적인 엔터테인먼트 쇼핑몰이다. 한동안 '코엑스 키즈'라는 말이 있었을 정도로 코엑스에서 하루 종일 시간을 보내는 젊은이들이 넘쳐났다. 하지만 상대적으로 시설이 오래되어 2014년 재단장까지 했음에도 방문객과 매출이 늘지 않았다. 제 아무리 스타필드 브랜드를 입힌 다고 해도 코엑스몰이 확 달라질 수 있을까 우려하는 목소리가 있었던 것도 사실이다. 하지만 복합문화 공간인 '별마당 도서관'이 대박을 터뜨 리며 지역의 명소로 제2의 전성기를 구가하고 있다.

2016년 8월 오픈한 스타필드 고양에는 먹는 것^{eat}과 놀이^{entertainment}가 융화된 이터테인먼트^{Eatertainment} 측면에 대한 오랜 고민이 엿보인다. 스타 필드 하남에 비해 이터테인먼트 테넌트의 비중을 높였다. 스타필드 고 양에 들어선 테넌트의 약 3분의 1이 비^非쇼핑 시설이다. 온가족이 함께 골프를 체험할 수 있는 스크린 골프장 '데이골프', 볼링·당구·미니사 격·다트를 한자리에서 즐길 수 있는 '펀시티' 등 다채로운 엔터테인먼

코엑스몰이 제2의 전성기를 맞을 수 있도록 활력을 불어넣은 별마당 도서관

트 콘텐츠를 선보였다. 지역 맛집, 유명 셰프 레스토랑, 인기 디저트숍을 총망라한 고메스트리트에는 100여 개의 맛집이 모여 있다. 또한 아이들이 놀 수 있는 매장도 잠실 야구장 2개 규모로 크게 확장했다. 완구 전문점 '토이킹덤'은 하남점에 비해 4배나 커졌다. 토이킹덤은 완구 쇼핑은 물론이고 놀이기구 탑승과 어린이 직업 체험까지 가능한 다목적 키즈파크로 업그레이드됐다.

롯데몰, 스타필드 외에 현대아이파크몰, IFC몰, 타임스퀘어 등도 저력이 있는 복합쇼핑몰이다. 예컨대 2005년 당시 전자제품을 취급하던 용산의 스페이스9은 입점률이 절반을 채 넘지 못해 영업난에 허덕였다. 그런데 현대아이파크몰이라는 복합쇼핑몰로 변신하면서 입점률이 95%까지 상승하는 성과를 거두었다.

복합쇼핑몰은 제3의 공간이 될 수 있을 것인가

복합쇼핑몰 관련 업계의 최근 최대 현안은 규제 이슈다. 문재인 대통령은 "영세 소상공인의 생존권을 보호하고 국민경제의 균등한 발전을 도모하고자 도시계획 단계부터 복합쇼핑몰에 대한 입지를 제한하고 영업시간을 규제하겠다"고 밝힌 바 있다. 하지만 복합쇼핑몰에 입점한 업체의 절대 다수가 중소기업기본법 시행령에서 정한 중소기업으로 분류되고 있어 복합쇼핑몰 규제에 대해서는 다양한 목소리가 나오고 있는 상황이다. 추후 이와 관련한 여론 추이를 세심하게 살펴볼 필요가 있다.

세계적인 공간연출 전문가인 크리스티안 미쿤다^{Christian Mikunda} 박사는 '제3의 공간^{Third Place}'에 대해 역설한 바 있다. 제3의 공간은 흠잡을 데 없는 주거공간으로서의 공간인 '제1의 공간^{First Place}'과 일터인 '제2의 공간^{Second Place}'과는 다음과 같은 점에서 구별된다. 첫째, 일단 눈에 띄어야 한다(랜드마크). 둘째, 사람들이 그 장소 안으로 들어오면 여기저기 돌아다니게 만들 수 있어야 한다(몰링). 셋째, 전체적으로 일관된 분위기와 느낌을 연출할 수 있어야 한다(컨셉 라인). 넷째, 고객의 눈길을 사로잡는 매혹적인 볼거리가 있어야 한다(코어 어트랙션).

복합쇼핑몰은 현재 고객들에게 '제3의 공간'으로 인식되고 있는가? 복합쇼핑몰 업계 관계자들은 이를 냉철하게 자문해봐야 한다. 크리스티안 미쿤다는 페기 구겐하임 미술관을 제3의 공간의 대표적인 사례로 제시했다. 국내 복합쇼핑몰이 페기 구겐하임 미술관처럼 전 세계인들의 사랑을 받는 공간으로 발돋움할 수 있을지, 고객들에게 제3의 공간으로 당당히 인정받을 수 있을지 한번 지켜보자.

H&B 스토어,
한국형 드러그스토어로 부상하다

미국에서 20세기 초에 등장한 드러그스토어는 의사의 처방전 없이도 살 수 있는 의약품과 화장품, 건강식품 등을 판매하는 소매형 잡화점을 일컫는데, '약국'과는 다른 개념이다. 일본에서는 1987년 마츠모토 키요시가 도쿄에 1호점을 낸 것이 시초이다. 미국은 1879년 켄터키주의 테라 드러그스토어^{Tera Drug Store}가 시초이며, 찰스 월그린^{Charles Walgreen}이 1901년 시카고에 현재와 같은 형태의 드러그스토어를 처음 오픈했다. 미국의 드러그스토어는 100여 년에 걸쳐 진화 중인 셈이다.

웰니스와 홈케어,
미국과 일본의 드러그스토어 전략
———

우리보다 일찍 드러그스토어의 발전과정을 거쳐온 미국과 일본의 드러그스토어에 대해 먼저 살펴본 후 국내 상황에 대해 이야기해보자.

먼저 미국 드러그스토어에서 가장 두드러지는 특징은 조제약의 매출 비중이 상당히 높다는 것이다. 주요 사업자로는 월그린Walgreens, CVS, 라이트 에이드Rite Aid, 헬스마트 시스템 등이 있다. 이들 업체는 미국 전역에 골고루 분포되어 있어 천편일률적인 형태가 아닌 각기 다른 컨셉을 선보이고 있다.

전미 체인드러그스토어협회National Association of Chain Drug Store, NACDS가 설립된 것이 1933년이니, 업태의 역사도 상당히 깊다. 특히 미국 드러그스토어 업계 1위 월그린의 역사는 그 자체가 드러그스토어의 역사라 말할 수 있을 정도로 존재감이 남다르다. 고객의 편의를 도모하기 위해 프리스탠딩 점포freestanding store 운영, 24시간 영업, 드라이브스루 서비스, 1시간 사진 현상 서비스 제공 등 다양한 모습으로 혁신을 이끌어왔다. 또한 월그린은 본인들이 영위하는 업의 본질을 '웰니스wellness 서비스 제공'으로 재규정하며 개인화된 맞춤형 서비스 제공에도 심혈을 기울이고 있다.

2014년에는 월그린 부츠 얼라이언스Walgreen Boots Alliance, WBA가 탄생했다. 미국 드러그스토어 체인 1위 월그린, 유럽 제약업계 시장을 주도하는 부츠, 도매와 유통에 강점을 갖고 있는 얼라이언스 헬스케어가 합쳐진 것이다. 2016년 전미소매협회NRF가 선정한 글로벌 250대 리테일 업체 순위에서 월그린 부츠 얼라이언스는 10위에 오르는 기염을 토했다.

일본 드러그스토어의 특징은 조제약을 중심으로 업태화한 미국과 달리 일반의약품Over The Counter, OTC과 화장품 등 HBCHealth and Beauty Care 부분을 핵심 축으로 삼고 컨비니언스 케어와 홈케어를 보완축으로 하는 독자적 업태화를 일궈냈다는 점이다.

1980년대 마츠모토 키요시가 일본 드러그스토어가 성장하는 전기를 마련했고, 1990년대에는 헬스, 뷰티 아이템으로 여성 고객들의 절대적인 지지를 얻어내며 업태 확립기를 맞이한다. 1999년에는 일본 체인드러그스토어협회^{JACDS}가 발족하며 업태 발전의 구심적 역할을 하고, 동시에 업태의 사회적 위상 확립에도 기여하게 되었다.

일본 드러그스토어의 괄목할 만한 성장의 동인으로는 타 업종이나 업태로부터 취급상품을 흡수해 상품 구색을 확대하는 '라인로빙^{line robbing} 전략'이 꼽힌다. 로스리더^{loss leader}용 상품으로 집객을 유도하고 헬스케어 부분에서 이익을 창출했던 점도 주효했다.

일본 체인드러그스토어협회가 추계한 자료에 따르면 일본 전체 드러그스토어의 수는 2016년 기준 1만 8천 개 이상이다. 편의점 점포 수의 30%를 넘어선 것이다. 2016년도 드러그스토어 전체 매출은 65조 원에 달해 편의점 매출의 60%까지 올라왔다. 일본 《니혼게이자이신문》은 그동안 편의점이 독차지했던 일본 소매시장에서 드러그스토어가 세력 판도를 새로 그려나갈 것으로 전망하고 있다.

PB 경쟁력도 뛰어나다. 마츠모토 키요시의 경우 보유하고 있는 PB 제품만 2천 품목이 넘는다. MKC, 마쓰키요라보 등의 PB 제품을 구입하고 싶은 고객은 마츠모토 키요시 매장을 반드시 방문해야 한다. 이로써 고객 이탈을 방지하고, 상품 차별화를 통해 충성 고객을 늘리겠다는 것이 마츠모토 키요시의 전략이다.

창업 80년이 넘은 마츠모토 키요시는 세계적인 브랜드 컨설팅회사 인터브랜드재팬이 발표한 2016년 일본 국내 브랜드 가치 평가^{Japan's Best}

Domestic Brands 2016에서 드러그스토어 업계 최초로 34위라는 높은 성적을 올리기도 했다.

미용·건강 부문을 특화한
한국의 H&B 스토어

드러그스토어가 국내로 넘어오면서 한국화된 형태로 자리 잡은 업태가 H&B 스토어Health&Beauty Store다. 미용·건강 부문이 특화됐다는 점에서 기존 드러그스토어와 차별점을 갖는다. 한국유통포럼에 따르면 국내에서는 약사법 규정으로 의약품 중심의 드러그스토어로 발전하지 못했다고 한다. 고객들은 구매 목적 외에도 뷰티 트렌드를 보거나 간단한 제품 테스팅을 위해 H&B 스토어를 찾는다.

고객의 평균 연령대가 40세 이상인 미국과 달리 한국의 경우 H&B

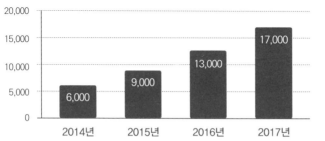

국내 H&B 스토어 시장 규모(단위: 억 원)

출처: 《서울신문》, 2018.01.17

스토어 고객의 상당수는 10대 후반에서 30대까지다. 그래서 유동인구가 많은 대학가, 유흥가, 주거밀집지역에 출점하고 있다. 또 식품 위주Food Retailer인 슈퍼, 대형마트, 일반 편의점과 달리 화장품, 샴푸 등 비식품 상품군Non-food Retailer이 전체 60%를 차지하는 점도 차별화된 지점이다. 현재 H&B 스토어는 기존 편의점에서 만족감을 느끼지 못하는 고객들을 강한 흡입력으로 끌어들이고 있다. 편의점 고객의 60~70%가 남성인 것에 반해, H&B 스토어는 여성 고객의 비중이 높다.

국내 H&B 스토어의 성장 배경은 네 가지 키워드로 분석할 수 있다. 여성female, 편리성convenience, 체험experience, 불황recession이 바로 그것이다. '여성'이 건강과 미용에 갖는 관심, 원스톱 쇼핑이 주는 '편리성', 셀프 셀렉션 형식과 테스터 공간을 통한 상품 비교 '체험', '불황'으로 인해 합리적 소비를 추구하게 된 현상 등이 맞물린 것이다.

업계 1위 올리브영
모두에게 젊음을 선물하다
―――

H&B 스토어 업계에는 압도적인 1위 사업자가 있다. 바로 CJ 올리브네트웍스가 운영하는 올리브영OLIVE YOUNG이다. 'All live young with OLIVE YOUNG'이라는 문구에서 알 수 있듯 모든 사람이 언제나 젊음을 유지하며 살아가기를 희망한다는 메시지를 담고 있다.

올리브영은 1999년부터 사업을 시작했으니 경쟁사들(왓슨스 2005년,

롭스 2013년)에 비해 역사도 가장 오래됐다. 1999년 '건강하고 아름다운 삶을 리드하는 쇼핑 문화 공간 제공'을 기치로 서울 강남구 신사동에 1호점을 내며 한국형 H&B 스토어의 역사를 써오고 있다.

이러한 올리브영의 매출이 2016년 1조 1천억을 넘어섰다. H&B 업계 최초로 매출 1조 원의 벽을 넘어선 것이다. 2012년 3천억이 조금 넘는 매출을 기록했던 것을 감안하면 폭발적인 증가세다. 매장 수도 2018년 2월 기준 970여 개로 1천 개 점포 돌파를 눈앞에 두고 있다.

CJ올리브네트웍스는 2014년 CJ그룹의 IT 전문회사인 CJ시스템즈와 CJ올리브영이 합병한 회사다. CJ그룹의 통합멤버십 서비스인 'CJ ONE'의 운영권도 갖고 있다. 기존에 CJ CGV에서 운영해오던 'CJ ONE' 서비스를 양도받음으로써 CGV가 보유하고 있던 회원 정보를 관리하게 된 것이다. 총수 일가 지분이 높아 앞으로가 더 주목되는 회사다.

올리브영 연도별 매출액(단위: 억 원)

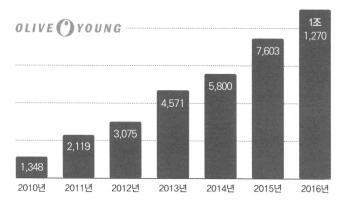

출처: 《뉴스핌》, 2017.01.06

CJ올리브네트웍스가 CJ그룹에서 CJ제일제당에 버금가는 위치로 올라설 것으로 전망하는 이들 역시 적지 않다.

행복한 수다, 건강한 아름다움
왓슨스와 롭스의 2위 경쟁
———

업계 2위는 GS리테일이 운영하는 왓슨스다. 2018년 2월 GS리테일이 왓슨스의 간판을 랄라블라lalavla(즐거운 이슈를 의미하는 lalala와 행복한 수다를 의미하는 blah blah가 결합된 합성어)로 바꾼다고 발표했다. 왓슨스(랄라블라)의 매장 수는 2018년 2월 기준 188개다. 1위 올리브영의 5분의 1밖에 되지 않는다는 점에서 1위와 격차가 많이 난다.

왓슨스(랄라블라)는 GS리테일과 홍콩의 허치슨 왐포아Hutchison Whampoa 그룹의 유통 브랜드 AS왓슨이 50:50으로 지분을 투자해 설립되었다. 그러다가 2017년 2월 GS리테일이 AS왓슨의 지분을 전량 인수한 후 GS리테일의 헬스&뷰티 사업부로 합병했다.

GS리테일은 편의점 GS25와 GS수퍼마켓 등을 출점 및 운영해온 노하우를 바탕으로 성장세를 이어간다는 계획이다. 2015년에 파르나스호텔 지분을 취득하여 관광호텔업도 영위하고 있다.

3위 업체는 롯데그룹의 롭스LOHB's다. 러브Love, 헬스Health, 뷰티Beauty, 스토어Store의 앞 글자를 활용한 브랜드 네이밍이다. 매장 컨셉을 체육관으로 삼고 아령 모양의 매대를 선보이는 등 활력 넘치는 구조와 명랑한 오

GS리테일의 새로운 H&B 브랜드 랄라블라

롯데슈퍼 산하의 TFT로 출발해 단기간에 급성장한 롭스

렌지 컬러의 배합으로 건강한 아름다움을 표방한다.

롭스는 2013년 롯데슈퍼 산하의 태스크포스$^{Task\ Force}$ 팀으로 출발했다. 10여 명에 불과했던 이 조직은 단기간에 시장에서 존재감을 드러냈다. 올리브영이 60호점을 돌파하는 데 9년이 걸렸는데, 롭스는 그 기간을 3분의 1로 단축시켰을 정도이니 그 성장 속도를 짐작하고도 남을 만하다.

롭스는 1, 2위 점포에 비해 역사가 짧지만 롯데그룹의 유통 파워를 바탕으로 2위 자리를 호시탐탐 노리고 있다. 2013년 홍대에 1호점을 낸 후 2017년 상반기 기준 100개 점포에 육박할 정도로 성장을 거듭했다. 2018년에는 롯데그룹 역사상 첫 여성 CEO(선우영 대표·전 롯데하이마트 온라인 부문장)를 맞이해서 화제를 모으기도 했다.

드러그스토어의 차별화
전문성과 편리성에 달려있다
———

이마트가 세계 1위 드러그스토어 기업인 월그린 부츠 얼라이언스와 파트너십 계약을 체결한 후 선보인 부츠^{Boots}도 주목할 만하다. 약사가 운영하는 약국을 매장 내부에 설치하는가 하면, 뷰티 브랜드의 프리미엄화에 무게중심을 싣는 행보를 보여 화제를 모으기도 했다.

드러그스토어 업계의 향후 과제는 무엇일까? 우선 뚜렷한 차별적 이미지를 구축해야 한다. 올리브영만의 제품, 왓슨스(랄라블라)만의 정체성, 롭스만의 서비스, 부츠만의 인테리어 등 해당 점포에 갔을 때만 받을 수 있는 그 '무엇'을 확보하기 위해 애써야 한다.

차별화는 전문성과 편리성을 강화할 때 얻을 수 있다. 그런 점에서 피트니스클럽과의 제휴나 네일살롱의 병설 등을 고려해봄 직하다. 아울러 약사법 개정 움직임 등 관련 법적 이슈에 대해서는 늘 기민하게 움직일 채비를 하고 있어야 한다. 법규 조항의 변화 하나로 비즈니스 모델 자체가 바뀔 수 있기 때문이다.

한국에도 월그린, 마츠모토 키요시 같은 세계적인 드러그스토어가 탄생할 수 있을까? 한국의 드러그스토어 업체들이 세계 곳곳에 진출하여 K-뷰티의 전도사 역할을 하게 되기를 기대해본다.

이마트와 파트너십을 맺고 영국에서 국내로 들어온 부츠

홈쇼핑,
쇼핑의 경계를 허물다

홈쇼핑은 말 그대로 집 안에서 편하게 즐기는 쇼핑을 뜻한다. 1980년대 미국 최초의 케이블 TV 홈쇼핑 회사 HSN^{Home Shopping Network}이 홈쇼핑 비즈니스를 시작한 이후 '홈쇼핑'은 케이블 TV의 홈쇼핑을 대신하는 의미로 쓰이기 시작했다.

홈쇼핑의 리모컨 전쟁,
언제 어디서든 자유로운 쇼핑을 꿈꾸다
———

TV 홈쇼핑은 스무 살이 갓 넘은 청년에 비유할 수 있다. 1995년에 시작하여 얼마 지나지 않아 IMF 외환위기가 터졌지만, 이를 오히려 기회로 활용하여 성장의 발판으로 삼았다. 이후 2007년 세계 경제 위기까지 가까스로 넘어가며 성장을 이어오고 있다.

　홈쇼핑의 시작점을 먼저 살펴보자. 1995년 홈쇼핑 역사의 문을 연 것은 HSTV와 하이쇼핑이었다. 이 이름이 낯선 분들도 적잖이 있을 것이다. 1994년 홈쇼핑텔레비전과 한국홈쇼핑이 홈쇼핑 사업권을 손을 쥐게 되었다. 1995년 홈쇼핑텔레비전이 HSTV를, 한국홈쇼핑이 하이쇼핑을 개국하기에 이른다.

HSTV는 곧 39쇼핑으로 이름이 바뀌고, CJ홈쇼핑을 거쳐 지금의 CJ오쇼핑이 되었다. 다른 회사와 달리 '홈쇼핑'이 아니라 '오쇼핑'이라는 이름을 갖게 된 이유는 무엇일까? CJ는 2009년 '홈쇼핑'이 '집에서 쇼핑한다'는 한정적인 의미만을 갖고 있다는 판단 아래 사명을 변경하였다. CJ에 따르면 오쇼핑의 '오'는 사업의 본질적 특성인 온라인On-line, 온에어On-air의 의미를 담고 있고, 최적의 서비스를 제공한다는 '옵티멈Optimum', 언제 어디서든 자유로이 쇼핑할 수 있다는 '옴니프레젠트Omnipresent' 등을 의미한다고 한다.

당시 기자간담회에서 CJ오쇼핑 이해선 대표(현 코웨이 대표이사)는 "CJ오쇼핑이라는 사명은 스토리와 상상력을 접목하여 얼마든지 확장할 수 있다"며 "국내 최초의 홈쇼핑이라는 뜻으로 오리진Origin, 원하는 것을 언제든 얻을 수 있다는 오케이OK 등 듣는 사람마다 의미 부여하고 오랫동안 기억할 수 있으며, 글로벌 시장에서도 무리 없이 통용된다는 것이 큰 장점"이라고 말했다. 사명에서 TV 홈쇼핑이라는 꼬리표를 과감하게 떼어낸 CJ오쇼핑은 경계 타파에 적극적으로 나서며 유통 채널 간의 통합 움직임에 앞장서고 있다.

하이쇼핑은 1997년 LG홈쇼핑으로 상호를 변경했고, 2005년에 GS홈쇼핑으로 리뉴얼했다가 현재 GS샵이 되었다.

HSTV의 첫 방송 실적은 참담했다. 뻐꾸기시계를 단 7개밖에 팔지 못한 것인데, 심지어 이 중에는 직원들이 주문한 것도 포함되어 있었다. 하이쇼핑 역시 상황이 다르지 않았다. 하나로 만능 리모컨이 10개 남짓 팔린 것. 첫해 홈쇼핑 업계 전체 시장규모는 34억 원 수준이었다.

그러다가 1997년 외환위기 때 기업들의 새로운 판로로 홈쇼핑이 주목을 받게 되었다. 홈쇼핑 입장에서도 양질의 제품을 소비자들에게 편리하게, 합리적인 가격으로 제공할 수 있게 되었다. 2000년대에 들어서자 기존 두 업체의 실적도 점차 개선되는 모습을 보였다. 2001년까지는 이들 두 회사가 시장의 대부분을 점유하는 과점형태로 운영됐고, 개국 6년 만에 매출 2조 원 시대를 열었다.

그러면서 2001년에는 농수산 TV가 출범했고, 같은 해 우리홈쇼핑, 현대홈쇼핑도 전파를 타기 시작했다. 농수산 TV는 지금의 NS홈쇼핑, 우리홈쇼핑은 지금의 롯데홈쇼핑이다.

2012년에는 중소기업중앙회가 주축이 되어 중소기업 상품을 다루는 홈앤쇼핑을 만들기도 했다. '함께하는 홈쇼핑', '나눠주는 홈쇼핑' 등의 컨셉으로 착한 홈쇼핑의 이미지를 만들어 소비자에게 부담 없이 다가가려 노력했다.

2015년에는 중소기업유통센터, 농협경제지주, 수산업협동조합중앙회가 공동 출자한 공영홈쇼핑(채널명 아임쇼핑)이 탄생했다. 'TV 홈쇼핑의 공영방송은 공영홈쇼핑'이라는 논리로 공영성을 강조하고 있지만, 공영홈쇼핑의 도입이 '창조 혁신 기업 유통 활성화'와 같은 슬로건으로 포장되며 방송 정책의 본질에서 크게 벗어난 과시성 정책이었다는 비판적인 목소리도 있다.

이로써 TV 홈쇼핑 채널은 총 7개가 되었다. 여기에 데이터 홈쇼핑이라 불리는 T커머스 채널 10개를 더하면 17개의 사업자가 경쟁하는 시장으로 판이 커졌다.

여기에서 T커머스는 텔레비전^{television}과 상거래^{commerce}를 합친 말로 '데이터 홈쇼핑'이라고 부르기도 한다. TV를 시청하면서 리모컨으로 상품 관련 정보를 검색하고 구매와 결제까지 마치는 형태의 서비스다. T커머스는 TV 홈쇼핑과 인터넷쇼핑의 성격을 모두 갖고 있으며, 연 평균 약 200%의 성장률을 바탕으로 2조 원에 가까운 시장규모를 형성했다. T커머스의 역사가 매우 짧은 것을 감안하면 상당히 빠르게 파이를 키워온 것으로 볼 수 있다.

홈쇼핑 사업이 폭발적인 성장세를 보이면서 덩달아 쇼호스트의 몸값도 천정부지로 솟았다. 왕영은, 최유라 등 유명인들도 이 시장에 뛰어들었다. 어느새 이 직업이 선망의 대상이 되기 시작한 것이다. 대학생들을 대상으로 한 쇼호스트 양성 전문 아카데미까지 성업 중이다. 실제로 쇼호스트의 시연능력과 화술능력이 소비자의 상품구매동기와 높은 상관관계를 보인다는 연구결과들을 반영한 변화이다.

홈쇼핑 비즈니스는 다른 산업의 발전까지 추동했다. 배송 관련하여 물류산업의 성장을 이끌었고, 방송 콘텐츠만으로는 안정적인 매출을 올리기 힘들었던 케이블TV업계도 홈쇼핑 송출 수수료를 통해 일정 수익을 확보할 수 있게 되었다.

아시아를 넘어 동유럽까지
해외로 확대되는 홈쇼핑 시장

현재 홈쇼핑은 빅4(GS홈쇼핑, CJ오쇼핑, 현대홈쇼핑, 롯데홈쇼핑) 구도로 경쟁 중이다. 2017년 매출을 보면 GS홈쇼핑, CJ오쇼핑, 현대홈쇼핑이 1조를 살짝 넘기고 있고, 롯데홈쇼핑이 9,200억 대의 매출을 기록하고 있다.

한국온라인쇼핑협회 자료에 따르면 TV 홈쇼핑의 전년 대비 성장률은 2010년 22.2%, 2011년 16.3%, 2012년 21.9%, 2013년 14.1% 등 두 자릿수의 높은 성장을 구가해왔다. 그러다 2015년에는 역성장(-5.51%)하는 수모를 겪었다. 2015년은 메르스(MERS, 중동호흡기증후군) 사태, 가짜 백수오 사건이 터진 해다. 특히 백수오 사건은 가짜 제품을 홈쇼핑 업체에 납품한 협력업체의 비도덕적 행위에 기인한 것이나, 이를 판매한 홈쇼핑 업체의 도덕성 논란으로까지 비화되었다.

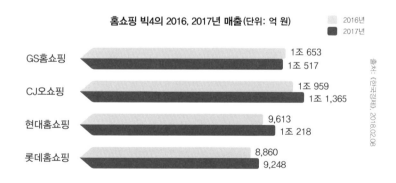

홈쇼핑 빅4의 2016, 2017년 매출(단위: 억 원)

2016년
2017년

GS홈쇼핑	1조 653	1조 517
CJ오쇼핑	1조 959	1조 1,365
현대홈쇼핑	9,613	1조 218
롯데홈쇼핑	8,860	9,248

출처: 《한국경제》, 2018.02.08

2016년엔 업계에서 리우데자네이루 올림픽 특수를 바랐지만 기대에 한참 못 미쳤다. 이후 홈쇼핑 업계는 2%대의 저성장 기조에 머물고 있어서 변혁이 필요한 시점이다. 17개의 업체끼리 내수시장을 놓고 피 튀기는 경쟁을 펼치는 데는 한계가 있다. 해외 시장 개척에 팔을 걷어붙여야 한다.

GS홈쇼핑은 말레이시아, 베트남, 러시아, 중국, 태국, 인도네시아 등에서 홈쇼핑 네트워크를 구축했다. 해외에서 국내 중소기업의 우수한 제품을 판매하며 수출상사의 역할도 수행하고 있다. 실제로 GS홈쇼핑에서는 해외개발사업부, 해외전략사업부, 해외영업사업부 등을 통해 해외 판로 확보에 어려움을 호소하는 중소업체들에게 큰 도움을 주고 있다. 더불어 한국 상품을 성공적으로 현지화하기 위한 연구에도 심혈을 기울이는 중이며, 2016년에는 해외사업의 취급액이 1조 원을 넘어섰다.

GS홈쇼핑은 말레이시아에서 현지 미디어 그룹인 아스트로사와 합작해 '고샵GO SHOP'이라는 쇼핑 채널을 선보였다. 말레이시아어로 홈쇼핑 방송을 시작한 지 채 1년도 되지 않아 현지 홈쇼핑 업계에서는 최초로 중국어 채널도 개국했다. 말레이시아 인구의 약 4분의 1을 차지하는 화교를 공략하기 위한 시도다.

베트남에서는 2012년 베트남 패션기업 손킴그룹의 자회사 비전 21Vision21과 손잡고 홈쇼핑 전용 채널 'VGS샵'을 선보였다. GS홈쇼핑은 150만 달러를 투자해 30%의 지분을 보유하고 있다. VGS샵은 SBS와 협력하여 콘텐츠 커머스를 통해 베트남 예능 프로그램에 한국 상품을 노출하기도 했다.

한편 인도네시아에서는 현지 미디어 그룹인 GMC와 합작홈쇼핑

'MNC샵'을 설립했다. MNC샵은 인도네시아 최초의 24시간 홈쇼핑 전문 채널이다. 러시아를 기점으로 동유럽 시장에 진출한다는 구상도 갖고 있다. 2016년에 러시아 최대 국영 통신사인 로스텔레콤과 합작해 현지에서 'BUM TV'를 개국했다. GS홈쇼핑(40%), 로스텔레콤(60%)이 지분 투자를 해서 만든 한국형 홈쇼핑 채널인 BUM TV에서는 한국 상품을 판매할 때 태극기를 노출하고 있다. 현지에서 한국 브랜드에 대한 신뢰도와 선호도가 높은 점을 감안한 전략이다.

CJ오쇼핑은 지난 2011년에 베트남의 케이블TV 사업자인 SCTV와 합작해 SCJ TV Shopping(이하 SCJ)를 개국했다. SCJ의 현지 TV 홈쇼핑 시장점유율은 약 60%에 달한다. 1위 사업자인 SCJ에서 판매하는 상품의 25%가 한국 상품이다. 태국에서는 2012년에 대형 엔터테인먼트 그룹 GMM 그래미와 함께 G"CJ오쇼핑^{G"CJ O Shopping}을 개국했다. 태국에서 30% 이상의 시장점유율을 기록하고 있다.

CJ오쇼핑은 베트남과 태국에서 한국상품 전용 프로그램을 운영하며 한국 기업의 홍보대사로서도 톡톡히 활약 중이다. 베트남 SCJ에서는 쇼호스트들이 한복을 입고 홍삼을 판매하는가 하면, 태국 G"CJ에서는 태극문양을 화면에 띄우며 한국화장품을 소개하기도 했다.

필리핀과 말레이시아에서도 홈쇼핑 비즈니스를 펼치고 있다. 2013년에 필리핀의 최대 민영 방송사 ABS-CBN과 합자회사 'ACJ'를 설립했다. 수도인 마닐라를 포함해 주요 도시의 가구를 대상으로 24시간 방송을 진행한다. 2016년에는 말레이시아의 미디어 그룹인 미디어 프리마^{Media Prima}와 손잡고 'CJ와우샵^{CJ WOW SHOP}'을 만들었다.

ⓒCJ오쇼핑

CJ오쇼핑은 태국에 진출한 지 5년 만에 영업흑자를 기록하는 등 순항을 이어가고 있다.

CJ오쇼핑은 2017년 상반기 베트남, 태국, 필리핀, 말레이시아에서 기록한 매출이 전년 동기 대비 24%가 증가하는 등 아세안 시장에서 강세를 보이고 있다. CJ오쇼핑은 아세안 지역을 중심으로 해외 TV 홈쇼핑 임직원을 CJ오쇼핑 본사에 초청해 직무 교육을 제공하기도 한다. TV 홈쇼핑 종주국으로서 한국의 위상을 굳건히 하고, 20년이 넘는 기간 동안 축적한 CJ오쇼핑만의 비즈니스 노하우를 전달하기 위해서다. 한편 2018년 1월 CJ오쇼핑은 CJ E&M을 합병하며 융복합 미디어 커머스 기업으로 도약한다는 포부를 밝혔다. 양사가 가지고 있던 글로벌 인프라를 공유하고, 오쇼핑의 상품기획능력과 E&M의 콘텐츠 역량이 더해지면 국내외에서 엄청난 시너지 효과를 낼 것으로 보인다.

현대홈쇼핑은 동남아 국가를 타깃으로 전략을 세우고 있다. 2016년에는 베트남에서 VTV현대홈쇼핑을 선보였다. 이 회사는 현대홈쇼핑과 베트남 국영방송 VTV의 자회사인 VTV 브로드컴Broadcom, VTV 캡Cab이 각각 50%, 25%, 25% 비율로 출자한 회사다. 이 회사는 베트남에서 2020년까지 한국 상품의 비중을 절반까지 늘릴 예정이다. 아울러 VTV현대홈쇼핑은 베트남 간편결제 시스템인 '원페이'를 도입한 현지 온라인 쇼핑몰도 오픈했다.

태국에는 HIGH쇼핑Hyundai Intouch Global Home Shopping을 설립했다. 현대홈쇼핑과 태국 최대 방송통신기업인 인터치그룹 자회사 인터치미디어가 각각 49%, 51%의 비율로 출자한 회사다. 인터치그룹은 태국 내 위성 독점 운영권을 보유하고 있고, 막강한 모바일 시장점유율을 자랑하는 회사다.

롯데홈쇼핑은 2012년 베트남의 대형 미디어 그룹 닷비엣DatVietVAC과 합작법인 '롯데닷비엣Lotte Datviet'을 설립하여 하노이, 호찌민, 하이퐁 등 주요 대도시에 24시간 방송을 송출하고 있다. 롯데홈쇼핑은 국내에서 쌓은 홈쇼핑 사업 역량을 기반으로 방송제작, 상품 소싱, 마케팅 등 실질적인 프로그램 운영을 맡는다. 특히 롯데홈쇼핑은 베트남에서 롯데가 갖고 있는 호감도와 인지도를 통해 고급 홈쇼핑으로 포지셔닝 하고 있다.

더불어 롯데홈쇼핑은 베트남에 이미 진출해 있는 그룹 계열사들과의 시너지 효과를 기대하고 있다. 롯데제과, 롯데마트, 롯데리아 등이 이미 베트남인들에게 익숙한 브랜드로 현지 시장에 안착한 것도 한몫을 한다. 2014년 완공한 65층의 초고층 복합빌딩 '롯데센터 하노이'는 이 지역의 랜드마크로 자리 잡았다. 롯데자산개발은 하노이시 떠이호구 신도시 상업지구에 복합쇼핑몰 '롯데몰 하노이'를 선보일 예정이고, 호찌민에서는 투티엠 지구에 '에코스마트시티'를 개발 중이다.

또한 롯데홈쇼핑은 업계에서 유일하게 대만에 진출해서 성과를 올리고 있기도 하다. 2004년에 대만 최대 금융지주회사 푸방富邦그룹과 함께 모모닷컴을 설립했고, '모모홈쇼핑'이라는 채널로 현지 홈쇼핑 시장에 진출했다. 사업 개시 2년 만에 흑자 전환을 이뤘고 현재 대만 TV 홈쇼핑 매출 점유 1위를 차지하고 있다. 모모홈쇼핑은 2014년 대만 증권거래소에 상장되면서 주가가 급상승하기도 했다.

TV 밖으로 나간 홈쇼핑

TV 홈쇼핑 회사들의 TV 밖으로 나가는 시도 또한 주목할 만하다. CJ오쇼핑은 2014년에 홈쇼핑 최초의 오프라인 매장 '스타일온에어'를 오픈했고, 2017년에는 롯데백화점 서울 청량리점과 부산 서면점에 자체 뷰티 브랜드 '셉SEP'의 단독매장을 열었다.

롯데홈쇼핑은 롯데월드타워 지하 광장에 쇼룸 형태의 '스튜디오샵'을 선보였다. TV 홈쇼핑 상품에서 실제로 판매되고 있는 상품을 직접 체험해볼 수 있도록 하는 데 주안점을 뒀다. 현대홈쇼핑은 '플러스샵'을 열었다. 세트 구성의 상품을 단품으로 내놓아 소비자의 구매 부담을 줄여주는 역할을 수행했다.

TV 바깥에서의 경쟁까지 시작하게 된 홈쇼핑 업계의 진화는 어디까지일지 앞으로도 지켜볼 일이다.

한국 면세점의
세계적인 경쟁력

세계 시장 점유율 1위
한국 면세업계의 위상
———

면세점은 외화 획득이나 외국인 여행자의 편의를 도모하기 위해 공항대합실이나 시중에 설치된 비과세상점을 일컫는다. 보통 공항, 항만, 도심 내 번화가 등에 위치한다. 세계 최초의 면세점은 1940년대 아일랜드 섀넌^{Shannon}공항에서 시작했고, 1960년대 들어서는 세계 최대 여행 유통업체 DFS^{Duty Free Shoppers}가 설립되었다. 1980~1990년대에는 아시아 국가들의 경제성장으로 명품을 중심으로 한 면세시장이 급성장했다.

면세점은 브랜드사와 구매계약을 체결해 직매입하여 판매하는 방식을 취한다. 따라서 대량구매 시 가격을 낮출 수 있고, 가격구조가 백화점 등 다른 업태에 비해 단순하며 세금 및 수수료도 없어서 가격경쟁력을 높일 수 있다.

면세, 즉 듀티프리^{Duty Free}는 수입관세를 내지 않는 것은 물론 부가가치세와 각종 목적세 등 일체 세금이 면제된다는 뜻이다. 택스프리^{Tax Free}는 부가가치세만 면제되기에 관세 및 내국세를 면제해주는 듀티프리와 차이가 있다.

면세산업은 국가의 허가가 필요하고 정책적으로 보호 및 육성되고 있다는 특성을 갖고 있다. 세금을 면제해주는 사업의 성격상 정부의 감독이 필요하고, 해외에서도 허가제가 대세이다. 반면 허가제의 허들을 낮추고 등록제를 도입하자는 반대 입장도 존재한다. 하지만 이렇게 되면 면세 업체가 난립하여 세관의 엄정한 관리 및 감독 기능이 약화될 우려가 있다. 이는 밀수, 대리구매, 탈세 등의 불법행위로 이어질 수 있다.

한국 면세점은 세계적인 경쟁력을 갖고 있다. 글로벌 면세전문지《무디데이빗리포트^{Moodie Davitt Report}》의 2017년 발표(2016년 실적 기준으로 순위 선정)에 따르면 롯데면세점은 매출이 세계 2위, 신라면세점은 세계 5위다. 1위는 스위스의 듀프리^{Dufry}, 3위는 미국의 DFS다. 매출 측정 시점과 평가 기준에 따라 순위 변동이 다소 있을 수 있지만, 한국 면세업계의 위상이 세계에서 매우 높은 것만은 분명하다. 국내 면세점 시장은 10%대의 세계 시장점유율을 기록하며 세계 1위를 달리고 있다.

한국 면세업 도약의 핵심 키워드

한국면세협회 회장을 역임했던 최영수 전 롯데면세점 대표이사는 국내 면세업의 도약을 크게 3가지 기점으로 분석하고 있다. 1차 도약은 88 올

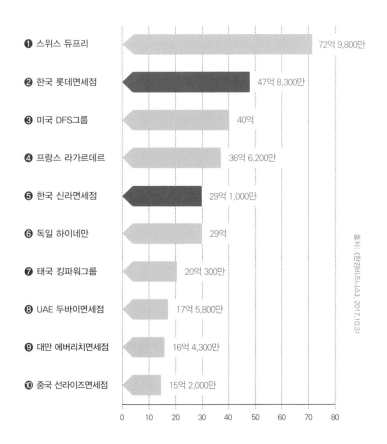

글로벌 면세사업자 매출 순위(단위: 유로)

자료: 무디데이빗리포트 주: 2016년 기준

출처: 《한경비즈니스》, 2017.10.31

❶ 스위스 듀프리 — 72억 9,800만
❷ 한국 롯데면세점 — 47억 8,300만
❸ 미국 DFS그룹 — 40억
❹ 프랑스 라가르데르 — 36억 6,200만
❺ 한국 신라면세점 — 29억 1,000만
❻ 독일 하이네만 — 29억
❼ 태국 킹파워그룹 — 20억 300만
❽ UAE 두바이면세점 — 17억 5,800만
❾ 대만 에버리치면세점 — 16억 4,300만
❿ 중국 선라이즈면세점 — 15억 2,000만

림픽, 2차 도약은 1989년 해외여행 자유화, 3차 도약은 2001년 인천국
제공항의 개항이다.

1차 도약 시기에는 86 아시안 게임과 88 올림픽이라는 중대한 스포

츠 이벤트가 있었다. 두 행사의 성공적 개최를 위해 1984년에 대통령의 '외국인 관광객 쇼핑활성화 추진' 지시가 있었고, 이에 따라 신규 시내 면세점이 줄줄이 생겼다.

2차 도약 시기는 출국 규제가 풀리는 것과 맞물린다. 그간 외국인 전용이었던 면세점이 출국 내국인에게도 문호를 연 것이다. 1989년 해외여행 자유화로 출국객 수가 폭발적으로 증가하고, 면세점 매출 또한 높은 성장률을 기록했다.

3차 도약기의 핵심 키워드는 인천국제공항이다. 세계 최고 수준의 국제공항은 우리나라 면세산업이 선진 대열에 오를 수 있는 단단한 토양이 되었다. 공항 운영, 서비스, 물류 등 모든 측면에서 세계 최정상급 공항인 인천국제공항의 이용객 수는 2006년 2,600만 명에서 2012년에 4,400만 명으로 껑충 뛰었다. 그 덕분에 인천공항 면세점 역시 고속성장을 했고, 전 세계 공항 면세점 중 가장 매출이 높은 곳으로 유명하다.

면세점 비즈니스
한국 관광의 꽃이 되다
───

대한민국 최초의 면세점인 롯데면세점의 국내 시장점유율은 2014년 50.8%, 2015년 51.5%로 과반을 유지하다가 2016년 48.6%, 2017년 41.9%로 하락했다. 하지만 여전히 시장의 40% 이상을 차지하고 있는 면세업계 리더다.

우리나라 면세산업을 성장시킨 주역 '인천공항 면세점'

2015~2017년 롯데·신라·신세계면세점 시장점유율 변화(단위: 억 원, %)

자료: 박광온·윤호중 의원실, 관세청 자료

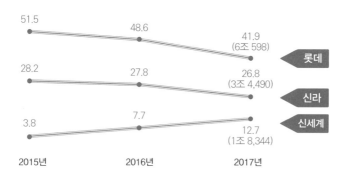

신동빈 롯데그룹 회장은 2015년 국회 정무위원회 공정거래위원회 기관 국정감사에 일반 증인으로 출석해 "면세점은 롯데가 삼성전자와 같이 세계 1위에 올라설 수 있는 사업"이라고 말한 적도 있다. 그는 롯데면세점이 국내 서비스업종 중 가장 경쟁력을 갖고 있는 회사이며, 서비스업의 삼성전자라는 의견도 피력했다.

면세점 비즈니스는 실제로 순기능이 많다. '한국 관광의 꽃'이라 불리는 이유다. 쇼핑을 통한 관광외화 획득, 직간접적인 고용 증대, 관광 관련 산업 전반 선도, 공항 임대료 납부로 공항 운영재정에 큰 폭으로 기여, 출국 내국인의 해외쇼핑을 국내로 유도하여 관광수지 개선 등의 요인이 해당된다.

롯데면세점은 한류 열풍에 기초한 '엔터투어 마케팅'에 강점을 갖고 있다. 월드타워점 스타애비뉴에는 한류스타 실물 피규어를 전시하기도 한다. 이곳 롯데면세점 월드타워점은 중국 하이난 섬에 있는 하이난 CDFG(4만 6천㎡), 하와이에 위치한 DFS면세점(약 2만㎡)에 이어 세계 3위의 면적을 자랑한다. 또한 자체 제작 웹드라마도 선보였다. 최지우, 이초희, 이민호, 이종석, 2PM 옥택연, EXO 카이, 박해진, 이준기, 지창욱 등 인기 한류스타가 등장하는 블록버스터 로맨스 〈첫 키스만 일곱 번째〉는 공개 50일 만에 1억 뷰를 돌파했다. 한국어·중국어·영어·일어 네 가지 버전으로 업로드했고, 여주인공이 극 중에서 면세점 직원으로 나와 자연스레 롯데면세점을 홍보할 수 있었다.

2위 신라면세점은 2014년 30.5%, 2015년 28.2%, 2016년 27.8%, 2017년 26.8%의 점유율을 보이고 있다. 신라면세점은 이건희 삼성전자회장의 장녀 이부진 사장이 이끌고 있는 것으로도 유명하다. 해외에서는 특히 삼성의 브랜드 인지도와 신뢰도가 긍정적으로 활용될 수 있다. 실제로 지난 2014년 싱가포르 창이changi국제공항 입찰에서 삼성의 IT·모바일 기술력을 기반으로 한 새로운 면세점 비즈니스 모델을 선보였다. 이것은 성공적인 입찰의 주요 요인 중 하나로 평가받고 있다.

한동안 국내 면세 시장은 롯데와 신라 두 업체가 주도해왔다. 두 업체의 시장점유율을 합치면 80%에 육박했다. 한데 2015년에 몇몇 업체들이 면세점 사업권을 획득하였다. 새내기 면세점들이 롯데, 신라의 아성을 위협할 수 있을지는 좀 더 지켜볼 일이다.

면세업계의 미래
트래블 리테일 사업으로 확장하라
———

신세계면세점의 성장은 주목할 만하다. 2014년 3.1%, 2015년 3.8%의 점유율을 보이다가 2016년에는 7.7%로 2배 이상 뛰었다. 2등과의 격차가 여전하지만, 점점 존재감을 드러내고 있다. 10% 점유율도 곧 이뤄낼 것으로 많은 전문가가 전망했었다. 결국 2017년에 신세계면세점은 12.7%로 시장점유율을 크게 올리는 데 성공했다. 개별 사업장 기준으로 봐도 2016년에 문을 연 신세계면세점 명동점의 매출은 신규 면세점 중 최상위권이다.

더 나아가서 신세계는 신세계DF와 신세계조선호텔로 이원화된 면세점 사업을 통합하겠다는 방침을 밝혔다. 신세계조선호텔 면세사업부가 운영하던 신세계면세점 센텀시티점과 인천공항점 등을 신세계DF로 통합하면, 신세계DF는 매출 증가는 물론 면세점 업계 3위의 입지를 굳힐 수 있을 것으로 보인다.

그 외 현대산업개발과 호텔신라의 합작사인 HDC신라면세점, 한화의 면세점 운영 법인인 갤러리아타임월드, 두산의 두타면세점, 그리고 하나투어가 운영하는 에스엠면세점 등도 면세점 업계에서 나름의 존재감을 드러내고 있다.

면세점 업계에는 어려운 과제가 적잖이 놓여 있다. 일단 중국, 일본 외에 고객층을 다변화해야 한다. 보다 거시적으로는 최종 목적지가 한국이 될 수 있게 노력해야 한다. 정부, 국회, 언론에 면세 사업의 긍정적 효과를 끊임없이 설명하고, 항공사·여행사·호텔·병원 등 관광 관련 전업체가 중지를 모아 해외 관광객들에게 실질적인 혜택을 줄 수 있는 방안을 마련해야 한다. 또한 다소 K-팝에 치우쳐져 있는 한류 콘텐츠를 보다 다양화하는 데에도 투자를 아끼지 않아야 하고, 외국인 직원의 채용도 늘려야 한다. 아울러 면세점 사업에 국한되지 말고 '트래블 리테일 사업'으로 확대하여 여행 관련 모든 사업으로 확장하는 전략도 면밀히 연구해봐야 할 것이다.

SSM, 슈퍼마켓의
전문화·대형화·체인화

소매유통산업의 강자로 부상한 SSM

기업형슈퍼마켓^{Super Supermarket, SSM}(이하 SSM)은 소비자들이 가장 가까운 거리에서 일상생활에 필요한 식료품과 생필품을 한곳에서 구매할 수 있는 가장 작은 단위의 유통업이다. 보통 할인점이나 백화점이 미치지 않는 소상권을 주 타깃으로 삼는다. 1996년 LG유통이 서울 잠실 지역에 LG(현 GS)슈퍼마켓을 오픈하면서 본격적으로 주목받기 시작했다.

SSM은 기존 슈퍼마켓과 할인점의 중간 형태로서, 슈퍼마켓의 전문화·대형화·체인화를 이끌어왔다. 식료품과 비식료품 등 생활필수품 관련 상품구색을 보유하고 있고, 부수적인 서비스 또한 제공하고 있다. 특히 대형마트 상품군 중에서도 회전율이 높은 아이템을 더 가려내어 상품을 구성하기 때문에, 식료품 소매유통산업에서 매우 강력한 경쟁력을 지니고 있다.

업체 입장에서 SSM은 매력적인 요소가 많다. 일단 대형할인점은

20만여 명 규모의 상권에 출점을 하는 것에 비해 SSM은 2만 명 정도의 상권에도 출점할 수 있다. 출점할 때 고려해야 할 상권 규모가 대형할인점 대비 10분의 1인 것이다. 그만큼 출점할 여지가 여전히 많다는 것이고, 탐색비용도 줄일 수 있다는 장점이 있다.

개점 비용도 대형할인점의 10분의 1이 채 되지 않는다. 임차 방식의 출점이 많기에 출점 실패에 대한 리스크도 상대적으로 적다. 상품 재고량, 광열비와 같은 매장 운영비도 크지 않아 투자에 대한 회수율도 높은 편이고, 접근성 또한 할인점에 비해 우수하다.

이렇듯 소비자의 점포 선택권을 넓혔다는 긍정적 평가도 있는 반면, SSM이 기존의 재래시장과 영세 슈퍼마켓들의 상권을 붕괴시켰다는 비판의 목소리도 분명 존재한다.

다양한 실험과 창의적인 서비스로
시장을 확장하다

SSM 업계 주요 사업자의 매장 수(2017년 기준)를 살펴보면 업계 1위 롯데슈퍼 465개, 2위 홈플러스 익스프레스 365개, 3위 GS수퍼마켓 292개, 4위 이마트 에브리데이가 231개다.

1위 사업자 롯데슈퍼는 '레몬 사업본부'에서 시작됐다. 이는 2000년 당시 신동빈 부회장이 슈퍼마켓 시장에 뛰어들기 위해 롯데쇼핑 내에 신설한 조직이다. 2001년 1호점(전농점)의 문을 열었고, 그 후 적극적인 인수합병으로 전국적 다점포를 구축하였다. 2004년에는 한화유통으로부터 체인스토어 부문을 인수했고, 2007년에는 빅마트와 나이스마트를 손에 쥐었다. 또한 CS유통도 인수하기에 이른다.

롯데슈퍼에는 '업계 최초'라는 수식어가 많이 따라붙는다. 2008년에는 업계 최초로 100호점(성수점)을 돌파했고, 2009년 역시 업계 최초로 매출 1조 원의 고지를 정복했다. 2010년에는 매장 300호점을 넘어서기에 이르렀다. 롯데슈퍼의 2017년 매출은 2조 1,550억 원을 기록하며 1위 업체의 위상을 굳건히 하고 있다. 2011년 1조 6,960억 원에서 2012년 2조 원대로 진입한 이래로 비슷한 수준을 유지하고 있다. 성장 동력이 필요한 시점이다.

롯데슈퍼는 업계 1위답게 다양한 전략적 실험을 선보이고 있다. 우선 기존 롯데슈퍼를 리모델링해서 여타 슈퍼와는 차별화된 프리미엄 푸드마켓을 오픈했다. 백화점 지하 식품관을 경쟁 상대로 삼을 정도로 고급스러운 분위기와 좋은 품질에 신경을 쓰고 있다. 소득상위 10~30% 수준의 소비자들을 타깃으로 명품 과일, 100% 유기농 채소 등을 판매하고 와인바도 마련했다.

또한 국내 최초 냉동식품 전문점인 '롯데프리지아^{LOTTE freesia}'를 오픈했다. '프리지아^{Freesia}'란 냉동을 뜻하는 'freeze'와 매장을 뜻하는 'ia(=shop)'를 합성한 조어다. 프랑스 냉동식품 유통업체인 '삐까르^{Picard}'와 '띠리에^{Thiriet}'의 운영방식을 벤치마킹했다. 즉석에서 조리해 먹을 수 있는 '고객 서비스 공간'을 마련했고, 냉동식품을 집에까지 가져가기 좋게 '보냉팩'과 '보냉가방'을 대여해준다.

업계 2위 홈플러스 익스프레스는 2004년 서울 중계점을 오픈하며 슈퍼마켓 시장에 뛰어들었다. 최근 홈플러스 익스프레스는 '상권 고객 맞춤형' 전략을 실행하고 있다. 상권 특성에 따라 프리미엄 매장, 신선 중심 매장, 일반 매장 등 다섯 개의 클러스터로 구분해 상품 구색을 차별화하고 있다. 가령 일반 주택가 주변에는 신선식품을 주로 배치하고, 원룸이 모여 있는 지역에는 가정간편식을 강화하는 방식이다.

한편 장마철에 우산을 가지고 오지 못한 고객들을 위해 도입한 '빨간 우산 대여 서비스'는 홈플러스 익스프레스만의 강점을 잘 보여준다. 사소해 보이지만 이런 감성 마케팅은 고객의 재방문을 유도하는 데 꽤나 효과적이다. 비가 내리니 우산을 하나라도 더 팔기 위해 애쓸 법도 한데, 외려 고객이 비를 맞으며 돌아가는 일이 없게 우산을 빌려주는 것은 참신한 역발상이다. 고마운 마음을 갖고 있는 고객은 우산을 반납하기 위해서라도 자연히 해당 매장을 한 번 더 찾게 된다.

2016년 기준 업계 3위 GS수퍼마켓은 사실 오랫동안 SSM 업계의 선두주자였다. 2009년에 롯데에 1위 자리를 내주고 말았지만 지금도 오랜 경험이 주는 영업 노하우가 만만치 않다. GS수퍼마켓은 온라인몰 'GS 아이수퍼'를 'GS프레시'로 이름을 변경하고 새벽배송 서비스를 선보였다. 오후 10시까지 주문하면 다음 날 오전 1~7시에 배송해주는 서비스다. 또한 2016년에는 인도네시아 진출에도 성공했다. 2016년 1호점을 개설한 후 2017년에도 지점 오픈을 이어 갔다.

이마트 에브리데이는 롯데슈퍼와 홈플러스 익스프레스에 비해 소극적인 출점전략을 보여왔다. 이는 대형마트 후발업체인 롯데와 홈플러스가 마트 시장에서 뒤진 시장 내 지위를 슈퍼 시장에서 만회하기 위해 SSM 투자에 적극적인 모습을 보인 것과 대조적이다.

이마트 에브리데이는 2009년에 1호점인 상도동점의 문을 열었다. 2011년에는 킴스클럽마트를 인수해 매장 수가 23개에서 77개로 급증했다. 2012년에는 경기 북부지역에서 성업 중이었던 SM마트, NS홈쇼핑의 SSM인 NS마트를 인수한다. 이때 용인의 물류센터도 함께 이마트로 넘어오게 된다. 이를 통해 선두 업체들을 추격할 발판을 마련한 것이다. 이러한 시도 끝에 이마트 에브리데이는 2016년에 처음으로 매출 1조 원을 돌파했다.

SSM을 위협하는
다이소의 폭발적 성장세
———

값싼 생활용품을 취급하는 균일가 매장인 다이소가 롯데, 홈플러스, GS, 신세계 등 굴지의 대기업이 운영하는 SSM에 위협이 된다는 말에 선뜻 이해가 잘 되지 않는 분들도 있을 것이다. 하지만 다이소는 이들 대기업 계열 SSM이 긴장감을 넘어 위협을 느낄 정도로 매섭게 사세를 확장하고 있다. 다이소의 덩치가 얼마나 되는지 먼저 살펴보자. 다이소는 2014년 매출 8,900억 원을 기록했고 2015년에는 1조 원을, 2016년에는 1조 5천억 원을 넘어섰다. 업계에서는 다이소 상장설까지 나오고 있다. SSM 업계 3위 GS수퍼마켓의 2016년 매출이 1조 4천억 원이 조금 넘으

저렴하면서 다양한 상품 수로 무섭게 성장하는 '다이소'

니 비슷한 수준인 것이다.

다이소는 1,000원 상품으로 '푼돈의 기적'을 이룬 저력이 있는 회사다. 2001년에 일본 다이소와 합작으로 탄생한 다이소아성산업(아성산업은 1992년에 설립)은 설립 4년 만에 300여 개 규모로 매장을 확대했다. 2017년에 들어서서는 1천 개를 훌쩍 넘는 점포 수를 자랑하고 있다. 이는 전국 백화점(약 100여 개), 대형마트(약 500여 개), 복합쇼핑몰(약 10여 개)을 다 합친 것의 갑절보다 많은 수치다.

주방, 생활, 의류, 팬시, 원예, 문구, 욕실, 완구, 미용, 인테리어 용품, 식품, 액세서리 등 2~3만여 종의 생활잡화를 취급한다. 이 중 한국에서 만들어진 제품이 가장 많다. 또한 일본·중국 제품에서부터 필리핀·베트남 등 동남아시아 제품은 물론 독일·스페인·프랑스·벨기에 등 유럽 국가에서 직수입한 제품까지 다양하다. 매년 국내 다이소 전 점포에서 팔리는 상품의 개수는 무려 10억 개에 달한다.

이렇게 급성장하고 있는 다이소는 생활용품뿐 아니라 식료품도 다루고 있어 '변종 SSM'이라는 지적도 받는다. 게다가 출점 제한과 같은 각종 유통 규제에서 자유로운 입장이다. 유통산업발전법에 따르면 매장 면적 3,000㎡ 이상의 대규모 점포는 의무휴업, 영업시간, 출점 등에 제한을 받는다. 하지만 다이소는 전문점으로 분류돼 이 같은 규제에서 벗어나 있다. 게다가 6단계(500원, 1,000원, 1,500원, 2,000원, 3,000원, 5,000원)의 균일가 정책을 운영하여 가성비를 극대화하는 전략을 구사하고 있다.

츠키이즈미 히로시月泉博는 일본에서 버블 경제가 무너지고 디플레이션이 맹위를 떨치던 20년간 가격을 낮추는 전략으로 비즈니스를 영위해온 업체들을 가리켜 '디플레이션 선두주자'라고 표현한 바 있다. 그는 유니클로, 시마무라 등과 함께 다이소를 이 범주에 포함시켰다. 츠키이즈미 히로시는 다이소와 같은 '디플레이션 선두주자'들이 성숙형 소비 사회에 어울리는 풍요로움을 아직 제공하고 있지 못하다며 비판적인 시각을 견지한다.

그가 갖고 있는 견해를 어떻게 평가하든 간에 적어도 한국에서는 다이소가 나름의 '풍요로움'을 제공하고 있는 듯하다. 폭발적인 성장세가 그를 증명한다. 2018년에는 매출액이 2조 원을 상회할 것으로 전망되고 있다. 매출 1조를 돌파한 것이 2015년이니 3년 만에 '매출 2조 클럽'에 가입하게 되는 것. 무서운 성장 속도임에 틀림없다.

고유의 경쟁력 확보를 위한
SSM의 과제

———

출점 규제의 영향권 아래에 있는 SSM 입장에서 편의점, 다이소 등과의 경쟁은 녹록하지 않다. 프리미엄 슈퍼를 제외하고는 기존의 가격 경쟁력을 잃지 않으면서도 소포장 판매, 접근 편의성, MD 특화 등을 통해 고유의 경쟁력을 마련해야 한다.

다른 업태와의 창의적인 협업으로 시너지 효과를 내는 전략도 고민해볼 필요가 있다. 이러한 측면에서 GS수퍼마켓은 H&B 스토어 왓슨스와 결합한 매장(GS수퍼마켓×왓슨스)을 선보였다. 슈퍼마켓의 쇼핑 고객과 H&B 스토어의 뷰티상품 구매 고객이 교차함으로써 두 매장의 매출이 동반 상승하고 있다.

롯데슈퍼는 롯데마트와 글로벌 소싱을 공동으로 진행하기로 협의했다. 두 회사의 역량이 합쳐진 '글로벌소싱본부'가 상품 구매와 조달작업을 진두지휘하게 된다. 이렇게 되면 대량 구매할 때의 구매력을 최대화하고, 규모의 경제를 실현해 비용을 절감할 수 있다.

PART 2

소비자의 욕망,
리테일 비즈니스 트렌드를
좌우하다

17억 무슬림을
향한 구애

무슬림(이슬람교도)을 향한 유통업계의 움직임이 심상치 않다. 전 세계적으로 17억 명의 신도가 분포해 있고, 그들의 소비력도 커지고 있기 때문이다. 무슬림 인구에 대해 조금 더 부연하자면, 산아 제한을 두지 않는 이슬람 가정과 사회문화를 고려했을 때 향후 그 수는 더 늘 것으로 전망된다.

한국관광공사에 따르면 2016년 한국을 찾은 무슬림 관광객은 약 98만 명으로 2015년(74만 명)보다 무려 33% 늘어난 수치다. 한국을 방문하는 관광객에서 무슬림이 차지하는 비중 역시 증가세를 보이고 있다.

무슬림 전용 기도실을 설치한 롯데백화점

롯데백화점은 에비뉴엘 잠실점에 무슬림을 위한 15평 규모의 기도실을

설치했다. 기도실에는 하루 5번 메카(현재 사우디아라비아 방향)를 향해 기도해야 하는 무슬림 쇼핑객들을 배려해서 이슬람 경전인 코란(꾸란)을 비치했다. 메카는 이슬람교의 창시자 무함마드가 태어난 곳이다. 이 기도실은 한국이슬람교중앙회와 협업해서 만들었다. 여기에는 예배 카펫도 구비했고, 기도 전 손과 발을 씻을 수 있는 공간도 마련했다. 게다가 남성, 여성 기도실을 분리하는가 하면 무슬림이 예배하는 방향을 뜻하는 '키블라Qibla'도 표시했다.

이러한 공간 구성은 무슬림 관광객 외에도 한국에 거주하는 14만 5천여 명의 무슬림들에게도 주요한 방문 요인으로 작용할 수 있다.

할랄과 하람, 무슬림 고객을 사로잡기 위한 노력

롯데백화점은 할랄 식당도 오픈할 계획이다. 할랄^{Halal}이란 아랍어로 '허용된 것'이라는 뜻이다. 이슬람교도가 먹거나 사용할 수 있도록 이슬람율법에 따라 처리·가공된 제품을 가리킨다. 무슬림들은 이슬람식으로 도살된 신선한 고기만 먹는다. 단번에 목숨을 끊어 동물의 고통을 최소화한 양, 소, 닭고기는 할랄에 속한다. 할랄 시장은 세계적으로 2013년 1조 달러 규모를 넘어서며 급성장을 거듭해왔고, 2021년에는 2조 7천억 달러 규모를 넘어설 것으로 보인다.

반면 고양이, 개나 잔인하게 도축한 고기는 하람^{Haram}으로 분류하고 먹지 않는다. 하람은 아랍어로 '금지된 것'을 뜻한다. 롯데백화점은 무슬림 관광객들이 한국에서 걱정 없이 식사할 수 있도록 한국관광공사와 협력해 다양한 프로모션을 전개할 예정이다.

2018 평창 동계올림픽에서 케이터링 공식 후원을 맡은 신세계푸드는 평창 선수촌 식당의 할랄 인증을 획득하고 할랄푸드존을 운영했다. 전체 선수단 가운데 5%에 달하는 무슬림을 위한 배려였다. 현대그린푸드도 아랍에미리트연합^{UAE} 원자력발전소 공사현장에서 해외 급식을 진행한 경험이 있는 셰프와 협업해 할랄 요리 특화 존을 선보였다.

갤러리아면세점의 경우 63빌딩 내 고급 레스토랑 4곳 모두 무슬림 프렌들리(관광공사 할랄 레스토랑 인증) 등급을 획득했다. 이를 위해 할랄 식재료 수급, 전용 조리기구 비치, 셰프 교육·서비스, 전용 메뉴 구성 등 세부적인 운영 가이드라인도 마련했다. 또한 대학병원과 손을 잡고 의료 관광 콘텐츠 개발에도 나선다. 아랍에미리트연합 두바이의 아랍여행 박람회('아라비안 트래블 마트')에 홍보 부스를 운영하고 중동 무슬림 인 바운드 여행사 2곳과 송객 계약을 체결하는 등 적극적인 행보를 보이고 있다.

대상그룹은 전체 인구의 약 85%가 이슬람 신자인 인도네시아에서 가정용 마요네즈의 성공신화를 쓰고 있다. 수입 마요네즈 브랜드 중 인 도네시아 정부로부터 유일하게 '할랄 인증'을 받았으며, 현지 마요네즈 시장점유율 40%(2015년)를 자랑하는 1위 사업자다. 2009년 2.7%에 불 과했던 시장점유율을 폭발적으로 상승시킨 것이다. 2위 사업자가 26% 의 점유율을 보이고 있어 1위와의 격차가 작지 않다. 한편 경기도 용인 에 있는 대상 기흥공장은 국내 식품공장 중 할랄 인증 1호라는 기록을 세우기도 했다.

농심은 돼지고기를 쓰지 않는 '할랄신라면'을 사우디아라비아, 말 레이시아, 아랍에미리트 등 이슬람 국가 40여 개국에 수출하고 있다. 2016년 할랄신라면 매출은 전년보다 33%나 성장했다. 농심은 일찍이 부산 공장에 할랄 전용 생산 라인을 구축했고, 할랄 전용 브랜드 개발에 도 박차를 가하고 있다.

아모레퍼시픽은 2007년 1월 중동 최대 유통기업 알샤야그룹과 파트 너십 계약을 맺었다. 중동시장 공략에 시동을 건 것이다. 120년이 넘는 역사를 자랑하는 알샤야그룹은 유통, 호텔, 무역, 부동산 등 다양한 비즈 니스를 영위하는 거대 기업이다. 중동 전역에서 스타벅스, H&M, 아메 리칸이글 등 글로벌 브랜드 매장 3천여 개를 운영하고 있다.

중동에 첫선을 보이는 브랜드는 에뛰드하우스다. 두바이에 1호점을 선보인 후 주변의 GCC 국가로도 진출범위를 확장할 계획이다. GCC^{Gulf Cooperation Council}는 걸프협력회의를 의미한다. 쿠웨이트, 사우디아라비아, 카타르, 바레인, 오만 등 페르시아만 인근의 아랍 산유국 6개국이 여기에 해당된다.

제너시스BBQ그룹의 치킨 프랜차이즈 BBQ는 이란과 사우디아라비아 등 중동 지역에서 10여 개의 매장을 선보였다. 할랄 인증을 받은 소스와 튀김옷 재료를 사용하고 있으며, 공공장소에서 남녀 동석을 금지하는 이슬람 계율을 고려해 사우디아라비아 매장에는 가족석과 여성석을 별도로 마련했다.

'포스트 유커'로 불릴 정도로 최근 무슬림에 대한 관심이 커지고 있다. 하지만 중국에 대한 이해가 결여된 채 유커의 마음을 사로잡기 힘든 것처럼, 무슬림에 대한 몰이해는 지속 가능한 마케팅을 불가능하게 만들 만들 것임을 명심하자.

맹목적인 이슬람포비아를 경계하라

아직도 많은 사람이 무슬림과 아랍인을 구별하지 못한다. 아랍인은 말 그대로 아랍 지역에 사는 사람을 가리키고, 무슬림 인구의 약 20%를 차지할 뿐이다. 이슬람교를 믿는다면, 한국에 살아도 무슬림이 될 수 있는 것이다. '이슬람=아랍 종교'라고 도식적으로 생각하는 것은 단견의 소치다. 오히려 이슬람교도가 가장 많은 나라는 인도네시아고, 그다음이 인도다. 무슬림의 80% 가까이가 아시아에 편재해 있다.

맹목적인 이슬람포비아^{Islamophobia}도 경계해야 한다. 이슬람포비아는 '이슬람 공포증+혐오증'의 개념으로, 심리적으로는 혐오증에 무게중심이 더 실리는 경우가 많다. 테러리즘은 비난 받아 마땅하지만, 전체 무슬림을 잠재적 테러리스트로 간주하는 편협한 태도는 옳지 못하다.

프랑스 철학자 장 보드리야르^{Jean Baudrillard}는 이슬람에 대한 부정적 이미지 생성과 테러리스트 낙인은 미국의 반反이슬람 미디어가 쏟아내는 보도에 기인한 것이라고 일갈한 바 있다. 이는 미국과 유럽 등지에서 테러와는 하등의 관계가 없는 선량한 무슬림들의 삶에 지대한 영향을 미쳤다.

다행히 한국과 이슬람 문화의 관계는 나쁘지 않다. 이태원에는 중동 건설 붐이 한창일 때, 박정희 정권이 이슬람권 국가들과 우호 증진을 위해 세운 이슬람 사원이 있기도 하다. 무슬림 고객을 앞으로 더 많이 유인하고자 한다면, 중세까지 세계사를 주도해왔던 이슬람 문명에 대한 존중이 필요하고, 그들의 문화·종교·사상에 대한 최소한의 공부를 게을리해서는 안 될 것이다.

젠더 감수성이 새로운
소비 시장을 만든다

소비자들과 심리적, 물리적 거리가 가까운 유통업체들은 경제적 이슈뿐
만 아니라 여러 사회적 현안에도 귀를 활짝 열어야 한다. 더욱이 유통업
계는 여성 고객의 비중이 다른 산업에 비해 상대적으로 높기 때문에 전
사적 차원에서 젠더 감수성Gender Sensitivity을 키울 필요가 있다.

　젠더 감수성에 대한 정의야 학자마다 차이가 있지만, 간단하게는 '젠
더 이슈를 감지하는 능력'으로 정리할 수 있다. 보다 광범위하게는 젠더
간 차이를 인지하는 것에서부터 그 차이들이 만들어내는 여러 영향, 나
아가서 성차별과 젠더 불평등을 인식하는 능력까지 포괄한다.

'82년생 김지영'에 주목한 유통 서비스의 변화

롯데월드타워는 2017년 10월 유방암 예방의 달을 맞이해서 3시간 동안
핑크색 조명을 밝혔다. 이는 유방암 조기검진의 중요성을 널리 알리는

차원의 '핑크리본' 캠페인이었다. 123층 555미터로 국내 최고층이며 세계 5위 빌딩인 롯데월드타워가 핑크빛으로 물든 것 자체만으로도 화제가 되기에 충분했고, 시각적으로도 장관이었기 때문에 홍보 효과 역시 높았다.

롯데는 일찍이 2013년에 그룹 차원에서 'mom편한'이라는 사회공헌 브랜드를 론칭했다. 엄마의 마음이 편안한 세상을 만들겠다는 의지를 천명한 것이다. 그리하여 육아환경이 열악한 전방지역 군인가족들이 마음 편히 아이를 돌볼 수 있는 'mom편한 공동육아나눔터', 소외계층 산모들을 지원하는 'mom편한 예비맘 프로젝트', 워킹맘 사회복지사들을 위한 'mom편한 힐링타임', 방과 후 아동 보호 시설 환경을 개선해주는 'mom편한 꿈다락' 등을 진행하고 있다.

롯데백화점은 여성 우울증 치료와 인식 개선에도 힘을 쏟기로 했다. 고객의 70%가 여성이고, 임직원의 60% 또한 여성이라는 점에 착안하여 여성 관련 사회문제에 집중한 롯데백화점은 '리조이스Rejoice'라는 자체 사회공헌 브랜드도 론칭했다. 강희태 롯데백화점 대표이사는 과장급 이상이 모인 공부 모임에 조남주 작가의 《82년생 김지영》을 읽어올 것을 주문하기도 했다. 노회찬 정의당 원내대표가 문재인 대통령에게 선물하며 화제가 된 책이기도 하다.

한편 소셜커머스 업체 위메프는 한국유방건강재단과 협력하여 유방암 환자를 위한 전용 속옷을 판매했다. 쿠션감 있는 소재로 림프의 원활한 순환을 도와주는 마사지 브라, 앞 여밈 장치가 있어 입기가 편하며 수술 직후 착용하기 좋은 레저 브라, 넓은 어깨끈으로 피로감을 완화시켜주고 메쉬 테이프를 통해 신축성과 통풍성을 높인 보정 브라 등 유방 암 환자를 고려한 다양한 기능성 속옷과 유방암 방지를 위한 노와이어 속옷을 함께 선보였다. 자가검진을 통한 유방암 예방법도 안내했다.

올리브영은 사회적으로 소외받기 쉬운 저소득층 여학생들에게 생리 대를 무상 지원하는 '핑크박스Pink Box 나눔 캠페인'을 전개한다. 서울시자 원봉사센터 및 여성위생용품 협력업체들과 손을 잡고 격월로 진행하고 있다.

여성학자 박이은실 박사는《월경의 정치학》에서 "초경을 경험하는 것이 어린 여성의 심리적 발달에 결정적 역할을 한다는 점을 고려할 때 소녀들의 심리적 요구를 반영한 제도적 지원이 필요하다"고 지적한 바 있다. '소녀들의 심리적 요구를 반영한 제도적 지원'의 주체가 꼭 정부

올리브영이 진행하는 생리대 무상 지원 프로그램인 '핑크박스 나눔 캠페인'

나 지자체일 필요는 없을 것이다. 기업에서도 사회공헌활동의 일환으로 이런 지원을 훌륭히 수행할 수 있다. 핑크박스 나눔 캠페인은 생리대를 구매할 돈이 없는 어린 학생들이 휴지나 신발 깔창을 대신 썼다는 비극적인 뉴스에 대한 안타까운 마음에서 시작되었다.

핑크박스는 올리브영 임직원들이 직접 만든 친환경 면생리대, 올리브영 및 협력업체들의 매출액 일부를 모아 기부한 일회용 생리대 등을 에코백에 넣은 형태로 꾸려진다. 올리브영은 시각장애인의 화장을 도와주는 봉사활동 프로그램도 새로 선보일 계획을 갖고 있다.

여성의 건강과 행복을 위한 기업의 노력

현대홈쇼핑은 여성의 생애주기Life Cycle까지 고려한 사회공헌 프로그램인 '하이Hi 캠페인'을 고안했다. 홈쇼핑 고객의 8할을 차지하는 여성의 건강과 행복을 증진시키기 위해 연령대별로 맞춤형 지원책을 도입한 것이다.

우선 10대 여성 청소년 대상으로는 자궁경부암 예방 백신 접종을 지원하는 '하이걸Hi-Girl 프로젝트'가 있다. 만 13세가 넘으면 정부의 무료 자궁경부암 접종 지원이 끝나 1인당 40~50만 원가량의 비용을 지불해야 한다. 작지 않은 액수인 데다가 보건소나 병원 등 의료기관과 거리가 먼 경우가 많은 소도시의 경우에는 백신 접종도 쉽지가 않다. 이런 점을 고려해서 현대홈쇼핑은 강원도 양구, 전라남도 영광과 영암 등에서 여

중고생들 대상으로 예방 백신 접종을 지원하는 활동을 수행했다.

20~30대 저소득 출산 여성에게는 젖병과 내의, 체온계, 배냇저고리, 속싸개 등 신생아 필수 육아용품을 담은 '하이맘^{Hi-Mom} 박스'를 제공한다. 40~50대 여성에게는 갱년기 질환에 대한 이해도를 높일 수 있는 건강 강좌를 마련하고, 60대 이상 저소득층 여성들을 위해서는 중증질환에 드는 의료비를 지원하는 등 각 연령대별 특성에 맞는 다양한 지원제도의 실행을 검토하고 있다.

한화그룹의 면세점 운영 법인인 한화갤러리아타임월드가 운영하는 갤러리아면세점63은 다문화가정 산모를 위해 특별히 제작한 출산 축하 선물세트를 가톨릭대학교 여의도성모병원에 기증했고, 롯데몰 수원점은 이주민 여성들이 수강하는 한국어 교실에 도시락과 선물을 증정하기도 했다.

스타벅스커피코리아는 육아로 퇴사한 파트너가 재입사 후 시간 선택제 매장 관리자로 근무할 수 있도록 하는 '리턴맘 바리스타' 제도를 2013년부터 운영해오고 있다. 스타벅스는 매장이 가장 바쁜 11시부터 오후 3시까지 4시간 동안 경험이 풍부하고 숙련도가 높은 경력 단절 여성 파트너들을 투입했다. 근무지 역시 직원들의 집과 근거리에 배치하여 퇴근 후 유치원에 있는 아이들을 챙기는 데 부담이 없도록 했다.

이른바 '경단녀'로 불리는 경력 단절 여성들의 성공적인 재취업을 도운 이 프로그램은 고용노동부의 우수 사례로 수차례 소개되었고, 고용 창출 우수기업으로 대통령 표창까지 받게 되었다.

유통업체 간의 판촉 경쟁은 정말 전쟁을 방불케 한다. 한 명의 고객이

라도 더 우리 점포로 유입시켜야 하는 살풍경한 제로섬 게임^{zero-sum game}
그 자체이다. 그렇다면 누가 젠더 감수성이 높은지, 어떤 기업이 모성보
호에 더욱 앞장서고 있는지, 어느 업체가 더 여성친화적 정책을 잘 펼치
고 있는지 경쟁을 벌인다면 어떨까? 이는 서로 긍정적 자극을 주는 것은
물론 한쪽의 이익이 곧 다른 쪽의 손실로 이어지지 않는 논제로섬 게임
^{non zero-sum game}이다. 앞으로는 후자에 해당하는 유형의 경쟁을 더 자주 보
게 되기를 바란다.

육식은 정말 '본능'일까?
채식을 허하라!

세계 3대 문학상 중 하나인 맨부커상^{The Man Booker Prize} 인터내셔널 부문 수상작인 한강의 《채식주의자》를 살펴보면, 채식주의자에 대한 사람들의 폭력적인 반응에 새삼 놀라게 된다. "얼마 전에 오십만 년 전 인간의 미라가 발견됐죠? 거기에도 수렵의 흔적이 있었다는 것 아닙니까. 육식은 본능이에요. 채식이란 본능을 거스르는 거죠. 자연스럽지가 않아요."라는 구절만 보아도 알 수 있다. 채식주의자의 면전에서 "저는 아직 진짜 채식주의자와 함께 밥을 먹어본 적이 없어요"라고 상대의 입장을 전혀 고려하지 않은 말을 내뱉거나, "어서 입 벌려. 이거 싫으냐? 그럼 이거" 라며 쇠고기볶음을 들이댄다. 억지로 입 안에 고기를 쑤셔 넣기도 하니 말 다했다. 육식은 정말 '본능'일까? 그에 반해 채식이란 '본능을 거스르'고, '자연스럽지가 않'은 것일까?

'육식문화를 초월하는 것은 우리 자신을 원상태로 돌리고 온전하게 만들고자 하는 징표이자 혁명적인 행동'이라 역설했던 제레미 리프킨^{Jeremy Rifkin}이 들으면 섭섭할 말들의 향연이다. 육식이 본능인지 아닌지를 떠나서 채식주의는 마땅히 존중받아야 할 개인의 식습관 중 하나이다. 맞고 틀리고의 문제가 아닌 것이다. 국내 채식 인구는 얼마나 될까? 한국채식연합에 따르면, 국내 채식 인구는 최대 150만 명에 달하는 것으로 추정된다. 2011년에 50만 명 수준이었으니 5~6년 만에 3배가량 증가한 것이다. 위의 수치에는 물론 비건^{vegan}뿐 아니라 오보^{ovo}, 락토^{lacto}, 락토-오보$^{lacto-ovo}$ 등 다양한 유형의 채식주의자가 포함된다.

이러한 채식주의자의 증가와 더불어 다이어트, 건강(당뇨나 아토피 등 개선), 친환경 의식 등 여러 이유로 채소 애호가가 늘고 있다. 사실 육류가 아닌 채소를 많이 섭취하면 다이어트나 건강에 도움이 되는 것은 직관적으로도 알 수 있을 터이다.

베지노믹스가 주목받는다

비건은 한두 번쯤 들어봤음 직하나 오보, 락토, 락토-오보 등은 생경하게 들릴 독자가 많을 듯하다. 채식을 하는 사람들에 대해 이야기할 때, 보통 베지테리언^{vegetarian}과 세미 베지테리언$^{semi-vegetarian}$으로 대별하여 살펴보곤 한다.

베지테리언(채식주의자)에는 비건, 오보, 락토, 락토-오보 등이 있다. 비건은 완전 채식주의자를 가리키며 육류, 생선뿐 아니라 우유, 꿀, 알 등 동물에게서 얻은 식품 전체를 거부한다. 오보는 식물과 달걀을, 락토는 식물과 유제품을, 락토-오보는 식물과 유제품 그리고 달걀(동물의 알)

까지 먹는다.

세미 베지테리언(준채식주의자)은 페스코pesco, 폴로polo, 플렉시테리언flexitarian 등으로 구분된다. 섭취 가능한 음식으로 구분해보면 다음과 같다. 페스코는 식물·유제품·달걀·생선까지 먹을 수 있다. 가금류를 포함한 육류를 먹지 않는 것이다. 폴로는 페스코가 섭취하는 종류에 닭고기까지 더하면 된다. 붉은 살코기만 먹지 않는다. 플렉시테리언은 단어에서 유추할 수 있듯이 '플렉시블 베지테리언flexible vegetarian', 즉 평소에는 채식을 기본 습관으로 삼고 있지만 상황에 따라 육식도 하는 유형이다. 극단적인 유형인 프루테리언fruitarian도 있긴 하다. 식물의 생명도 소중히 여겨 땅에 떨어진 곡물, 열매만 먹는 과식주의자果食主義者를 일컫는다.

먹다 남거나 버려진 음식을 먹는 프리건freegan도 있다. 자유롭다free와 비건vegan의 합성어다. 무료free로 얻는다gain는 의미도 지니고 있다. 오스트리아의 경제전문기자 파울 트룸머Paul Trummer는 프리건의 행위에는 정치적 운동으로서의 성격이 있음을 지적하며 다음과 같이 말한다. "무료로 식품을 조달하는 것은 이들에게 자본주의체제와 환경파괴, 동물학대, 자원낭비 등에 반대하는 하나의 신호다." '프리건주의'의 배경에는 어떻게 인생을 살아나갈 것인가에 대한 가치관이 담겨 있기도 하다. 소비사회에서 설정되는 우선순위에 대해 거부의사를 밝히고, 이런 우선순위에 따라 결정되는 라이프스타일 또한 거부하는 것이다.

그런데 채식은 친환경 의식과 어떤 관련이 있을까? 미국 시카고대학 지구물리학자들의 연구에 따르면, 채식주의자의 온실가스 배출량은 평균적인 미국식 식단으로 살아가는 사람보다 매년 1.5톤이나 적다고 한다. 영국의 평균적인 식단에서 육류를 줄이면 4만 5천 명의 조기 사망을 예방할 수 있다는 연구결과도 있다.

채식은 정치, 행정의 영역에도 영향을 미치고 있다. 한 채식운동가는 박원순 서울시장에게 온실가스를 줄이고 기후변화를 막기 위해 서울시에서 친환경 채식 식단을 정기적으로 실천해줄 것을 제안한 바 있다. 박 시장은 그와 면담을 가진 후 서울시청 구내식당에서 일주일에 한 번 채식 식단을 마련하기로 결정하였다. 아울러 박원순 시장은 육류에 편중된 식단에 균형을 맞추고, 채식에 대한 접근성을 제고해 시민 건강을 살피겠다는 취지로 '채식도시'에 대한 마스터플랜 수립에 나섰다. '미트 프리 먼데이Meat-Free Monday(고기 없는 월요일)' 운동에 대한 지지 의사를 밝히기도 했다.

미트 프리 먼데이는 비틀스의 멤버였던 폴 매카트니Paul McCartney가 제안한 것으로 주 1회라도 고기 없이 채소로 식단을 꾸려보자는 운동이다. 한 사람이 일주일에 하루만 육류를 섭취하지 않아도 13만 리터 이상의 물과 300킬로그램 이상의 이산화탄소 배출을 줄일 수 있다. 그는 2009년 벨기에 브뤼셀의 유럽 의회 토론회에서 육류 소비를 줄이면 지구온난화의 위험요소를 줄일 수 있다며 채식을 적극 권장하기도 했다.

이러한 변화 속에서 국내 채식 관련 시장의 규모는 2조 원대로 성장했다. 세계적으로도 식물성 고기 시장은 2010년 12억 달러에서 2016년 18억 달러로 껑충 뛰어올랐다. 2020년에는 30억 달러까지 성장할 것으로 보인다. 대체 육류 시장의 성장세는 기존 가공육 시장과 비교했을 때 폭이 훨씬 크다. 채소vegetable와 경제economics의 합성어인 '베지노믹스

vegenomics'가 주목받는 이유다. 시장의 크기는 충분하다. 채식 소비자들의 선택을 받기 위한 경쟁이 날로 치열해지고 있다.

베지테리언의 입맛을 사로잡아라

신세계푸드는 채식주의자를 위한 '비건 베이커리'를 내놓았다. 계란, 버터, 우유와 같은 동물성 재료를 일절 사용하지 않았고, 영국채식협회 Vegetarian Society의 비건 베이커리 인증을 받기도 했다. 4종류를 선보이며, 스타벅스와 스무디킹 매장에서 판매한다. 스타벅스에서는 바나나 피칸 파운드와 애플 시나몬 크럼블을, 스무디킹에서는 당근 호두 머핀과 블루베리 크럼블 케이크를 맛볼 수 있다.

그렇다면 왜 콕 집어 스타벅스와 스무디킹일까? 우선 스타벅스커피 코리아는 신세계와 미국 스타벅스가 지분을 반반씩 보유하고 있는 합작 법인이다. 1997년 스타벅스커피 인터내셔널과 ㈜신세계가 라이선스 계약을 체결하고, 1999년에 이화여자대학교 앞에 1호점을 오픈한 이래로 한국에서 많은 사랑을 받고 있다. 2016년에는 커피전문점 최초로 매출 1조 원을 넘고, 국내 매장 1,000호점(청담스타점)을 돌파하기도 했다. 커피전문점 업계 2위 투썸플레이스의 매출이 2천억 원대이고, 3위 이디야의 매출이 1,500억 원대인 것을 감안하면 매출 1조 원은 어마어마한 수치다. 스타벅스는 압도적인 1위 커피 브랜드다.

스무디킹은 신세계푸드가 2015년 10월 스무디킹코리아 지분을 전량

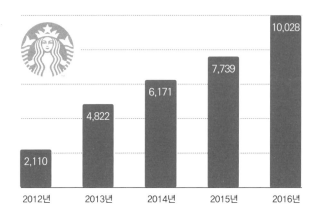

2016년 연매출 1조 돌파한 스타벅스(단위: 억 원)

- 2012년: 2,110
- 2013년: 4,822
- 2014년: 6,171
- 2015년: 7,739
- 2016년: 10,028

출처: 《뉴스핌》, 2017.04.03

인수하면서 신세계그룹의 식구가 됐다. 인수합병을 주도한 정용진 신세계 부회장은 스무디킹을 '제2의 스타벅스'로 키우고, 신세계푸드를 글로벌 종합식품회사로 한 단계 더 도약시키겠다는 의지를 피력했다.

신세계그룹과 채식의 연결고리는 또 있다. 이마트는 이탈리아에서 직접 소싱한 '피코크 베지터블 라자냐'를 새로 선보였다. 페이스북, 인스타그램 등에서 많이 회자된 '피코크 5치즈 라자냐'의 후속 제품이다. 고기를 빼고 야채를 넣어 채식주의자들을 타깃으로 했다. 피망과 가지 같은 구운 야채를 이용해 고기를 씹는 것 같은 식감을 내는 데에도 신경을 썼다. 뿐만 아니라 신선한 생채소를 주재료로 삼은 웰빙형 간편식 '채소밥상'을 론칭하고 이마트의 채소 매장에 채소밥상 존zone도 꾸미고 있다.

농심의 '야채라면'도 빼놓을 수 없다. 육류와 생선을 사용하지 않은 대신 양파, 버섯, 고추, 마늘 등으로 맛을 냈다. 건면을 튀기지 않는 등 다른 라면 대비 지방함량과 열량을 최소화하기 위해서도 노력했다.

이 외에도 카르푸는 채식주의자를 위한 PB인 '카르푸 베지'를 선보였고, 한국에서 '쉑쉑버거'라는 별칭으로 더 잘 알려진 쉐이크쉑은 고기 패티 대신 버섯을 넣은 '슈룸버거'를 개발했다.

해외로 눈을 돌려보자. 국제채식인연맹International Vegetarian Union, IVU은 전 세계 채식 인구를 1억 8천 명으로 추계하고 있다. 이 중 30%가 비건에 해당한다. 인도는 인구의 3분의 1가량이 채식을 하고, 대만은 인구의 10%가 넘는 250만 명이 채식주의자로 분류된다. 독일 채식주의자협회 VEBU에 따르면 독일은 채식 인구가 800만 명에 달하는데, 이는 전체 인구의 10%에 육박하는 수치이다. 유럽의 대표적인 채식산업 선도 국가이며, 비건 트렌드를 이끌고 있기도 하다. 독일의 칼럼니스트 미하엘 나스트Michael Nast가 "요즘에는 온 세상이 비건 채식에 대해 이야기 중이다. 가령 베를린 시내를 보면 공공장소에서 이루어지는 대화 중 절반이 비건 채식에 대한 이야기처럼 들린다"라고 말했을 정도이다. 베를린에는 '쉬벨바이너 거리'라는 비건들을 위한 거리도 있다.

그렇기 때문에 국내 시장뿐 아니라 세계 도처에 존재하는 채식주의자들에게 다가갈 전략을 적극적으로 마련해야 할 때다.《채식주의자》라는 소설이 한국문학의 위상을 높이며 세계의 독자들을 사로잡았듯이, 음식과 음료 등 한국의 채식 상품이 세계의 채식주의자들을 매혹시키길 바라본다.

그린green 으로
그린grin 하다

그린을 소비하는 사람들

친환경적인 마케팅 기법인 '그린 마케팅'에 대해 알아보자. 여기서 '그린green'이라는 시니피앙signifiant은 특정 색채 혹은 빛깔을 곧이곧대로 가리킨다기보다는 환경보호 혹은 친환경이라는 정치적 시니피에signifié와 조응한다.

독일 태생의 영국 경제학자 에른스트 프리드리히 슈마허Ernst Friedrich Schumacher가 '그린 운동green movement'을 제창하면서 '그린'이라는 용어의 의미는 이전에 비해 크게 확장되었다.

슈마허는 그의 저서 《작은 것이 아름답다Small is beautiful》에서 무분별한 성장지상주의와 그로 인한 환경파괴에 대하여 통렬한 성찰이 필요함을 역설한다. 자연을 개발의 대상으로만 간주했던 구래의 관점에 제동을 걸었던 것이다.

점차 그린은 인간과 자연의 공존, 환경보전 등 일종의 사회운동적 성격의 의미를 갖게 된다. '그린 마케팅'이라는 용어 역시 이런 맥락에서 생겨난 개념이다.

'그린'을 말할 때 빼놓을 수 없는 곳이 바로 아모레퍼시픽의 자연주의 브랜드 이니스프리Innisfree다. 이니스프리는 정기적으로 '그린데이'라는 이름의 멤버십 세일을 진행한다. 이니스프리가 그린데이에 담고자 하는 의미는 이렇다. '그린을 사는Buy 즐거움, 그린으로 사는Live 즐거움, 한 달에 한 번 지구를 위한 그린라이프를 삽니다.' 대학생 마케터 '그린어스'를 운영하고 있기도 한 이니스프리는 손수건 사용을 권장하는 에코손수건 캠페인을 2010년부터 이끌고 있다.

이니스프리는 또한 2003년부터 '공병수거 캠페인'을 전개해오고 있다. 고객이 다 쓴 이니스프리 제품의 빈 용기를 매장에 가져오면, 매장에

공병을 재활용해 만든 이니스프리의 이색 매장 '공병공간'

서 사용할 수 있는 포인트를 제공한다. 2017년에는 서울 종로구 소격동에 공병을 재활용해 만든 매장 '공병공간空甁空間'을 선보였다. 이곳에서는 공병 파쇄 과정을 직접 체험해볼 수 있고, 재활용 소재로 만든 대용량 제품 '그린 프로덕트'를 구매할 수도 있다.

"지구에 웃음꽃을 피워주세요"

락앤락은 플라스틱 밀폐용기로 유명한 기업이다. 최근에는 텀블러도 큰 인기를 얻고 있다. 먹거리 안전과 친환경 제품에 관심이 높은 소비자들의 니즈를 충족시키며 성장해온 락앤락은 밀폐용기 전문 브랜드에서 주방생활문화를 선도하는 글로벌 종합주방생활용품 기업으로 우뚝 섰다.

'환경과 사람을 생각하는 기업'을 기업 이념으로 삼고 있는 락앤락은 대학생 친환경 마케터 그룹 '그린메이트'를 운영하고 있다. 그린메이트는 락앤락의 공식 대학생 서포터즈로 3개월가량 활동을 한다. '그린메이트green mate'라는 이름에서 유추할 수 있듯 이들의 활동은 대학생들의 친환경 소비습관을 일깨우는 데 맞춰져 있다. 락앤락 고유의 '그린 마케팅'인 셈이다.

그린메이트 모집 포스터에서 특히 한 구절이 눈길을 사로잡는다.

"환경을 사랑하고 마케팅에 관심 있는 대학생 여러분을 기다립니다."

락앤락의 그린메이트는 2013년 1기 모집을 시작으로 지금까지 성공적으로 이어져오고 있다. 이는 락앤락이 그린메이트를 일회적인 이미지 홍보용 활동으로 이용하는 것이 아님을 보여준다. 그린 마케팅에 대한 신념을 갖고 그린메이트를 지속적으로 운영해오고 있는 것이다.

이색적인 마케팅 캠페인을 기획하고 직접 현장에서 체험해볼 수 있는 그린메이트는 어느덧 대학생들에게 인기 있는 대외활동으로 자리 잡았다. 경영학 마케팅 수업시간에 배웠던 '교과서 속의 마케팅'이 아닌 '살아 있는 마케팅'을 배울 수 있다는 점 때문에 많은 대학생들이 그린메이트의 문을 두드리고 있다. 경쟁도 치열하다. 1차 서류심사와 2차 면접을 거치는 등 입사 절차를 방불케 한다. 최종 선정된 이들은 발대식을 갖고 위촉장도 받는다.

'락앤락 캠퍼스 텀블러데이'는 그린메이트가 펼치는 대표적인 오프라인 프로모션이다. 캠퍼스에 무빙 팝업 전시장을 설치하고 '지구에 웃음꽃을 피워주세요' 환경 서약을 받은 후 락앤락의 텀블러나 친환경 물병을 나눠준다. 환경퀴즈를 진행하면서 학생들의 참여를 유도하기도 한다. 이런 일련의 환경보호 캠페인을 시민단체가 아니라 사기업에서 진행하고 있다는 점이 눈여겨볼 만하다.

2015년부터는 영업법인이 있는 중국을 비롯해 인도네시아와 베트남에서도 해당 국가의 젊은 세대들과 그린메이트 활동을 전개하고 있다. 글로벌 대외활동으로 한층 도약한 것이다. 현지 대학생을 선발해서 제품체험, 친환경 프로모션 등을 통해 락앤락의 그린 마케팅 철학을 널리 전파하고 있다.

필립 코틀러, 그린 마케팅에서
기업의 미래 가치를 보다

'마케팅의 아버지'로 불리는 필립 코틀러[Philip Kotler] 노스웨스턴대학교 켈로그경영대학원 석좌교수는 그린 마케팅에 대해 다음과 같이 말한 바 있다. "어떤 기업들은 환경보호에 힘쓰지도 않으면서 스스로를 그린 마케터라고 부르기도 합니다. 그러나 어떤 기업들은 그린 마케팅에서 주도권을 발휘할 진정한 비즈니스 기회를 찾아낼 것이고, 대중들로부터 값진 신뢰를 얻어낼 것입니다."

이니스프리와 락앤락은 물론 후자의 '어떤 기업'에 해당할 것이다. 환경보호가 중요하다고 언론에서 강조하니 분위기에 떠밀려서 말로만 환경의 중요성을 외치는 기업은 소비자의 신뢰를 받을 수 없다. 그린 마케팅은 지속 가능한 마케팅이 될 때만이 그 존재가치가 더욱 빛이 날 것이다.

필립 코틀러 교수는 이어서 "그린 마케팅 리더들은 장기적으로 생각할 것이고, 전체적인 시각에서 가치 창조 과정을 바라볼 것입니다"라고 이야기한다. 그의 말마따나 기업들은 장기적이고 전체적인 시각을 견지해야 한다. '그린' 마케팅으로 소비자와 임직원, 나아가서 사회 구성원 전체를 '그린[grin](활짝 웃다)'하게 할 기업이 더욱 많아지기를 기대해보자.

남심을 잡기 위한
맨플루언서 마케팅 경쟁

소비 주체로 부상한 '맨슈머'를 잡아라

남성 소비자는 그간 여성 소비자에 비해 상대적으로 주목을 받지 못했던 게 사실이다. 사실 남자들이 한평생 양복, 코트, 청바지, 면바지 등 몇 가지 종류의 옷만 입으며 산 것은 불과 몇백 년밖에 되지 않았다. 인류 역사의 초기에는 남자들 역시 치장을 즐겨 했다. 옷에 레이스 장식을 달고, 가발을 쓰고, 재킷에는 진주로 장식을 하곤 했다.

사실 이런 모든 것들은 신분을 과시하려는 노력의 일환이었다. 요즘 청소년들이 유명 브랜드의 운동화, 가방에 열광하는 것도 마찬가지다. 최근 남성들이 자신을 가꾸는 일에 아낌없이 투자하는 것도 더 이상 이상하게 바라볼 만한 특이 현상이 아니다.

최근에는 '맨플루언서manfluencer 마케팅'을 통해 남성 고객의 마음을 잡기 위한 경쟁이 점점 뜨거워지고 있다. 맨플루언서는 '맨man'과 영향력 있는 사람을 의미하는 '인플루언서influencer'를 합친 말로 '영향력 있는 남성 소비자'를 일컫는다.

20~30대 남성의 화장관리, 피부관리, 의복관리, 헤어관리 등이 긍정적 자아존중감을 형성하는 데 유의한 영향을 미친다는 연구결과도 있다. 남성이 소비 주체로 부상하고 있는 데는 이유가 있는 것이다. 이에 따라 남성man과 소비자consumer의 합성어인 '맨슈머mansumer'에게 선택받기 위한 노력이 곳곳에서 진행되고 있다. 신세계백화점은 삼성카드와 손잡고 남성 고객만을 위한 제휴카드를 출시했다. 핀란드산 자작나무 소재로 만들어진 이 카드는 백화점, 주유, 골프, 커피 등 남성들이 자주 이용하는 서비스에 대한 할인 혜택을 고루 담았다.

남성들의 놀이터가 뜬다

현대백화점 판교점은 6층을 '남성들의 놀이터'로 꾸몄는데, 남성들이 좋아할 만한 체험공간을 골고루 배치해놓았다. 일단 남성들을 위한 프리미엄 바버숍인 마제스티가 눈길을 끈다. 이곳에서는 헤어스타일링은 물론 쉐이빙, 두피관리, 헤드스파 등의 서비스까지 제공하고 있다. 가격이 만만치 않음에도 큰 인기를 모으고 있다. 구두 리페어숍인 릿슈RESH도 입점했고, XTM의 콘텐츠를 즐기며 편안하게 쉴 수 있는 라운지까지 들어섰다.

체험 테마형 가전전문점 일렉트로마트도 빼놓을 수 없다. 2015년 경기 고양 일산 킨텍스점에 1호점을 낸 후 2018년 4월 기준 20개 점포를 운영 중이다. 이곳은 TV, 냉장고와 같은 일반 가전제품들은 물론이고 드론, 피규어, 스마트토이 등을 취급하며 성인 남성 고객의 발길을 붙잡는데 성공하였다. 매장 곳곳에는 '일렉트로맨' 캐릭터가 세워져 있다. 일렉트로마트 내의 다양한 아이템들은 남성 고객들의 '키덜트 감성'을 건드린다.

캐주얼 브랜드로 유명한 LF의 헤지스는 남성 비즈니스웨어 라인인 '미스터 헤지스MR.HAZZYS'를 출시했다. 이태리와 일본에서 수입한 고급 원단을 사용하고, 옷의 중량을 과감히 낮춰 기존 정장이 갖고 있는 무겁고 딱딱한 느낌에 신선한 변화를 주었다.

남성 고객들의 '키덜트 감성'을 건드리는 일렉트로마트

한편 올리브영의 '매너남 다리 숱 정리 면도기'는 품귀현상을 빚을 정도로 인기몰이를 했다. 2016년 매출이 전년 대비 100% 증가했을 정도다. 깔끔한 다리로 반바지를 입고 싶어 하는 그루밍족들에게는 어느덧 여름철 필수 아이템으로 자리 잡아가고 있다. 니플 밴드(유두 가리개)와 눈썹 칼도 인기다. 이런 아이템들은 젊고^{young}, 도시에 거주하는^{urban} 남성을 의미하는 '여미족^{Yummy族}'들에게 인기가 많다.

또한 남성 소비자들이 그루밍 아이템을 보다 편안하게 쇼핑할 수 있게 올리브영 부산 광복본점은 남성존을 숍인숍^{Shop In Shop} 형태로 디자인했다. 연말에는 휴대용 면도기, 쉐이빙 폼, 향수, 딥클렌징워시 등 맨즈 아이템을 최대 반값에 판매하는 '맨즈 카니발^{Men's Carnival}' 행사도 진행했다.

메이크업하는 남자
그루밍족을 향한 치열한 싸움
——

패션, 뷰티에 관심이 많은 그루밍족^{Grooming族}의 마음을 사로잡으려는 화장품 브랜드들의 경쟁도 격화되고 있다. 식품의약품안전처가 내놓은 보고서에 따르면, 한국 남성은 월 평균 13개 이상의 화장품을 사용하고 있다. 한국 남성이 화장품에 지출하는 비용(월간 기준)은 세계 1위 수준이다. 2위 덴마크의 4배에 달한다. 2017년 기준 국내 남성 화장품 시장 규모는 1조 2천억 원 수준으로 평가되고, 2020년까지 매년 50% 이상 성장할 것으로 보인다.

남자 대학생에게 남성의 화장에 대해 어떤 생각을 갖고 있는지 질문했을 때, 84%가 '상황에 따라 화장할 수도 있다'고 답했다는 설문조사 결과도 있다. '화장 자체가 이상하다'고 대답한 남자 대학생은 12%밖에 되지 않았다. 이 설문이 시행된 것이 벌써 수년 전이니, 남성 화장에 대한 긍정적 답변의 비율이 이보다 늘었으면 늘었지 줄지는 않았을 것이라 생각한다.

LG생활건강은 신규 남성 발효허브 브랜드인 젠톨로지Gentology를 론칭했다. 토너, 클렌징, 크림 등 스킨케어 아이템뿐만 아니라 헤어와 보디케어까지 제품 라인업을 다양화했다. 남성 라이프스타일 전반을 관리하는 제품으로 우뚝 서겠다는 계획이다.

또한 서브스크립션커머스subscription commerce(정기배송서비스) 전문업체 '스트라입스'와 제휴해 매월 남성용 화장품을 보내주는 '그루밍박스' 서비스를 내놨다. 매장에 직접 들러 제품을 고를 필요가 없기 때문에 시간을 절약할 수 있고, 오프라인 가격보다 훨씬 저렴해 매력적이다. 직장인 남성을 주 고객층으로 두고 있는 스트라입스는 고객의 데이터를 쌓아 재구매율을 높이는 데 능하기 때문에 상당한 시너지 효과가 기대된다.

아모레퍼시픽은 남성 피부를 전문적으로 연구하는 '블루아지트' 연구소를 설립했다. 아이오페의 남성 라인 '아이오페 맨IOPE MEN'은 남성용 에어쿠션 제품을 내놓았다. 2008년 전 세계 화장품업계 최초로 쿠션을 개발한 아이오페가 손에 묻지 않으면서 피부 톤을 보정할 수 있는 제품을 원하는 남성들의 니즈까지 꿰뚫은 것이다.

네이처리퍼블릭은 비비크림과 컨실러, 아이브로우, 눈썹칼, 립밤 등으로 구성된 남성용 그루밍 키트인 '아프리카 버드 옴므 그루밍 스타터'를 선보였다. 화장에 익숙하지 않은 남성들도 눈썹, 입술을 관리해 '화섹남(화장을 하는 섹시한 남자)'이 될 수 있다. 네이처리퍼블릭은 이 제품과 함께 눈썹 메이크업 팁과 넥타이 매는 법 등이 담긴 그루밍 가이드북을 증정하기도 했다.

해외 사례를 살펴보자. 네덜란드의 정장 브랜드 오포수트^{OppoSuits}는 2016년 1천만 달러의 매출을 기록했다. 오포수트는 자신들의 사업을 '미친 정장^{crazy suits}을 판매하는 예술'이라 표현한다. 고급스럽고 점잖은 느낌의 기존 정장들과는 다른 색감과 디자인의 화려한 수트를 선보인다. 그런 맥락에서 회사 이름도 'opposite(정반대)'에서 따왔다고 한다. 2016년 미국 프로야구 시카고 컵스 선수들이 원정길에 오를 때 오포수트를 입으면서 화제에 오르기도 했다. 시카고 지역의 대표적인 언론인 《시카고 트리뷴》은 시카고 컵스가 '엉뚱한 정장^{zany suits}'을 입었다고 보도했다. 그뿐만 아니다. 핼러윈 수트, 크리스마스 수트와 같이 특정 기념일과 연계된 이벤트성 디자인도 있다. 핼러윈 수트에는 해골이나 '잭-오-랜턴^{Jack-o'Lantern}' 등이 프린팅되어 있다. 심지어 핏자국을 나타내는 섬뜩한 컨셉도 있다. 스타워즈 수트는 키덜트 마니아 남성들을 유혹하고, 깃발 수트는 국기가 갖고 있는 특유의 미려함으로 이채로운 매력을 뽐낸다. 2012년에 창립된 이 회사는 짧은 역사에도 불구하고 전 세계 남성들의 눈길을 사로잡고 있다.

이처럼 남심을 잡기 위한 경쟁은 업계를 가리지 않고 치열하게 벌어지고 있다. 맨플루언서 마케팅은 이제 한 단계 진화해야 할 시점이 됐다.

'남성 소비자는 이러이러한 특성을 갖고 있다'는 식의 일반론적인 분석은 한계가 있다. 남성 소비자 역시 다양한 층위로 분화하고 있기 때문이다. '미스터 뷰티^{Mr. Beauty}', '미스 스트롱^{Ms. Strong}' 등의 표현에서 알 수 있듯이 성 경계성이 점점 모호해지고 있기도 하다.

멋진 옷, 구두만 파는 것에서 그치지 말고 코디 제안, 식단 관리 등 컨설팅 기능까지 수행하려는 노력도 요구된다. 여러 갈래로 나뉘고 있는 남성 소비자들의 각기 다른 소비패턴과 숨겨진 니즈를 예리하게 꿰뚫는 기업만이 맨플루언서 마케팅의 최종 승자가 될 수 있을 것이다.

'라이프스타일'에 집중하는
패션 비즈니스

'LF'라고 하면 아직도 어떤 회사인지 선뜻 감이 잘 오지 않는 분들도 있을 것이다. LF의 전신은 LG패션이다. 사명을 변경했다. 그런 이유로 LG 패션이라고 말하면 많은 분들이 익숙하게 생각하곤 한다.

연령대가 좀 더 올라가면 '반도패션'으로 알고 있는 이들도 많다. 1974년에 패션사업을 시작한 반도패션이 1995년에 LG패션으로 사명을 한 차례 변경했고, 현재의 LF에 이르게 된 것이다. 헤지스, 라푸마, 질스튜어트, 닥스, 마에스트로, TNGT, 버켄스탁, 이자벨마랑 등이 LF가 전개하는 대표적인 브랜드들이다.

LG패션이 '패션'을 버린 까닭

한국에서 'LG'라는 이름이 주는 브랜드 가치와 신뢰도를 고려하면, LF로의 사명 변경은 쉽지 않은 결단이었을 것이다. 참고로 LF의 구본걸 회장은 LG그룹 창업자인 고^故 구인회 회장의 손자이며, LG그룹 구본무 회장의 사촌동생이기도 하다. 연세대 경영학과와 미국 펜실베이니아대학 경영대학원 와튼스쿨을 졸업한 구본걸 회장은 LG증권(현 우리투자증권), LG전자, LG산전(현 LS산전), LG상사 등 LG 계열사를 두루 거쳤다. 그의 이력을 보면, 미국 회계법인 쿠퍼스앤드라이브랜드^{Coopers&Lybrand}에서 근무한 기간을 제외하고는 뼛속까지 'LG맨'으로 살아왔다.

2007년에 LG그룹에서 계열 분리된 후에도 한동안 사명에서 'LG' 브랜드를 유지했으나, 2014년에 LF로 간판을 확실하게 교체했다. LF는 'LG Fashion'이 아닌 'Life in Future'의 약자다. LF라는 브랜드 네임이 의미가 깊은 이유는 사명 변경 과정에서 'LG'만 떼어낸 것이 아니라 '패션'이라는 글자도 과감하게 벗어던졌기 때문이다. 사실 패션 및 유통 관계자들의 관심을 끈 대목은 사명에서 '패션'을 지운 것이었다. 패션회사에서 옷과 액세서리 이야기는 하지 않고, 생활^{Life}과 미래^{Future}를 운운하는 것이 다소 낯설게 느껴지기도 한다. 하지만 LF는 앞으로 단순한 패션회사가 아닌 '미래 생활문화 기업'으로 우뚝 성장하겠다는 포부를 당차게 표방했다. 옷을 만들어 파는 것에 국한하지 않고, 고객의 라이프스타일을 창조하는 보다 적극적인 역할을 수행하겠다는 것이다.

생활과 미래를 말하는 패션회사?

확실히 LF가 보여주는 행보는 패션회사로만 규정하기에는 거침이 없다.

LF는 2015년에 여성전문채널인 헤럴드동아TV를 운영하는 '헤럴드동아'를 인수했다. 패션회사로 알려진 LF가 케이블방송을 인수한 것이니 놀랄 만한 일이 벌어진 것이다. LF가 헤럴드동아 인수를 통해 노리는 시너지 효과는 충분히 짐작할 수 있다. 헤럴드동아의 콘텐츠 제작 역량과 LF의 브랜드 운영 노하우가 결합된다면 다각도의 마케팅 전략 수립이 가능해진다. 헤럴드동아는 이후 동아TV로 사명을 변경했다. 동아TV는 해설이 있는 패션쇼를 선보이기도 했다. 기존의 컬렉션 프로그램이 패션쇼를 그저 있는 그대로 보여주는 것에 치중하였다면, 패션스쿨 교수진의 해설까지 가미하여 전문성과 정보가치가 더욱 높은 고급 콘텐츠를 만들어냈다. 또한 LF는 2017년에 여행, 레저 전문 케이블 채널인 폴라리스TV까지 인수하기에 이르렀다.

라움RAUM, 어라운드 더 코너around the corner 등 편집숍 브랜드의 운영 방향도 '라이프스타일'에 방점을 찍고 있다. 라움은 여성 브랜드 편집숍으로 시작했으나 라이프스타일 편집숍으로 리뉴얼하여 재오픈했다. 어라운드 더 코너에는 베이커리 카페와 아이스크림 가게가 숍인숍Shop In Shop 형태로 자리 잡고 있다.

또한 공격적인 M&A를 통해 외식산업, 호텔, 프리미엄 아울렛 등으로 사업 포트폴리오를 넓히며 생활유통기업으로서의 정체성도 확고히 하고 있다. 정기 주주총회에서 '호텔업·관광숙박업·관광객 이용 시설업', '오락·문화 및 운동 관련 서비스업(테마파크 운영업)'을 사업 목적으로 추가하기도 했다.

라이프스타일에 천착하는 것은 패션 비즈니스의 한 트렌드로 자리 잡았다. 패션그룹 형지는 라이프스타일 쇼핑몰 '아트몰링'을 운영하고 있다. 홈리빙과 제화·잡화 등으로도 포트폴리오를 넓히고 있으며, 해외 교복 시장에도 문을 두드리고 있다.

코오롱인더스트리FnC 부문은 팝업 컨테이너 쇼핑몰 '커먼그라운드'를 운영한다. 200개의 대형 컨테이너로 구성된 이채로운 건축 디자인이 눈길을 끈다. 이곳에서는 의류, 액세서리 쇼핑은 물론이고 전시회, 플리마켓 등 즐길거리와 볼거리가 가득하다.

신세계인터내셔날은 라이프스타일 브랜드 자주JAJU의 매장 수를 늘려가고 있다. 2016년 연매출 2천억을 넘긴 자주는 욕실용품, 홈 데코레이션, 주방용품, 가구, 아로마 등 라이프스타일과 밀접한 아이템을 판매한다.

© 코오롱인더스트리FnC 부문

팝업 컨테이너 쇼핑몰 '커먼그라운드'

삼성물산 패션 부문의 편집숍 '10 꼬르소 꼬모^{10 Corso Como}'는 사진전, 강연회 등이 열리는 다기능 복합문화공간이다. 《뉴욕타임스》가 올해 꼭 가봐야 할 곳 중 한 곳으로 선정하기도 한 이곳에는 카페와 레스토랑도 있다. 그래서 여유롭게 쇼핑과 휴식을 즐기려는 사람들의 발길이 계속 이어지고 있다.

물론 패션에 아주 관심이 많지 않는 한 아직도 LF를 LG패션으로 부르는 사람들이 적지 않은 것도 사실이다. LF로 이름이 바뀌었다고 친절하게 설명을 해주어도 LF를 LG패션의 약자일 것이라며 자의적으로 이해해버리기도 하고, 혹자는 LF패션이라고 잘못 부르기도 한다.

LF가 패션회사 그 이상으로 성장해갈 수 있을지에 대해서는 앞으로도 유심히 지켜볼 일이다. 바뀐 이름처럼 미래^{Future}에 고객들의 생활^{Life}을 어떻게 바꿔나가고 창조해갈지, 어떤 마케팅 전략으로 생활문화 기업으로 자리 잡을지는 LF에게 주어진 가장 큰 숙제다. 사명에서 '패션^{Fashion}'은 떼어 버렸지만, '패션^{Passion}(열정)'은 그 어느 때보다 강하게 요구되는 시점임을 LF 구성원들이 명심해야 할 것이다.

슬리포노믹스,
잠이 돈이 되는 시대

잠의 세계는 우리가 탐험해야 할 신대륙
───

잠이 돈이 되는 시대다. 하루하루를 치열하게 사는 현대인들에게 '꿀잠' 만한 보약이 또 있을까. 스트레스로 인해 불면증 환자가 늘어나면서 숙면에 대한 욕구는 점점 더 커져만 가고 있다.

2017년 1월 미국 라스베이거스에서 열린 'CES(국제전자제품박람회) 2017'에서 숙면을 도와주는 스마트 잠옷이 등장해 관객의 이목을 사로 잡기도 했다. 실제로 수면은 감정 처리에 매우 중요한 역할을 수행한다는 연구 결과가 있다. 스트레스와도 관련이 깊다. 수면이 부족하면, 그다음 날 스트레스 호르몬인 코르티솔cortisol의 수치가 높아진다. 또한 수면 부족의 영향을 받는 유전자 가운데 상당수는 스트레스 처리 기능과 더불어 면역체계 관리 기능을 맡고 있다. 게다가 잠을 제대로 자지 못하는 것은 비만의 원인이 되기도 한다. 수면이 부족할 때는 사리를 판단하고 결정하는 뇌의 가장 중요한 부위인 전두엽의 기능이 둔화되고, 원시적인 욕구와 감정을 관장하는 편도체의 활동이 활성화된다. 이는 폭식을 유발하기 십상이다.

한국인이 가장 사랑하는 작가 중 한 명인 베르나르 베르베르^{Bernard} ^{Werber}의 소설 《잠》에는 다음과 같은 구절이 나온다. "잠의 세계는 우리가 탐험해야 할 신대륙이에요. 캐내서 쓸 수 있는 소중한 보물이 가득 들어 있는 평행 세계죠. 앞으로 학교에서 아이들에게 단잠 자는 법을 가르치는 날이 올 거예요."

이 '신대륙'에 대한 탐험, '보물이 가득 들어 있는 평행 세계'에 대한 연구를 위해 각 분야의 기업들이 투자를 아끼지 않고 있다. 유통업체들도 수면 관련 산업이 커지는 것을 보고만 있을 수는 없을 터, 도처에서 다양한 방식으로 도전장을 내밀고 있다.

꿀잠을 파는 슬리포노믹스

이러한 측면에서 '슬리포노믹스^{Sleeponomics}(수면과 경제학의 합성어)'가 화두다. 슬리포노믹스 시장의 규모는 2조 원대에 다다르는 것으로 추정되고 있다. 그럼에도 일본의 3분의 1, 미국의 10분의 1 규모밖에 되지 않는다. 그만큼 성장 여력이 크다는 방증이다.

H&B 스토어 올리브영은 숙면제품 코너인 '굿나잇존'을 마련하기도 했다. 수면안대와 아이마스크 등의 매출은 꾸준한 증가세를 보이고 있다.

로하스생활기업 풀무원건강생활은 수면 관리 전문 브랜드 '자미즈

ZAMIZ'를 론칭했다. 기능성 베개 라인업을 주축으로 매트리스, 침구 케어 서비스 등에 주력하는 자미즈의 슬로건은 '건강한 내일을 꿈꾸는 오늘'이다. 슬리포노믹스의 핵심을 요약한 문구라 할 수 있다.

현대홈쇼핑은 기능성 베개 '하이퍼겔 필로우'와 가구 브랜드 일룸의 '슬로우slou 매트리스'를 연달아 론칭했다. 《허핑턴 포스트》를 세계적인 미디어로 일궈낸 언론인 아리아나 허핑턴Arianna Huffington은 "점점 과학·공학·디자인 기술이 매트리스 산업으로 유입되고 있다. 바야흐로 매트리스 산업이 수면과 관련한 혁명의 중심이 되고 있다"고 말한 바 있다. 일룸의 슬로우 매트리스는 아리아나 허핑턴의 말이 과장이 아님을 여실히 보여준다. 천 번 이상의 레이어 테스트를 통해 '4 Layer' 기술에 대한 특허를 취득했다. 이 기술을 통해 몸의 곡선을 따라 체압을 골고루 분산시켜 신체 구석구석을 골고루 지지해준다.

CGV는 점심시간을 활용해 단잠을 잘 수 있는 '시에스타' 서비스를 진행하고 있다. 시에스타siesta는 낮잠이라는 뜻이다. 직장인들이 많은 CGV 여의도에서는 리클라이너 좌석에 편안하게 누워 최대 1시간 30분 동안 낮잠을 즐길 수 있다. 어두운 조명과 적정한 실내 온도 등 휴식에 최적화된 환경을 유지하며 음료, 담요, 슬리퍼도 제공한다. 게다가 남성존, 여성존, 커플존 중 선택하여 휴식을 취할 수 있도록 했다.

실제로 짧게나마 낮잠을 자면 체내 시계를 올바른 방향으로 수정하는 데 효과적이라는 분석이 있다. 윈스턴 처칠, 레오나르도 다 빈치, 토머스 에디슨, 엘리너 루스벨트, 존 F. 케네디는 낮잠을 즐기는 것으로 유명했다. 특히 2차 세계대전 와중에도 낮잠을 즐겼던 처칠은 "낮잠은 전쟁을 승리로 이끌고 가야 할 책임을 완수할 수 있는 유일한 방법이었다”라고 말하기도 했다.

현대백화점은 체험형·맞춤형 수면용품 편집매장 ‘비욘드 슬립’을 열었다. 베개, 타퍼, 아로마·향초, 침구청소기 등 다양한 수면용품을 판매한다. 프리미엄 침구 충전재 전문 매장 ‘듀벳바Duvet Bar’도 선보였다. 듀벳바는 태평양물산의 프리미엄 침구 전문 브랜드 ‘소프라움’과 현대백화점이 공동으로 기획한 DIY 침구 전문 편집숍이다. 소비자들이 각자 취향에 맞게 고른 소재, 사이즈, 중량, 원단 등으로 맞춤 제작해준다. 듀벳바에서는 구스다운·덕다운·캐시미어·실크솜 등 10여 개의 충전재 소재는 물론 인견·실크·면 등의 원단까지 직접 만져보고 선택할 수 있다. 이 밖에도 사용 중인 제품의 먼지와 진드기를 제거해주는 에어크리닝 서비스도 제공한다.

롯데칠성음료는 숙면을 위한 릴렉스 탄산음료인 ‘스위트 슬립’을 출시했다. 긴장이 풀려 운전 전에는 마시지 않는 것이 좋다고 말할 정도로 숙면에 도움이 된다고 홍보하고 있다. ‘슬로우 카우’나 ‘굿나이트’ 같은 외국산 숙면음료는 있었는데, 드디어 국내에도 숙면음료가 등장했다.

앞으로 슬리포노믹스 시장에서 경쟁력을 갖기 위해서는 어떤 고민을 해야 할까? 개개인의 수면도 이제 컨설팅이 필요한 시점이라는 것을 인식하는 것이 순서일 것이다. 예를 들면 수면 자세, 체형, 생활습관 등을 분석하여 맞춤형 베개, 매트리스를 권할 수 있는 섬세함이 요구된다. 물론 일부 수면 상담이 시행되고 있지만, 다양한 분야에서 보다 개인화된 서비스로 고객의 꿀잠을 이끌어내야 할 것이다.

시니어 친화적인
기업만이 살아남는다

고령 인구(65세 이상) 비율은 2008년 10.2%, 2011년 11%, 2014년 12.4%로 증가 추세다. UN에서는 65세 이상 노인이 전체 인구에서 차지하는 비율이 7% 이상이면 고령화 사회aging society, 14% 이상이면 고령 사회aged society로 규정하는데, 한국은 2000년 고령화 사회로 진입하기까지 고작 18년이 걸렸다. 한국의 고령화 속도는 73년의 미국이나 40년의 독일과 비교했을 때 비교가 안 될 정도로 빠르다.

유통업계의 블루오션, 액티브 시니어

《니혼게이자이신문》 서울지국장을 역임한 언론인 타마키 타다시는 너무도 빠른 한국의 고령화 속도에 대해 다음과 같이 일갈했다. "'압축 성장'은 한국의 현대 사회를 이해하는 중요한 키워드다. 이 말은 지금까지는 초고도 경제성장을 설명할 때 자주 등장하는 단어였다. 하지만 앞으로는 '고령 사회'를 설명할 때 빈번하게 사용될 것이다."

　이러한 변화로 인해 액티브 시니어^{Active Senior}에 대한 유통업계의 구애가 뜨겁다. 액티브 시니어는 은퇴 후에도 적극적으로 소비생활 및 취미생활을 즐기며, 하고 싶은 일을 찾아 끊임없이 도전하는 노년층을 일컫는다. 이들은 우리의 고정관념 속에 머물던 예전의 할머니, 할아버지가 아니다. 외모를 꾸미는 데도 아낌없이 투자하고, 본인의 건강 관리에 신경을 많이 쓰는 노년층이다. 이들은 만만치 않은 구매력을 갖고 있기도 하다. 한국보건산업진흥원 자료에 따르면, 한국 실버시장 규모는 2012년 27조, 2015년 39조로 나타났고 2018년에는 57조, 2020년에는 73조 규모로 성장할 것으로 보인다.

　액티브 시니어의 선택을 받기 위해 백화점 업계는 발 빠르게 움직이고 있다. 시니어 타깃 문화센터 강좌를 증설하고 있는 것이 주요한 변화이다. 신세계백화점은 시니어 도예 교실, 시니어 발레, 시니어 건강댄스, 시니어 드럼 등 액티브 시니어를 위한 다채로운 커리큘럼을 자랑한다. 롯데백화점은 시니어 필라테스 요가 수업을 마련하기도 했다.

　한편 AK플라자는 시니어 패션쇼를 개최했다. 문화아카데미 '뉴시니어 라이프 패션모델 학교'를 수료한 50~80대 고객들이 직접 모델로 참여해 화제를 모았다. AK플라자가 이런 행사를 기획한 이유는 시니어 소비자의 영향력이 커지고 있는 것을 수치로 확인했기 때문이다. 2014년부터 2016년까지 AK멤버스 회원의 연령대별 구매 패턴을 분석해보니, 70대의 매출이 15%나 늘었고 60대도 11%나 증가했다. 이에 반해 20~40대는 연령대별로 각각 1~2% 증가하는 데 그쳤다.

NS홈쇼핑이 내놓은 건강식품 특화 프로그램 〈이지연의 건강이야기〉는 100회를 훌쩍 넘기며 좋은 반응을 이끌어냈다. 건강에 관심이 많은 5070 세대의 니즈를 예리하게 파악한 덕분이다. 2015년 도상철 NS홈쇼핑 사장의 제안으로 탄생한 이 프로그램은 같은 시간대의 경쟁 콘텐츠보다 분당 주문액이 높다. 그의 선구안이 옳았던 것이다.

비엥 비에이르, 멋지고 당당한 노년을 마케팅하다

———

비엥 비에이르Bien-Vieillir는 프랑스어로 '만족스럽게 나이 들기'를 의미한다. '만족스럽게Bien' 나이 든다는 것은 단순히 세월이 흘러 저절로 나이를 먹는 '노화'보다 훨씬 더 주체적이고 능동적인 개념이다.

몇 년 전까지만 해도 '만족'과 '나이 들기'의 조합을 어색하게 바라보는 경향이 있었다. 나이가 든다는 것은 다소 초라하고 슬픈 감정을 불러일으켰다. 신체가 쇠약해지고, 자리에서 물러나야 하며, 나아가서는 죽음과 점점 가까워지는 것을 받아들여야 하는 음울한 과정과도 맞닿아 있었다. 하지만 '나이 듦'에 대한 인식에 변화가 일어났다. 멋지고 당당하게 나이 들 수 있다는 믿음, 비엥 비에이르!

만족스럽게 나이 들기 위해서는 일단 '멋'이 필요하다. '한국의 닉 우스터', '남포동 꽃할배'로 불리는 여용기 할아버지는 젊은 사람들 못지 않은 패션감각을 자랑한다. 마스터 테일러로 일하고 있는 그는 핑크색

© 밴디

'한국의 닉 우스터'로 불리는 여용기 할아버지

© 롯데홈쇼핑

박막례 할머니가 직접 출연하는 롯데홈쇼핑 '막례쑈'

모크넥, 체크무늬 베레모, 롱코트, 빨간 양말 등 다채로운 패션 아이템을 자연스럽고 멋들어지게 소화한다. 감각적인 코디와 당당한 포즈에 절로 입이 벌어진다. 2030 세대에 뒤지지 않는 '핏'을 자랑하는 그의 사진은 인스타그램에서 폭발적인 반응을 이끌어냈다. 5만 명에 가까운 팔로어를 거느린 이 '패션 인플루언서'에게 도처에서 러브콜을 보내고 있다. 구두 전문 브랜드인 탠디는 여용기 씨와 협업해 자사의 크래프트 슈즈인 '블랙라벨'을 성공적으로 홍보했고, 롯데백화점은 여용기 씨가 론칭한 수제 정장 브랜드의 팝업스토어를 선보였다. 이는 그저 인터넷에서 화제가 된 것에서 그친 게 아니라 자신이 가진 패션센스와 멋에 대한 철학을 비즈니스에도 접목해 성공한 케이스다.

독일의 저널리스트 프랑크 쉬르마허^{Frank Schirmacher} 박사는 "텔레비전, 영화, 광고를 불문하고 노인들이 종적을 감춰버렸기 때문에 개인의 노화는 더욱 눈에 띄는 현상이 된다"고 말한 바 있다. 하지만 한국엔 70대 유튜브 스타 박막례 할머니가 있다. 많은 네티즌들은 그녀의 방송을 보고 '귀여우시다', '사랑스럽다' 등의 댓글을 많이 단다. 언뜻 70대 어르신에게 감히 해서는 안 될 말 같지만, 그만큼 폭발적인 사랑을 받고 있다는 증거로 해석할 수 있다. 유튜브에서 1인 방송을 하고 있는 크리에이터에게 쏟아지는 그 흔한 저열한 악플도 찾아보기 힘들다. 어르신에 대한 공경은 악플러도 숙지해야 할 최소한의 도덕인가 보다.

롯데홈쇼핑은 미국 패션잡지 《보그》와 인터뷰까지 한 이 싱그러운 할머니를 모시고 '막례쑈'를 연출했다. 기미크림을 직접 바르며 그녀는 "느그들 필요한 대로 짜서 써"라고 말한다. 촬영 현장에 나와 있는 남자

스태프의 머리를 직접 감겨주며 샴푸의 효능을 자기만의 방식으로 유쾌하게 전달한다. 손녀딸과 한번 만나보라는 말도 잊지 않는다. 기존 쇼호스트에게서는 들을 수 없었던 구수한 전라도 사투리와 친근한 화법으로 상품을 설명하는 그녀의 매력에 주문량이 폭증했다.

멋과 쾌를 무기로 예전의 무기력한 노인의 이미지를 벗어던진 액티브 시니어들은 소비생활도 '만족스럽게' 영위하고자 한다. 그들에게 만족감을 선사하기 위해서는 시니어 고객의 정서를 면밀하게 연구해야 한다. 그들이 불편 혹은 불만을 느끼는 지점이 있다면, 이에 대한 해결책을 제품과 서비스에 담아내야 한다.

위메프가 보여준 발상의 전환이 좋은 예가 된다. 위메프는 소셜커머스 업체이기 때문에 사실 시니어 고객들이 주 타깃은 아니다. 그럼에도 이들의 불편을 외면하지 않았다. 위메프는 모바일 쇼핑을 하는 데 어려움을 느끼는 50대 이상 고객들을 위해 유선으로 결제와 배송안내까지 가능한 전화 주문 서비스인 '텔레마트'를 출시했다. 이 서비스에 대한 설명을 듣고 "아니 자식 뒀다가 뭐하나? 자식들한테 스마트폰 사용법 좀 물어보면 되지"라고 반문하는 이가 있을지 모르겠다. 그런데 그게 말처럼 쉽지 않다. 일단 젊은 사람들만큼 IT 디바이스에 대한 이해가 빠르지 못하다. 설명을 들어도 바로바로 흡수가 되는 게 아니며, 자식한테 '디지털 문맹'임을 굳이 재확인시켜주고 싶지도 않다. 또 하교하거나 퇴근하고 집에 들어와서 녹신해진 자식들에게 모바일 쇼핑에 대해 물어보는 것도 여간 눈치 보이는 게 아니다. 단순히 젊은 사람들보다 스마트폰에 덜 익숙한 게 문제가 아니다. 미안하기도 하고, 섭섭하기도 하고, 때론 창피하기까지 한 여러 복잡한 정서가 맞물려 있는 것이다. 위메프는 그런 어르신들에게 간단한 해결책을 제안한 것이다. "전화 주세요. 다 해결해드릴게요!" 얼마나 속 시원한가. 자식보다 낫다.

새로운 노년의 니즈를 파악하라

요실금 전용 언더웨어의 인기도 특기할 만하다. 한국보다 일찍 고령화 사회로 진입한 일본의 요실금 시장 규모는 2017년 들어 무려 1조 5천억 원에 달한다. 유한킴벌리의 요실금 언더웨어 브랜드 '디펜드'도 꾸준한 사랑을 받고 있다. 유한킴벌리는 '액티브', '세미액티브', '인액티브'의 시니어 위생용품 풀 라인업을 보유하고 있다. 또한 요실금에 대한 인식 개선 캠페인을 펼치는가 하면, '시니어가 자원입니다'라는 캐치프레이즈를 통해 노년층의 마음에 다가가는 노력을 꾸준히 기울이고 있다.

액티브 시니어를 응원한다는 취지로 한국경제신문사와 29초 영화제를 진행하기도 했다. 영화제에서는 '시니어의 역동적인 삶(새로운 일에 대한 도전, 봉사, 여가 등 사회활동)'과 '엄마의 Wish List(엄마의 꿈을 응원합니다)'라는 주제를 제시했다.

이런 움직임에 발맞춰 '시니어 비즈니스'에 대한 보다 많은 투자와 연구가 유통업계에서 이뤄져야 한다. 시니어 고객을 타깃으로 특정 제품 라인업을 만드는 것 외에도 매장 구성에 있어서도 보다 세심한 주의가 요구된다.

가령 독일의 대형 체인 슈퍼마켓인 카이저Kaiser's처럼 매장의 복도를 넓히고, 진열대에 돋보기를 설치하는 등 '시니어 친화적senior friendly'인 전략을 강화할 필요가 있다. 백화점 1층에 휠체어 대여 코너를 마련하고, 8층을 시니어 전용층으로 특화해서 디자인한 일본의 게이오백화점 사례도 특기할 만하다. 50대 이상의 시니어 종업원을 고용하여 액티브 시니어 고객들에게 보다 친근하게 다가가는 방안도 고려해봄 직하다.

일본의 한 서점은 시니어 고객에게 컨시어지 서비스concierge service를 제공한다. 좋은 책과 음반을 안내하고 추천해줘서 서점에서도 대접받는 느낌을 선사한다. 2017년 12월, 톰 크루즈의 레드 카펫 행사가 진행된 곳으로 유명한 롯데월드몰 1층 아트리움에서는 이색적인 무대가 열렸다. 나이 지긋하신 어르신들로 구성된 시니어 합창단이 멋진 하모니를 선보인 것이다. 이들은 누가 뭐래도 이날 행사의 주인공이었다. 물건 하나 더 팔려고 노력하기보다는 어르신들에게 자존감과 추억을 안겨 드리고자 했던 지혜가 돋보였다. 무분별한 시니어 마케팅이 판치는 업계에 시사하는 바가 크다.

'찬란한 미래'는 젊은 세대만 전유하는 것이 아니다. '비엥 비에이르'를 외치는 어르신들도 그들의 멋진 미래를 그려볼 수 있다. 이것이 요즘 할아버지, 할머니들의 존재미학이다. 앞으로 '비엥 비에이르'를 온전히 이해하지 못하는 기업은 살아남지 못할 것이다. 액티브 시니어들은 상대적으로 풍부한 경제력을 갖췄음에도 미래에 대한 불안감 역시 느끼고 있기 때문에 무턱대고 지갑을 열지 않는다. 그렇기 때문에 자신들이 지갑을 여는 명분과 이유를 의식하며 소비활동을 한다. 보다 적극적인

일상이 된 모바일 라이브, 미디어의 판을 뒤엎다
유튜브 온리

노가영 지음
272쪽 | 15,000원

'동영상'과 '라이브'의 만남,
판을 뒤집다

한국인이 가장 많이 사용하는 앱 1위가 유튜브라는 조사 결과가 나왔다.
2005년 출시된 유튜브는 급변하는 오늘날의 IT 환경에서 보자면 올드 미디
어다. 그런데도 여전히 핫하다. '모바일'과 '동영상' 그리고 '라이브'를 대표
하는 미디어로 유튜브만 한 것이 아직 없기 때문이다. 글로벌 미디어 시장
을 접수한 유튜브 덕분에 지금 모든 미디어의 최우선 과제는 동영상 전략이
되었다. 오랫동안 현장에서 미디어 시장의 변화를 온몸으로 겪어온 저자는
작금의 흥미로운 판의 움직임을 예리하게 관찰하고 관전 포인트를 짚어준
다. 차세대 미디어, 즉 유튜브 다음의 미디어는 어떤 형태로 어디에서 유통
되고 어떻게 소비될 것인가? 이 책에서 그 답을 찾아보도록 하자.

파리 서울 두 도시 이야기
풍경의 감각

이나라, 티에리 베제쿠르 지음 | 류은소라 옮김
328쪽 | 16,000원

**서울 여자와 파리 남자가 천천히 걸으며
관찰하고 수집한 매력적인 도시 탐방기**

서울 여자와 파리 남자가 만나 도시를 걷는다.
파리와 서울을 걸으며 남자는 우리에게 익숙한
서울을 낯선 방식으로 스케치하고, 서울과 파
리를 걸으며 여자는 현대 도시적 일상과 공동
체에 대한 감각을 톺아본다. 이 책은 서로에게
이방인이었던 두 저자가 상대방의 문화를 이해
하는 과정의 기록이자, 그 여정에서 저마다 경
험하고 느낀 고유한 도시 탐방기다.

조지 오웰, 시대의 작가로 산다는 것

스테판 말테르 지음 | 용경식 옮김
304쪽 | 14,000원

**《동물농장》, 《1984》를 쓰기까지 철저하게
시대의 증인으로 살았던 그의 삶을 추적하다**

소설 《1984》를 읽어본 사람이라면 누구나 궁
금해질 것이다. 도대체 조지 오웰은 어떤 사람
인가? 무슨 생각을 가지고 어떤 세상을 살았기
에 이런 작품이 나온 것인가? 이 책은 그에게
시공을 뛰어넘는 명성을 안겨준 영원한 문제작
《1984》와 우화 형식의 풍자로 전체주의의 실
상을 폭로한 《동물농장》을 쓰기까지 조지 오웰
이라는 한 작가가 살아온 삶의 궤적을 매우 치
밀하게 추적한다.

처음부터 다시 읽는 친절한 세계[

미야자키 마사카츠 지음 | 김진연 옮김
350쪽 | 15,000원

베스트셀러 《하룻밤에 읽는 세계사》의 저지
미야자키 마사카츠의 역사 총합본

다수의 역사서를 집필한 저자는 대학교[
물러나 일반인을 대상으로 역사를 강의[
세계사를 조금 더 쉽게 알릴 수 있는 방[
민해왔다. 이 책은 기존 역사서들과는 [
화 한 편을 보듯 세계사를 술술 읽어나[
겠다는 생각에서 썼다고 한다. 세계사[
방대해서 공부할 엄두가 나지 않는 사[
른 시간 내에 세계사의 주요 포인트를[
고자 하는 사람들에게 권한다.

신의 제국을 무너트린 종교개혁의 정치학

루터

폴커 라인하르트 지음 | 이미선 옮김
512쪽 | 25,000원

신화화된 루터의 종교개혁을 다시 들[

이 책은 부패하고 무능한 교황에 맞[
수도사 루터라는 프로테스탄트 측의[
도에서 벗어나. 양측의 갈등과 충돌.[
렬의 과정을 가톨릭의 총본산인 로[
등한 권리를 부여하며 종교개혁의 [
들을 탐구한다. 신의 대리자 자리를[
는 교황과 루터의 치열한 논쟁. 권[
치세력들의 합종연횡이 어떻게 의[
교개혁을 탄생시켰는지 드러낸다.

**비트코인이 불러온 새로운 호[
가상화폐, 금융혁명 그 이상[**
우리는 이것으로 무엇이든 [
어느 날은 수천 달러의 가치[
도 없다. 인류가 처음 접하는[
다. "비트코인이란 도대체 무[
트 출신의 저자들은 비트코인[
확산에 기여한 초기의 괴짜 개[
들과 비트코인을 반대하는 사[
자들을 취재했다. 이 같은 광범[
우면서 통합적인 '비트코인, 블록

사

다,

수에서
하면서
법을 고
달리 영
가면 좋
가 너무
람들, 빠
공부하

모바일 트렌드 2018

커넥팅랩 지음
350쪽 | 16,000원

모바일, '無'의 시대를 열다

'실시간', '무지연'이 핵심인 5G 통신은 사물인
터넷과 인공지능, 클라우드 시대의 기본 통신
인프라다. 2018년 시작되는 5G, 새로운 통신
의 신세계가 기다려지는 이유다. 한편 우리나
라도 현금 없는 사회로의 진입을 목전에 두고
있다. 세계적으로 'ONLY CASH'라는 말이 'NO
CASH'로 바뀌고 있다. 결제와 송금에 현금이
전혀 필요 없어지는 네오금융의 시대. 2018년
은 그 시작이 될 것이다.

다보다

선 신실한
일방적 구
모색과 결
에게도 동
합적 원인
놓고 벌이
을 향한 정
치 않은 종

자영업 트렌드 2018

허건, 박성채, 방수준, 손정일, 이상엽, 안형수 지음
492쪽 | 16,000원

6명의 전문가가 코치하는
600만 자영업 사장님들의 성공 전략

2018년 자영업 환경은 최저임금과 금리 인상
을 필두로 인건비, 재료비, 임대료 모두 들썩
일 것이다. 그러나 시장은 언제나 위기와 함께
했고 누군가는 기어이 새로운 혁신과 제품으로
숨은 기회를 움켜잡는다. 대한민국 자영업의
흐름을 꿰뚫는 6명의 전문가가 녹록치 않은 환
경 속에서 생존을 넘어 사업의 번영을 움켜잡
을 기회 요인과 사업 모델을 소개한다.

자세로 '나이 듦'을 받아들이는 새로운 유형의 어르신들의 욕구를 정확하게 판단하고, 그들이 만족할 수 있는 맞춤형 서비스를 제공하는 데 더욱 애써야 할 것이다.

호모 렌털쿠스,
소유하지 않는 인간의 출현

'호모 렌털쿠스'란 물건을 구매하기보다는 임대(렌털)를 통해 소비하는 사람들을 가리킨다. 지속되는 경기불황으로 소비자들의 구매력이 약화됐고, 1인 가구와 맞벌이 가구의 증가 등 인구구조의 변화로 소유보다는 사용의 편익이 더욱 크다는 인식이 확산됐다.

그에 따라 제품 구매의 필요성을 꼼꼼하게 점검하는 합리적인 소비자들이 증가했다. '가성비(가격 대비 성능)'가 유행어가 될 정도니 자연히 구매보다는 렌털 제품에 손이 가는 것. 제품수명 주기가 짧아진 것도 한몫했다. 특히 전자제품의 출시 주기는 점점 단축되고 있는 모양새다.

KT경제경영연구소에 따르면 국내 렌털 시장 규모는 2020년에 40조에 달할 것으로 전망된다. 2006년에 3조 원, 2016년에 25조 9천억 원 규모였던 것을 감안하면 성장 속도가 상당히 가파르다. 렌털 품목 역시 다양해지고 서비스도 고도화되고 있다. 대기업의 참여도 잇따르고 있다. 과거에는 정수기, 비데, 공기청정기 등이 렌털 제품의 주류를 이루었다면, 최근에는 명품의류나 가방 등으로 범위가 확대됐다.

지금은 타이어도 렌털하는 시대다. 넥센타이어는 차종과 타이어의 종류에 따라 제품을 선택해서 사용할 수 있는 타이어 렌털 서비스인 '넥스트 레벨^{NEXT LEVEL}'을 도입했다. 또한 TV 홈쇼핑 채널을 돌리다 보면 전기차 렌털 방송이 나오기도 한다. 롯데홈쇼핑은 1시간 동안 친환경 전기차 렌털 특집방송을 진행했는데, 무려 5,500건 이상의 상담을 이끌어냈다. 복합쇼핑몰에서 차량렌털권을 경품으로 내놓은 사례도 있다. 롯데몰 은평점은 보험료, 차량 검사비, 공과금 등 일체 비용 없이 그랜저 IG 2.4 하이브리드를 3년간 이용할 수 있는 렌털권을 추첨을 통해 고객에게 제공했다. 도처에서 '렌털 열풍'이 불고 있다.

렌털 비즈니스 확장을 위한 기업 인수 경쟁

2016년 동양매직을 인수하기 위해 SK네트웍스, AJ네트웍스, 현대백화점, CJ, 유니드 등 5개의 쟁쟁한 전략 투자자^{Strategic Investor, SI}들이 치열한 경쟁을 펼친 바 있다. SK네트웍스와 AJ네트웍스는 기존의 자동차 렌털에서 생활가전으로 포트폴리오를 확대하고자 했고, 현대백화점과 CJ는 렌털 판매채널인 자사 홈쇼핑과 시너지 효과를 노리고 있었다. 화학제품 제조업체인 유니드는 사업 다각화가 절실했다.

피 튀기는 입찰 경쟁에서 결국 SK네트웍스가 승리했고, 'SK매직'으로 사명이 바뀐 뒤로는 합병 시너지 효과를 톡톡히 누리고 있다. SK그룹의 자금력과 마케팅의 도움을 받을 수 있게 됐고, 창사 이래 처음으로

가스레인지 시장에서 1위에 오르기도 했다.

SK매직의 가전제품에 SK텔레콤의 전문분야인 사물인터넷기술을 적용하거나, SK네트웍스의 해외 거점을 활용해서 수출 물량 확대를 꾀하는 등 계열사 간 파트너십도 강화하고 있다. 그리하여 2020년까지 매출 1조 원, 영업이익 1,300억 원을 달성한다는 목표도 세웠다.

패션 스트리밍 서비스의 등장

고가의 제품을 판매해서 수익을 얻는 백화점이 렌털 전문매장을 열었다. 이는 렌털 시장에 대한 유통업계의 관심이 그만큼 비상하다는 것을 알려주는 한 사례다. 롯데백화점은 이색적인 패션 렌털 매장을 선보였다. 남성 정장, 여성 드레스와 같은 의류제품은 물론 주얼리와 명품 핸드백, 선글라스 등 잡화까지 다양한 아이템에 대한 렌털 서비스를 제공하는 '살롱 드 샬롯'은 소공동 본점(1호점)과 에비뉴엘월드타워점(2호점)에서 영업을 개시했다. 패션상품 외에 프리미엄 유모차도 대여할 수 있다. 가격대가 높기 때문에 구매하기에는 부담스러웠던 프리미엄 상품을 합리적인 가격으로 빌릴 수 있다는 게 장점이다. 살롱 드 샬롯은 셀프웨딩 촬영, 연주회, 돌잔치, 파티 같은 특별한 행사에 특히나 위력을 발휘한다.

또한 이른바 '패션 스트리밍'과 궤를 같이 한다. 패션 스트리밍이란 음원을 내려받지 않고 스트리밍 서비스를 통해 음악을 듣듯이, 의류를 구입하지 않고 렌털하는 패션 공유 서비스를 의미한다. 옷장을 열어보면 막상 입을 게 없다고 말하는 사람들이 많은데, 패션 렌털은 이런 사람들의 니즈를 충족시켜준다.

코오롱인더스트리FnC 부문은 렌털 서비스 '렌트디온리원'을 론칭했다. 이 서비스는 '환경을 생각하는 옷의 여정'을 테마로 삼고 있다. 업사이클링Upcycling 브랜드 '래;코드RE:CODE' 매장에서 직접 옷을 입어보고, 렌털 여부를 결정하는 방식이다. 3일 이용을 기준으로 한 가격은 자켓과 원피스가 3만 원, 아우터는 4만 원, 상하의는 각각 1만 5천 원 등이다.

오픈마켓인 11번가는 코웨이, 청호나이스, 바디프랜드, 쿠쿠 등 국내 메이저 렌털 브랜드와 손잡고 정수기, 비데, 공기청정기, 안마의자 등을 한데 모은 모바일 렌털 쇼핑몰을 열기도 했다.

현대백화점그룹은 2015년 설립한 현대렌탈케어라는 자체 렌털 기업을 통해 정수기, 공기청정기 등 소형 가전 렌털 시장에서 점점 존재감을 키워가고 있다. 업계 최초로 24시간 출동 시스템을 도입할 예정이고, 상담 전문가인 '케어 매니저'와 '케어 엔지니어' 수도 확대했다. 토탈홈케어 렌털 기업을 지향하며, 그룹 계열사인 현대리바트와 협업하여 가구와 매트리스도 렌털 방식으로 판매한다.

배우 조인성을 모델로 한 '현대큐밍' 역시 인기를 끌고 있다. 현대큐밍Quming은 '최상의 품질Quality'과 '특별한Unique 서비스'로 '이상적인dreaming 생활공간'을 제공한다는 비전을 담은 현대렌탈케어의 생활가전 브랜드다. 현대큐밍의 제품들을 한데 모아 쇼케이스를 개최하는 한편 현대백화점 판교점, 현대시티몰 가든파이브점, 현대백화점 미아점, 현대리바트

직영점 등에 '현대큐밍' 매장을 오픈하며 오프라인 채널도 점차 확대하고 있다.

소유에서 접속으로,
소비 패러다임의 변화

———

GS리테일은 정기주주총회를 열어 정관을 변경하기까지 했다. 사업목적에 '렌털임대업'을 추가한 것인데, '새로운 렌털new rental'을 선보이겠다는 포부가 담겼다. 1만 개가 넘는 편의점은 렌털 비즈니스의 탄탄한 기반이 될 것으로 보인다.

해외에서도 렌털 업계는 날이 갈수록 진화하고 있다. 구매에 따른 기회비용을 줄일 수 있고, 쓰레기 발생을 최소화한다는 점에서 친환경 산업의 하나로 인식되는 것이 한몫을 한다.

하버드 경영대학원 출신의 제니퍼 하이먼Jennifer Hyman과 제니퍼 플라이스Jennifer Fleiss가 2009년에 설립한 '렌트 더 런웨이Rent the Runway'는 고급 의류에 대한 접근성을 높임으로써 소유의 개념을 바꿔가고 있다. '접속access'이 새로운 소유라는 것이다. 원래 가격의 10% 정도 비용으로 파티, 이벤트에 대비할 수 있다는 강점이 있다.

《뉴욕타임스》는 렌트 더 런웨이를 가리켜 '오트쿠튀르haute couture(고급 여성복)의 넷플릭스Netflix 모델'이라 평가하기도 했다. 넷플릭스에서 영화를 보는 것처럼 고급 의류에 대한 접근성을 높였다는 것이다. 여성들에게 합리적인 가격으로 멋진 하루를 선물하는 서비스를 제공하고 있는 렌트 더 런웨이는 현재 옷뿐만 아니라 액세서리까지 대여해주는 사업을 펼치고 있다.

일찍이 미래학자 제레미 리프킨Jeremy Rifkin은《소유의 종말》에서 소유 중심의 자본주의 메커니즘이 종말을 고하고, 네트워크 시대에 맞는 '접속'이 중요해지리라고 말한 바 있다. 흥미롭게도《소유의 종말》의 원제는 '접속의 시대The Age of Access'다.

렌털 관련 산업은 외형적으로는 지속 성장을 구가하고 있지만, 렌털 제품에 대한 소비자들의 피해와 불만이 증가하고 있다는 '불편한 진실'에 눈감아서는 안 된다. 한국소비자원에 따르면 렌털 관련 불만접수 건수가 2010년에는 6천 건이 조금 넘는 정도였는데, 2011년에 9천 건을 넘어섰고, 2014년에는 1만 2천 건으로 4년 만에 2배나 증가했다.

업계 전체가 긴장감을 가지고 내실을 기할 때다. 전문적이고 체계적인 사후 관리 서비스에 투자를 아끼지 않아야 하고, 중도해약 위약금 관련 규정이 지나치게 소비자에게 불리하게 설정되어 있는 것은 아닌지 재점검해봐야 한다. 제품과 서비스는 렌털이 가능하지만, 고객의 신뢰는 그 어디에서도 렌털할 수 없다.

케모포비아,
화학제품 소비 트렌드를 바꾸다

2017년 티몬은 상반기 소비 트렌드 중 하나로 '케모포비아chemophobia'를 뽑았다. 케모포비아란 화학을 뜻하는 케미컬chemical과 공포증, 혐오증을 의미하는 포비아phobia가 합쳐진 말이다. 이는 화학물질에 대한 공포증으로 생활화학제품 소비를 꺼리는 현상을 일컫는다.

실제로 2017년 상반기 티몬의 상품 매출 결과를 분석해보면 기저귀, 이유식, 물티슈 등이 상위 매출 10위 안에 자리했다. 가습기 살균제 사태의 여파로 화학물질에 대한 반감이 높아져 프리미엄 육아제품에 대한 수요가 높아진 것이다.

가습기 살균제 사태는 '나와는 관련 없는 일'이 절대 아니다. 한국환경보건학회의 연구 결과에 따르면 우리나라 인구의 18% 이상, 즉 400만 명 이상이 최소 한 번 이상 가습기 살균제를 사용한 경험이 있는 것으로 조사됐기 때문이다. 가습기 살균제로 인한 사망자 수는 수백 명에 달하고, 무엇보다 대부분의 피해자가 산모와 영유아라는 점에서 가습기 살균제 사태는 '역사상 최악의 생활화학제품 참사'라 할 수 있다. 그러한 측면에서 '안방의 세월호 참사'로 불리기도 했다.

'우연히 살아남고' 싶지 않다는 소비자들

한 언론인(《한겨레》 정세라 기자)은 가습기 살균제 사태에 대해 '우연히 살아남기'라는 슬픈 표현을 사용한 바 있다. 본인도 가습기 살균제를 별생각 없이 쓸 수 있었을 텐데, 세척도 귀찮고 해서 어쩌다 가습기를 내다버린 덕에 우연히 살아남았다는 것이다. 그녀는 "가습기 살균제 문제는 적어도 안전과 생명의 문제에 관한 한 소비자와 기업 간 힘의 역학관계를 재조정하는 게 '우연히 살아남기'를 반복하지 않는 일이란 걸 가르쳐줬다"라고 지적한다.

이 비극적인 사건의 주범은 다국적기업 옥시레킷벤키저[Oxy Reckitt Benckiser]였다. 아이러니하게도 이 기업은 영국인이 존경하는 10대 기업이자, 세계경제포럼 '지속 가능경영 100대 기업'에서 7위에 오른 기업이다. 옥시는 가습기 살균제 원료인 폴리헥사메틸렌구아니딘[PHMG]에 대해 전문가들이 경고했으나 이를 무시해버렸다. 옥시는 유해성 여부가 불분명한 상황에서도 '인체에 무해', '아이에게도 안심' 등의 무책임한 문구를 버젓이 붙인 채 가습기 살균제를 판매했다.

이 사태가 일어난 이후 소비자들은 언론도 믿을 수 없게 되었다. 기업도, 언론도 못 믿는 상황이 되니 자연히 케모포비아가 확산될 수밖에 없었던 것이다. 가습기 살균제 사태에 대한 미디어의 태도는 무관심, 왜곡,

전문성 결여 등 다양한 문제점을 노출했다. 오히려 가습기가 세균을 번식시킬 수 있다는 점을 부각하며 가습기 살균제의 사용을 권하기도 했다. 가습기 살균제 보도는 화학물질을 다루는 과학 저널리즘의 영역임에도 '이슈'에만 매몰됐을 뿐 '과학'의 모습은 없었다.

노케미족을 위한 친환경 제품 시장의 성장

가습기 살균제뿐 아니라 살충제 계란, E형 간염 유발 소시지, 유해물질 생리대 등 주기적으로 안 좋은 뉴스가 터져 나오면서 케모포비아와 더불어 화학제품 사용을 기피하는 노케미^{no-chemi}족이라는 신조어도 생겼다.

우선 화장품 업계가 발 빠르게 대응하고 있다. 한국콜마는 논란이 많았던 미세 플라스틱인 마이크로비즈^{microbeads} 대신 살구씨, 크랜베리 등을 갈아서 제작한 저자극 각질제거제 '씨^{seed}스루 스크럽'을 내놓았다.

이마트가 대형마트 최초로 독자적인 화장품 브랜드로 선보인 '센텐스^{SCENTENCE}'는 천연 유래 성분의 계면활성제를 개발해 사용하는가 하면, 정제수 대신 콜드브루^{Cold Brew} 방식으로 추출한 꽃수 사용 비중을 늘렸다.

매일유업의 유아동 전문기업 '제로투세븐'은 95% 이상 식물 유래 성분을 함유한 저자극 유아용 샴푸인 '궁중비책 마일드 헤어 샴푸'를 출시했다. 치약은 또 어떠한가. 애경은 타르색소, 파라벤, 광물성오일, 동물성 원료를 빼고 베이킹소다를 넣은 천연치약 '2080 퓨어치약'을 선보였다.

프리미엄 치약 브랜드 '보나비츠'는 치약제품 최초로 전 성분을 공개해 신뢰도를 제고했다.

프랑스의 친환경 세제 브랜드 '라브르베르L'Arbre vert'의 인기가 증가하는 것도 이런 분위기의 연장선상에 있다. '라브르베르'는 프랑스어로 초록의 나무를 뜻한다. P&G에서 커리어를 쌓았던 미셸 로티Michel Leuthy가 2001년에 창업한 이 회사는 프랑스 현지에서 재배한 유기농 식물만 원료로 쓰며, 유럽연합의 에코라벨을 받는 데에도 성공했다. 까다롭기로 소문난 유럽연합 집행위원회에서 수여하는 에코라벨을 받은 프랑스 최초의 기업이 된 것이다.

화학물질에 대한 불신으로 세제, 샴푸, 섬유유연제 등을 직접 만들어 사용하는 소비자들도 늘어났다. 그에 따라 구연산, 베이킹 소다, 식초, 굵은 소금 등의 매출이 급증하기도 했다.

알 권리를 보장하라

이러한 상황에서 소비자들의 알 권리를 보장하고, 인체에 유해한 제품을 효율적으로 관리하기 위해 17개 생활화학제품 제조·수입·유통 업체가 단계적으로 제품의 모든 성분을 공개하기로 결정한 것은 반가운 소식이다. 12개 생활화학제품 제조·수입업체(애경산업, LG생활건강, 유한크로락스, 유한킴벌리, 유한양행, 한국피존, 한국P&G, 옥시레킷벤키저, CJ라이온, 헨켈홈케어코리아, SC존슨코리아, 보령메디앙)와 5개 유통업체(롯데마트,

홈플러스, 이마트, 다이소, 잇츠스킨)가 '생활화학제품 안전관리 자발적 협약'에 힘을 보탰다.

이어 2017년 9월 환경부와 식품의약품안전처는 생활화학제품에 포함된 화학물질 전 성분 공개를 위한 지침서(가이드라인)를 확정했다. 기업들은 해당 제품의 일반정보, 전체 성분, 각 성분별 함량, 기능, 유해성 정보 등을 정부 측에 제출하고, 정부와 기업은 각 성분별 함량을 제외한 모든 정보를 소비자에게 공개하기로 했다.

일각에서는 이런 움직임을 기업의 영업비밀, 노하우를 보호하지 못하는 반시장적인 처사라고 비판적으로 바라보기도 한다. 실제로 주요 선진국에서도 생활화학제품 함유 화학물질 전 성분 공개를 법제화한 사례는 찾아보기 힘들다.

하지만 지금은 기업 스스로도 책임의식을 더욱 고양해 소비자들의 불신을 걷어내는 게 급선무인 시점이다. 정도에 어긋나는 경영으로 훗날 막대한 평판비용Reputation Cost을 치러야 하는 상황을 가정해보라. 주가 하락, 소비자 불매운동, 법적 심판 등을 그 어떤 기업이 감당할 수 있겠는가. 장기적으로 보면 성분 공개를 통해 소비자들을 안심시키는 것이 훨씬 더 중요하다.

외려 문득 드는 생각은 '한국의 생활화학제품 제조·수입업체와 유통업체가 고작 17개밖에 되지 않을까'이다. 더 많은 업체가 정보 투명성을 강화하는 흐름에 동참하기를 바란다. 우리는 소비자로서, 시민으로서 기업에게 이를 요구할 권리가 있다. 더 이상의 비극은 없어야 한다.

취향의 시대,
유업계가 우유만 팔지 않는 까닭

기능성 우유와
디저트 시장의 성장

유업계가 흰 우유만 판다고 생각하면 오산이다. 다른 곳에도 눈을 돌리고 있는 데에는 그럴 만한 사정이 있다. 낙농진흥회의 분석에 따르면 1인당 흰 우유 소비량은 2010년 28.1킬로그램, 2015년 26.6킬로그램으로 점점 줄고 있다. 2000년에는 소비량이 30킬로그램이 넘었었다. 편의점의 흰 우유 판매량도 감소세다. 저출산의 여파가 우유 판매량에까지 영향을 미친 것이다.

유업계는 흰 우유를 기반으로 한 새로운 제품을 개발하며 활로 개척에 나서고 있다. 커피, 디저트, 아이스크림 등 포트폴리오를 다양화하며 고객에게 다가간다는 전략이다. 그 결과 2016년에는 4년 만에 흰 우유 소비량이 증가했다. 이는 소비자들이 흰 우유를 다시 많이 마시게 되었다기보다는 우유가 들어간 커피류와 기능성 우유가 인기를 얻었기 때문으로 봐야 한다. 원유가 많으면 60%가량이나 들어가는 컵 커피의 시장 규모가 커지고 있고, 커피 전문점에서도 우유가 들어간 라테류를 찾는 고객이 늘고 있다. 그 결과 2016년 국내 우유 시장의 규모는 2조 원을 돌파했다.

롯데푸드는 파스퇴르를 활용한 다양한 밀크 디저트를 맛볼 수 있는 플래그십 스토어 '파스퇴르 밀크바^{MILK BAR}'를 오픈했다. 국내 최초 저온 살균 우유로 사랑받아 온 파스퇴르의 브랜드 이미지를 살려 유기농 우유로 만든 소프트 아이스크림, 그릭요거트, 밀크 셰이크 등 다양하고 건강한 밀크 디저트를 제공한다. 카페라테, 아메리카노, 마리앙투아네트 밀크티 등 커피와 티 메뉴도 있다.

2009년에 등장한 커피전문점 '폴바셋'은 매일유업의 자회사 엠즈씨드가 운영하고 있다. 회사 이름처럼 매일유업의 '씨앗^{seed}'이 되었다. 브랜드 론칭 8년 만에 100호점을 돌파한 폴바셋에 가면 저지방 우유, 소화가 잘 되는 우유 등 기호에 맞는 우유를 골라 라테를 주문할 수 있다.

엠즈씨드는 상하목장 밀크 아이스크림샵도 운영 중이다. '상하목장'은 통합 HACCP(안전관리통합인증) 황금마크를 업계 최초로 획득하며 '푸스펙족^{Foospec族}'들의 신뢰를 얻고 있다. 푸스펙족이란 식품^{food}의 스펙^{spec}을 꼼꼼하게 따지는 소비자를 일컫는데 식품 안전에 관심이 많은 주부들이 푸스펙족의 주류를 차지한다.

테마파크에서 아이스크림 전문점까지
취향 시대의 밀크 비즈니스

매일유업은 유아동 용품업체 '제로투세븐'과 중식당인 '크리스탈제이드코리아'까지 운영하며 사업 다각화를 모색하고 있다. 2016년에는 도농상생 프로젝트의 일환으로 체험형 관광농장 '상하농원'까지 선보였다. 이는 농촌과 기업의 협력 모델 사례로 평가받고 있으며, 한국형 6차 산업(1차 산업인 농수산업, 2차 산업인 제조업, 3차 산업인 서비스업이 융복합된 산업)의 성공 가능성을 제시하기도 했다. 전라북도 고창군 상하면에 위치한 상하농원은 '짓다·놀다·먹다'를 컨셉으로 농장과 체험 시설, 식당과 숙박 시설을 한곳에 모아놓은 일종의 농어촌 테마파크다.

남양유업은 소프트아이스크림 전문점 '1964백미당'을 운영하고 있다. '1964'는 남양유업이 창립한 1964년을 가리킨다. 2014년에 시장에 진입한 1964백미당은 론칭한 지 3년도 채 지나지 않은 시점에서 홍콩 침사추이의 쇼핑몰에 팝업스토어를 오픈하기도 했다. 해외진출에 시동을 건 셈이다. 2013년 '갑질 사태'로 큰 위기에 봉착하며 주가 폭락과 기업 명성 및 평판에 타격을 받았던 남양유업은 2015년에 영업이익이 흑자로 전환된 후 2016년에는 흑자 폭을 다시 2배 이상 늘렸다. 2017년 초에는 반세기 가까운 '무사옥' 상황에서 벗어나 강남 신사옥 시대를 활짝 열었다. 신사옥의 이름 역시 창립 연도에서 따와 1964빌딩으로 지었다.

사업 다각화에 대해서는 여러 의견이 있을 수 있다. 매년 반복되는 적자로 회사에 부담을 줄 수 있기 때문이다. 위의 열거한 사례 중에서도 수익성이 문제되는 경우가 없다고 볼 수 없다. 한데 중요한 점은 유업계의 사업 다각화가 기존 경쟁구도에 또 다른 변화를 불러일으킨다는 점이다. 또한 비非우유 사업에서 얻은 좋은 이미지로 우유 사업에서 탄력을 받을 수도 있다. 유업계가 어디까지 손을 뻗을지, 어떤 업태와 협력을 하고 경쟁을 펼칠지 계속 지켜보자.

펫팸족이 만들어내는
펫코노미

KB금융지주 경영연구소에 따르면 2017년 기준 다섯 가구 중 한 가구 이상에서 반려동물을 키우고 있는 것으로 드러났다. 국내 반려동물 시장 규모는 2016년 1조 8천억 원을 넘어섰고, 2020년에는 6조 원 규모로 3배 이상 성장할 것으로 전망된다.

　이런 반려동물 시장의 성장을 견인한 것은 1인 가구의 증가, 고령화 등 가족구조의 변화다. 통계청 조사 결과 1인 가구의 비중은 2016년 기준 27.8%에 달한다. 4명 중 1명 이상이 1인 가구에 속한다는 뜻이다.

펫팸족, 반려동물을 '우리 아이'라 부르는 그들
───

온라인, 오프라인을 막론하고 펫팸족이 유통업계의 핵심 고객으로 떠오르고 있다. 펫팸족이란 반려동물pet과 가족family이 합쳐진 조어다. 이들은 반려동물과 끈끈한 정서적 유대관계를 가지는 특징을 보인다.

펫팸족은 말 그대로 동물을 가족 구성원 중 하나로 생각한다. 실제로 애견 카페나 커뮤니티 등에 올라온 글을 보면 '우리 아이'라는 표현을 심심찮게 볼 수 있다. '우리 아이'를 위한 쇼핑에 신경을 많이 쓰는 것은 어찌 보면 당연한 결론. 이에 따라 묘^猫님, 구^狗님을 위한 시장은 날이 갈수록 커지고 있다.

롯데닷컴은 반려동물의 사료, 간식, 위생용품(평판 화장실, 배변판, 모래삽, 고양이 모래 등), 일상용품을 당일 배송하는 전문매장 '디어펫^{Dear Pet} 마트'를 운영 중이다. 디어펫은 반려동물 전문관으로서 동물보호단체인 동물자유연대와 유기동물 입양 캠페인을 진행하기도 했다. 또한 강아지와 고양이 모델 선발대회를 개최하는 등 펫팸족을 위한 다양한 이벤트를 선보이고 있다.

옥션이 운영하는 '펫플러스'는 쇼핑뿐 아니라 펫팸족들의 소통 공간의 기능도 수행하고 있다. 갤러리 코너에 반려동물의 사진을 올리기도 하고, 펫플러스 인기친구를 선정하기도 한다.

펫 호텔부터 반려동물 전용 우유까지

이마트에서 직접 운영하는 반려동물 전문 멀티숍 '몰리스 펫샵'은 호텔, 미용 등 원스톱 솔루션을 제공한다. 2010년 출범한 몰리스 펫샵은 소문난 애견인인 신세계 정용진 부회장이 기르는 스탠더드 푸들 '몰리'에서 이름을 따온 것으로 알려졌다. 이곳은 '반려동물이 진정한 가족이 되는 곳'을 캐치프레이즈로 삼고 있다.

몰리스 펫샵의 서비스 중 '펫 호텔'은 가족 구성원이 여행과 출장 등으로 집을 비우거나 반려동물과 동반하기 어려운 상황일 때, 가족처럼 돌봐주는 반려동물 전용 호텔이다. 적정 온도 유지, 개별 환풍 시스템 등 쾌적함을 유지하기 위한 세심한 서비스도 제공한다. 넓은 놀이터에서 다른 동물들과 어울려 놀 수도 있다. 하지만 다른 동물의 안전을 위해 발열, 설사, 구토 등 질병이 의심되거나 공격적 성향이 강한 경우에는 입실을 제한하기도 한다.

'뷰티 스튜디오'는 전문 디자이너의 미용 서비스와 반려동물의 스타일에 대한 컨설팅을 제공한다. 또한 제약사와 손잡고 반려견을 위한 콜라보 브랜드도 출시했다. 이마트의 상품기획 역량과 동국제약의 기술력 및 노하우를 더해 애견 전용 식품 브랜드인 '몰리스 케어'를 선보였다.

현대백화점은 현대시티아울렛 동대문점 광장에서 '펫팸족 피크닉 페어'를 개최했다. 여기에는 꼬떼아꼬떼, 이츠독, 잇츠써니아웃사이드, 뽀떼, 러브핫핏, 노티독, 헬로첼로, 바잇미, 펫컴 등 반려동물 관련 의류·리빙·헬스케어·잡화·식품 브랜드가 총출동했다. 동물보호시민단체의 반려동물 입양 상담, 반려견 상식 테스트, 반려견 포토 스튜디오 운영, 반려견 맞춤 의류 제작 등 다양한 부대 행사도 마련했다.

갤러리아백화점은 반려동물 전용관인 '펫 부티크'를 운영한다. 백화점 업계 최초의 반려동물 전문매장으로 갤러리아백화점이 직영하고 있다. 주인이 집을 비웠을 때도 집 안에 있는 반려동물의 위치를 추적할 수 있는 CCTV, 고급 강아지 유모차, 높은 곳을 좋아하는 고양이의 특성

ⓒ 하림펫푸드

ⓒ 서울우유

반려동물 전용 브랜드로 국내 펫푸드 시장에
나선 '하림펫푸드'와 '아이펫밀크'

을 고려한 고양이 타워 등을 판매한다.

닭으로 유명한 하림은 펫푸드 전용 공장인 해피댄스스튜디오^{HDS}를 오픈했다. 반려동물의 먹거리 안전에 대한 관심이 많아진 것에 적극적으로 대응하고 나선 것이다. 하림은 '한국의 카길^{Cargill}'을 꿈꾸고 있다. 카길은 '세계인의 식탁을 지배하는 회사'로 불리는 세계 최대 규모의 글로벌 곡물 유통기업이다. 하림은 반려동물 관련 산업, 그중에서도 사료시장에 진출해 사업 포트폴리오를 다각화하고 캐시카우^{cash cow} 확보에도 노력을 기울일 계획이다. 이러한 맥락에서 반려동물 사료 브랜드인 '하림펫푸드'를 론칭하면서 사람도 먹을 수 있을 만한 수준의 품질을 선보인다는 당찬 포부도 밝혔다. 실제로 신제품 출시 행사에서 하림의 담당자들이 직접 시식해보기도 했다.

최근에는 반려동물이 마시는 우유도 등장했다. 서울우유는 반려동물 전용 우유인 '아이펫밀크'를 선보였다. 서울우유중앙연구소와 수의사들이 머리를 맞대고 만들어낸 작품이다. 아이펫밀크(180밀리리터)의 가격은 서울우유 1리터 제품과 비슷할 만큼 가격이 만만치 않다. 비슷한 용량으로 가격을 환산하면 5배 정도 차이가 난다.

지역 상권 맞춤형 콤팩트몰인 롯데피트인 산본에는 애견숍뿐만 아니라 동물병원도 들어섰다. 한편 라마다인천호텔은 애견동반 객실까지 만들었다. 반려견과 여행을 즐기고 싶은 고객을 겨냥한 것으로 강아지 간식, 애견 목욕제품, 장난감 등도 제공한다.

생활뷰티업체들도 기민하게 움직이고 있다. 애경은 반려동물 전문기업 '이리온'과 협업하여 프리미엄 펫 케어 브랜드 '휘슬^{WHISTLE}'을 론칭했다. '휘슬'이라는 브랜드 네임에는 '강아지를 부르는 기분 좋은 소리'라는 의미가 담겼다. 론칭 기념 이벤트로 '반려견을 위한 목욕 클래스'도 진행했다. 더불어 표피층이 얇은 반려동물의 피부 특성을 고려해 만든 미스트와 샴푸 등을 선보였다. LG생활건강 역시 펫 푸드 브랜드 '시리우스윌Sirius Will'을 내놓았다.

마케팅 감각보다 중요한 건 따뜻한 감수성

펫팸족에게 진정으로 사랑받는 브랜드가 되기 위해서는 어떤 전략이 필요할까? 펫팸족 대상 마케팅 계획을 수립할 때 가장 필요한 것은 예리한 마케팅 감각이 아니라 따뜻한 감수성이다. 그런 의미에서 동물 대상 사회공헌활동도 게을리해서는 안 된다. 동물을 통해 수익을 얻는 브랜드라면 동물 복지에도 팔을 걷어붙여야 마땅하다. 네슬레 퓨리나와 이마트가 유기동물보호소에 사료를 기부했던 것이 좋은 예가 된다.

용어 사용에도 주의를 기울여야 한다. '애완동물'이라는 단어는 사람에게 즐거움을 주는 동물이라는 뜻으로 일방향적 의미를 갖는다. 더불어 살아가는 동물이라는 뜻의 '반려동물'이 보다 알맞은 표현임을 숙지해야 할 것이다. 사실 한국에서 '반려동물'이라는 용어가 갖는 역사는 일천하기 짝이 없다. 유럽에서는 1980년대 초반에 오스트리아 빈에서 개최된 '인간과 동물의 관계에 관한 심포지엄'에서 이 용어가 등장했다. '동물학계의 아인슈타인'이라 불리며 노벨생리의학상을 수상한 동물학자인 콘라트 로렌츠^{Konrad Lorenz}가 주창했다. 동물은 장난감이 아니라 함께 살아가는 존재라는 인식에 기초해 있다. 한국에서는 2007년 동물보호법이 개정된 이후에서야 공식적으로 사용되기 시작했다.

조금 더 생각해볼 문제도 있다. 한 대형마트는 생명경시 풍조를 조장한다는 이유로 동물보호 활동가들의 거센 비판에 직면한 적이 있다. 동물을 꼭 상품처럼 전시하고 판매하는 행태가 소비자들에게 동물을 물건처럼 다뤄도 된다는 그릇된 인식을 심어줄 수 있다는 우려를 표명한 것이다. 덧붙여 강아지 번식업에 가담했다는 비난의 목소리도 있었다.

과자 공장, 맥주 공장 등은 별 거부감 없이 사용할 수 있는 단어지만 '강아지 공장'이라는 표현은 잔인하기 그지없다. 매출 올리는 것에만 혈안이 되다 보면, 정작 중요한 생명의 가치를 간과하기 쉽다. 하지만 동물은 상품이 아니라 생명체라는 자명한 사실을 잊어서는 안 된다.

'펫티켓'이 필요한 시대

스타필드는 반려견 동반 출입이 가능한 국내 유일한 쇼핑 공간이다. 물론 목줄을 채워야 하고, 식품 매장 출입에는 제한이 있지만 복합쇼핑몰 중 국내 최초로 반려견 동반 쇼핑이 가능하다는 것을 공식적으로 표방하였다. 스타필드에 입점한 테넌트는 '출입 제한', '이동장에 넣었을 시 출입 허용', '목줄 맨 채 출입 허용' 중 하나를 선택한다. 쇼핑몰 곳곳에 배변처리 봉투를 비치하는 세심함도 돋보인다.

이전까지 국내 대부분의 유통 공간(백화점, 대형마트, 아울렛, 복합쇼핑몰 등)에서는 반려견 동반이 허용되지 않았다. 일부 점포에서는 애완견용 캐리어에 넣고 다니는 경우에 한해서만 제한적으로 반려견 출입을 허용했다.

펫팸족에게는 스타필드 하남의 이런 움직임이 반가울 것이다. 하지만 다르게 생각해볼 문제도 있지 않을까? 반려동물을 쇼핑 공간에 들여보내는 것에 대해 아직까지 정서적으로 납득하지 못하는 고객도 적지 않다. 이들이 갖고 있는 우려에도 귀를 기울여야 마땅하다.

신세계사이먼의 시흥 프리미엄 아울렛에는 반려견과 자유롭게 산책할 수 있는 공간인 '펫파크'가 있다. 330m² 크기의 공간인데, 스타필드 하남처럼 쇼핑공간의 대부분을 반려견 동반 가능 구역으로 지정하는 것보다는 위험 부담이 적어 보인다.

특정 동물에 알레르기 반응을 보이는 고객도 있고, 어린아이가 반려동물에 의해 공격을 받을 수도 있다. 실제로 한국소비자원에 접수된 반려견 물림 사고 발생건수는 2011년에는 250건이 채 되지 않았는데, 2015년엔 1,500건에 육박할 정도로 급증했다. 열 살짜리 초등학생이 개에 물려 팔과 다리에 피부이식을 해야 할 정도로 큰 상처를 입은 사건도 있었다. 해당 개의 주인이 목줄을 잠깐 놓친 게 화근이었다. 개에 공포심을 느끼는 '도그포비아Dogphobia'라는 신조어도 생겼다.

동물보호법에 따르면 반려견과 함께 산책할 때 개에게 목줄을 착용해야 하지만, 이를 어기는 사람이 적지 않다. 특히 도사견, 핏불테리어 등과 같은 맹견은 반드시 입마개까지 착용해야 한다.

유통 공간에 반려동물을 들여보내는 것에 대한 걱정의 목소리를 안심시킬 수 있는 해결책이 필요해 보인다. 우선 반려견 입양 전 견주 교육과 반려견의 사회화 교육을 보다 강화할 필요가 있다. 또한 반려동물을 키우는 사람들의 에티켓을 의미하는 '펫티켓Petiquette'에 대한 인식 정립 역시 수반되어야 할 것이다.

그런 면에서 스타필드 고양과 스타필드 하남에서 '펫티켓 캠페인'을 진행한 것은 긍정적으로 평가할 만하다. '펫티켓 지키기' 서명을 받는가 하면, 실내에서 안전을 위해 목줄을 짧게 매자는 안내 등이 이를 잘 보여준다.

광군제, 전 세계가
즐기는 쇼핑 축제

중국에서 11월 11일은 '광군제(光棍節·광곤절·Single's Day)'라 불린다. 광군光棍은 이성친구나 애인이 없는 '솔로'를 뜻하고, 제節는 기념일을 의미한다. 그러므로 '솔로 데이', '독신자의 날' 정도로 이해하면 쉽다. 11일이 두 개라서 '쐉스이雙十一'라는 별칭도 있다. 숫자 1의 모습이 외롭고 쓸쓸하게 서 있는 사람의 모습을 연상시켜 이 날짜로 정해졌다. 1이 4개라서 위태롭고 외로운 솔로를 대변한다는 말도 있다.

1990년대 난징 지역의 대학생들이 '광군제'라고 이름 붙인 데서 유래했다. 젊은 층에서 인기를 끌던 이 기념일을 상인들이 물건을 고르고 사는 과정에서 외로움을 달래야 한다며 소비 분위기를 북돋웠다. 그 후 연례행사로 자리 잡았고, 알리바바가 2009년부터 이 행사를 그룹 차원에서 선도하며 세계 최대 쇼핑 축제로 성장했다.

일 매출 28조 원,
광적으로 즐기는 축제

———

2015년 알리바바의 광군제 매출액은 16조 4천억 원이었다. 이는 당시 미국의 최대 세일 축제인 블랙프라이데이^{Black Friday} 매출액의 4.6배에 달하는 수준이었다. 2016년에는 광군제 일 매출이 약 20조 원, 2017년에는 약 28조 원으로 껑충 뛰었다. 일 매출 28조 원은 1초에 3억 원 넘게 팔아야 달성 가능한 규모다. 실제로 초당 평균 25만 6천여 건의 거래가 발생했다.

광군제의 매출 규모는 미국의 최대 쇼핑 이벤트인 블랙프라이데이와 사이버먼데이를 합한 것보다 크다. 이는 영국 일간지 《인디펜던트^{The Independent}》의 지적처럼 블랙프라이데이와 같은 전통적인 서구권 쇼핑 행사는 특정 일에 쉬면서 쇼핑하러 오프라인 매장에 가는 개념인데, 광군제와 같은 온라인 기반 쇼핑 행사는 추가적인 휴무가 필요 없이 그저 로그인만 하면 된다는 데에 기인한 측면도 있다.

알리바바는 광군제를 가리켜 '광적으로 즐기는 축제'라는 뜻을 담아 '쾅환제^{狂歡節}'라 부르기도 했다. 광군제를 전후해 약 10여 일 동안 중국의 택배업체들은 총력전 태세로 배송에 나서곤 한다.

여러 수치를 보면 광적으로 즐긴다는 표현이 과장이 아님을 알 수 있다. 2016년 11월 11일 광군제 온라인 사이트가 열리고 7분이 지나 거둔 수익은 100억 위안이었다. 이는 롯데백화점 본점의 1년 매출과 맞먹는다. 2016년에는 하루 온라인 매출이 20조 원을 넘었다. 세계 최대 가전

업체인 미국 월풀^{Whirlpool}의 연간 매출과 어깨를 견줄 수 있는 규모다.

2017년은 어떠한가. 광군제 행사 개시 11초 만에 매출 1억 위안 (168억 원) 돌파, 28초 만에 10억 위안(1,682억 원), 3분 1초 만에 100억 위안(1조 6,823억 원)을 넘어섰다. 그리고 9시간 만에 1천억 위안(16조 8,230억 원)을 돌파했다. 2016년에 매출 1억 위안, 10억 위안, 100억 위안, 1천억 위안을 넘어선 시간이 각각 20초, 52초, 6분 58초, 18시간 55분이니 돌파 시간이 절반 정도로 단축되었다.

베컴, 판빙빙과 함께 하는 문화 페스티벌

아울러 광군제는 중국만의 행사가 아니다. 220여 국가의 소비자들이 11월 11일에 '득템(좋은 아이템을 획득)'을 하기 위해 도처에서 동시 접속 한다.

광군제 축하 이벤트에는 데이비드 베컴, 양조위, 스칼렛 요한슨, 코비 브라이언트 등이 참석할 만큼 하나의 커다란 문화 페스티벌로 우뚝 섰 다. 2017년에는 니콜 키드먼, 퍼렐 윌리엄스, 판빙빙 등이 자리를 빛내 기도 했다.

한국은 200개가 훌쩍 넘는 국가 중 2016년에는 미국, 일본에 이어 세 번째 '큰손'이었고, 2017년에는 5위로 순위가 살짝 떨어졌다. 하지만 사 드 문제 등 한국과 중국 사이의 여러 정치적 이슈를 고려했을 때 꽤나 선전했다는 평가를 받았다.

이처럼 한국 기업들은 광군제에서 의미 있는 성적을 거두고 있다. 2016년 건강주방 가전기업 휴롬은 알리바바에 입점해 있는 5만여 개의 브랜드 중 100대 브랜드에 선정됐다. 2015년에는 2초에 1대씩 판매되는 기염을 토했다. 알리바바의 온라인 쇼핑몰 티몰^{Tmall, 天猫} 메인 화면에는 다이슨, 필립스 등 글로벌 가전사들과 당당히 어깨를 나란히 했다.

이랜드는 2017년 광군제에서 국내 기업 중 매출 1위를 기록했다. 티몰에서 767억 원의 매출을 올린 것이다. 이랜드의 모직 더플코트는 1만 1천 장이나 팔렸고, 포인포(이랜드의 아동복 브랜드) 아동 다운파카와 스코필드(이랜드의 여성복 브랜드) 트렌치코트는 1시간 만에 완판됐다.

현대백화점그룹 역직구 전문 온라인몰인 '글로벌H몰'은 2017년 광군제 기간 매출이 전년 대비 2배나 늘었다. G마켓 글로벌샵 역시 전년 대비 106% 신장했고, 11번가는 2017년 11월 11일 1일 거래액 최고치를 경신했다.

티몰에서 LG생활건강의 생활용품 매출은 전년 대비 2017년에 100% 넘게 증가했고, 화장품 매출은 70% 가까이 뛰어올랐다. 아모레퍼시픽의 이니스프리는 광군제 예약판매로만 100억 원 이상의 매출 실적을 올렸다.

2015년 마윈 알리바바 회장은 광군제를 100년간 개최할 것이라 공언했다. 남은 90여 년 이 행사를 지속 가능한 이벤트로 만들려면 짝퉁 제조 문제, 저질 상품 문제 등을 해소해야 한다.

충동구매와 과소비를 조장한다는 비판도 겸허히 수용해야 한다. 실제로 중국 포털에서는 '츠투^{吃土}(흙을 먹는다)', '둬소우^{剁手}(손을 자르다)' 등의 자조 섞인 신조어들이 운위되고 있기도 하다. '츠투'는 과소비로 돈을 탕진해서 흙을 파먹어야 할 지경이라는 뜻이고, '둬소우'는 쇼핑에 중독된 자신의 손을 잘라버려야 한다는 다소 섬뜩한 의미다.

이제 광군제는 어려운 이웃을 위한 자선 프로그램과 연계하거나 철학, 역사학, 지리학, 심리학 등 인문학 강연과 콜라보해서 진행하는 등 한 차원 업그레이드된 모습을 보여줘야 한다.

한국 유통업계는 광군제에서 앞으로도 유의미한 성적을 거둘 수 있게 중국 온라인 마켓과 모바일 결제 환경의 특성에 대해 지속적으로 연구해야 할 것이다. 2017년 광군제에서 모바일로 구매한 비율이 90%에 달했기 때문이다.

동시에 한국에서도 광군제와 같은 세계적인 쇼핑 축제를 만들려는 노력을 기울여야 한다. 그동안 몇 차례 시도가 있었지만, 관제 성격이 짙었고 단기적인 시각에서 급조한 티가 역력했다. 전 세계 온라인 쇼퍼들의 선택을 받기 위해서 국내 유통업체들이 창의적인 아이디어를 모아야 할 시점이다.

기념일을 활용한
이색적인 데이 마케팅

대부분의 사람들은 11월 11일을 그저 '빼빼로 데이'로만 알고 있다. 제과업계, 유통업계는 빼빼로 데이에 사활을 걸고 공격적인 마케팅을 실행한다. 여성이 남성에게 초콜릿을 선물하는 날로 알려진 밸런타인 데이(2월 14일), 남성이 여성에게 사탕을 선물하는 화이트 데이(3월 14일)와 달리 빼빼로 데이는 주고받는 성별 구분이 딱히 정해져 있지 않다. 게다가 꼭 연인 사이에만 국한되는 것도 아니라서 유통업계 입장에서는 '매출대박'을 목표로 마케팅 총력전을 펼친다. 수능 날짜와 빼빼로 데이가 맞닿아 있는 것 역시 업계 입장에서는 매력적인 요소다.

상업성을 내세우지 않는
의미 있는 기획이 핵심

───

'데이^{Day} 마케팅'은 기업 입장에서는 효과적인 마케팅 수단으로 기능하고 매출 진작에도 실제로 많은 도움이 된다. 기억하기 쉬운 날짜를 활용하여 관련 상품의 소비를 유도하는 전략인 셈인데, 이 과정에서 소비자에게 재미까지 선사할 수 있다. 기념일은 소비자들 사이에 매번 의식^{ritual}처럼 행해진다.

하지만 얄팍한 상술로 소비자를 기만한다는 부정적 인식이 팽배한 것 또한 사실이다. 최근 작위적이고 속이 뻔히 들여다보이는 상업적 목적의 '데이'들이 난립하면서 이런 비판적 여론에 부채질을 하고 있는 측면도 있다.

이에 반해 설빙은 '가래떡 마케팅'을 통해 의미 있는 날(농업인의 날)을 기린다는 취지를 살리면서도, 자사 특색에 맞춘 마케팅 기획을 통해 소비자들에게 긍정적인 인상을 심어주었다. 아울러 재미있는 이슈를 만들어내는 데에도 성공했다.

11월 11일은 빼빼로 데이로 훨씬 더 널리 알려져 있지만, 농업인의 날이기도 하다. 농업의 중요성을 되새기고 농민의 자부심을 고취시키기 위해 제정된 법정기념일이다. 숫자 11을 한자로 쓰면 '十一'이다. '十'와 '一'을 위 아래로 합치면 '흙 土'가 되므로 11월 11일을 농민의 날로 선택한 것이다. 아울러 쌀 소비 촉진을 위해 이날은 '가래떡 데이'로 정해지기도 하였다. 한국인의 주식인 쌀로 만든 가래떡을 나눠 먹는 날이다.

설빙은 농업인의 날을 맞아 우리 쌀로 만든 가래떡을 알린다는 좋은 취지를 내세우고 자사 페이스북을 통해 퀴즈 이벤트를 진행한 바 있다. '코리안 디저트 카페'를 표방하는 설빙으로서는 빼빼로 데이보다는 가래떡 데이가 당연히 더 유의미한 날일 것이다. 때문에 설빙 쌍쌍치즈가래

설빙의 가래떡 데이 이벤트

떡의 이름을 묻는 간단한 퀴즈를 통해 많은 네티즌들의 호응을 이끌어냈고, 설빙이 표방하는 가치를 자연스레 홍보하는 효과도 누렸다.

설빙은 중국과 태국 등 해외시장에서도 인절미, 전통차 등 메뉴에서부터 한국적 정서를 전달하는 문화 마케팅에 심혈을 기울이고 있기도 하다.

상품 고유의 특성을 살려
데이 마케팅에 가치를 더하라

모든 업계가 빼빼로 데이에 함몰되어 있을 때 농업인의 날에 주목한 설빙의 마케팅 전략은 특기할 만하다. 데이 마케팅 역시 레드오션의 영역이 있고, 블루오션의 공간이 있을 터이다.

기업의 홍보팀, 마케팅팀에서는 자신들이 추진하는 마케팅 프로젝트가 보다 많은 언론사에 보도되기를 늘 희망한다. 입장을 바꿔서 반대로 생각해볼까. 빼빼로 데이 관련 행사나 프로젝트는 차고 넘친다. 뉴스 생산자 입장에서는 전혀 매력적인 보도 소재가 아닌 것이다. 한데 농업인의 날을 겨냥한 기업행사는 그에 비해 훨씬 적고, 쌀 소비 침체로 신음하는 농민에게 힘을 실어주자는 교훈적 의미까지 읽힌다. 기자 입장에서는 당연히 이를 더 취재하고 싶지 않을까? 포털 검색에서도 빼빼로 데이 행사는 여러 기업의 이벤트들에 쉽게 묻힐 수 있지만, 상대적으로 농업인의 날 행사는 더 높은 검색노출 홍보 효과를 얻을 것이다.

설빙은 2016년 쌀 소비 촉진에 대한 공로를 인정받아 농림축산식품부장관 공로상을 수상했다. 농림축산식품부가 주관하는 '미米라클 프로젝트'는 '쌀에 맛있는 기적을 더하다'라는 캐치프레이즈 아래 우리 쌀 소비를 권장하는 공익 사업이다. 설빙은 미라클 프로젝트를 통해 '누룽지설빙'과 같은 쌀 디저트 메뉴를 선보이며 쌀 디저트의 대중화를 이끌었다. 유의미한 데이 마케팅이 장관상 수상을 견인했음이 분명하다.

11월 11일은 또한 보행자의 날, 지체장애인의 날, 우리 가곡의 날이기도 하다. 농업인의 날을 기리며 가래떡 마케팅을 펼친 설빙처럼 보행자, 지체장애인, 가곡을 기념하는 따뜻한 마케팅 전략을 마련해보면 어떨까?

최근에는 각 지자체가 독자적으로 선정한 기념일들도 적지 않다. 예컨대 청주시는 11월 11일을 '젓가락의 날'로 선포했다. 청주시는 중국의 칭다오시, 일본의 니가타시와 함께 젓가락을 닮은 11월 11일을 젓가락의 날로 기념하고 젓가락 페스티벌도 진행했다. 게다가 젓가락 문화를 유네스코 세계문화유산에 올리자는 원대한 계획도 공언하였다.

식품기업 샘표는 청주시와 손을 잡고 젓가락 페스티벌을 후원했다. 인기 상품인 양조간장에 젓가락 페스티벌 홍보 스티커를 부착해 홍보활동에 적극 나선 것이다. 행사 후원에서 끝나는 것이 아니라 샘표는 신입사원 채용 과정에서 '젓가락 면접'을 포함하고, 사내에서 젓가락 문화에 대한 강연을 진행하며 우리 고유의 식문화 계승에 앞장서고 있다.

대기업이든, 중견기업이든, 중소상인이든 지역을 기반으로 사업을 운영하는 곳이라면 이런 기념일과 자사 프로모션을 연결해보는 시도를 게을리해서는 안 된다. 이 과정에서 지자체와 긴밀히 공조하며 좋은 관계를 유지할 수도 있고, 지역민의 호감을 얻어 낼 수도 있으니 일석이조라 할 수 있다.

롯데멤버스는 창립기념일마다 '착한 장보기' 캠페인을 진행한다. 롯데슈퍼에서 고객이 엘페이로 결제하면, 롯데멤버스에서 결제 건당 1천 원을 자동으로 기부하는 방식이다. 캠페인 기간 누적된 기부금은 대한적십자에 전달된다. 고객 입장에서는 평소와 다름없이 물건을 산 것이지만, 엘페이로 결제하게 되면 결과적으로는 기부에 참여하게 되는 셈이다. 창립기념일에 호화롭고 시끌벅적한 과시성 행사를 하기보다는, 엘포인트·엘페이 회원들과 사랑 나눔을 실천하며 '착한 기부 캠페인'을 전개한 점이 돋보인다. 뜻깊은 날을 자사 상품의 특성과 연계해서 희소하고 특별한 데이 마케팅을 수립해보는 노력과 고민이 필요한 시점이다.

홈트족의 니즈를
읽어라

'홈트' 열풍이 거세다. 홈트란 '홈트레이닝'의 준말로 집에서 운동하는 것을 일컫는다. '홈트족(홈트레이닝族, 홈트레이닝을 즐기는 사람)', '홈트니스(홈+피트니스)'와 같은 신조어도 생겨났다. 20~30대 성인 남녀 2명 중 1명 이상이 홈트족이라는 조사 결과도 있다.

유통업계를 달구는 홈트용품 시장

홈트가 인기를 끄는 데에는 여러 가지 이유가 있다. 일단 시간과 장소에 제약을 받지 않는다. 이는 특히 바쁜 직장인에게 매우 중요한 부분이다. 큰맘 먹고 비싼 회원권을 끊었는데, 야근이다 회식이다 해서 헬스클럽에 몇 번 가보지도 못한 경험을 반추해보면 더욱 홈트에 마음이 끌릴 수밖에 없다.

　게다가 가격 부담이 적다는 것도 매력이다. 지속되는 경기 불황으로 최근 직장인들 사이에서는 알뜰 소비, 실속 소비가 유행이다. '짠테크(짠돌이+재테크)'가 주목받는 것과 더불어 홈트족의 부상을 이런 흐름의 연장선상에서 바라볼 수 있다.

또 다른 배경으로는 홈트는 날씨에 전혀 구애받지 않는다는 점을 꼽을 수 있다. 홈트용품의 매출은 보통 겨울에 높은 것이 일반적인데, 최근에는 미세먼지와 황사 때문에 봄에도 홈트용품의 인기가 지속 중이다. 먼지와 황사를 마시면서 밖에서 운동할 수 없다는 것이다. 여름의 폭염, 장마도 외부 운동을 방해하는 요소인 것은 마찬가지. 이런 점이 홈트의 인기를 추동하고 있다.

마지막으로는 남들 시선을 생각하지 않아도 된다는 점이다. 갑자기 체중이 늘어난 사람은 딱 붙는 옷을 입고 사람들이 많은 장소에서 운동하는 것을 꺼릴 수도 있다. 혹은 내성적인 성격 탓에 에어로빅이나 뮤직복싱과 같은 단체 운동이 쑥스럽거나 불편할 수 있다. 하지만 홈트는 그런 외부의 시선에서 자유롭다.

이러한 매력 요인 때문에 몇몇 기구와 운동용품만 구비하면 집에서도 충분히 효과적으로 운동할 수 있다는 인식이 확산되고 있다. 유통업계가 이런 트렌드를 지켜보고만 있을 리 없다. 홈플러스는 휠라와 손잡고 '휠라핏FILA FIT' 여성 피트니스 용품을 단독으로 선보였다. 레깅스와 티셔츠 등 의류제품 외에도 집에서도 간편하게 운동을 즐길 수 있도록 도와주는 소품을 함께 내놓았다. 요가매트, 스트레칭 밴드, 헬스장갑, 짐볼, 폼롤러, 아령 등 종류도 다양하다.

롯데백화점은 부산본점 5층 레저 매장에서 홈트레이닝 브랜드 '핏분

롯데백화점에서 선보인 '핏분'의 팝업스토어

FITBOON'의 팝업스토어를 선보였다. 이곳에서는 헬스자전거, 스쿼트 머신, 가정용 철봉, 스텝퍼 등 해장 제품에 대한 설명은 물론 집에서 쉽게 할 수 있는 운동법도 친절하게 안내해준다. 또한 '마이피트니스 스튜디오' 라는 홈트레이닝 전문 편집 매장도 오픈해서 운동용품은 물론 관련 서적과 건강식품도 판매한다.

요가 강좌부터 식단, 운동 상담까지

현대백화점은 판교점에서 '셀프 바디 메이킹 페어'를 개최했다. 페어 기간 동안 요가 강좌를 진행하는가 하면, 다이어트 전문 코치가 방문 고객에게 체형별 식단 및 운동 상담을 해주는 시간도 마련했다.

푸마는 바쁜 여성들을 위한 특별한 홈트 클래스를 열었다. 신사동의 한 카페에서 전문강사의 지도 아래 진행한 이 강좌는 여성들이 집에서 쉽게 따라 할 수 있는 맨몸 트레이닝을 배울 수 있는 기회를 제공했다.

SSG닷컴은 2017년 5월 '실내운동용품 대전'을 진행했다. 실내 자전거나 복근 운동기구와 같은 헬스기구부터 필라테스·요가 용품과 헬스 보충제까지 무려 3백 개가 넘는 상품을 최대 30% 할인 판매하였다.

올리브영은 몇몇 매장에서 건강기능 식품코너 가까이에 운동 관련 제품도 배치하고 있다. 집에서 셀프 트레이닝을 하는 홈트족들이 운동 용품을 손쉽게 비교 체험할 수 있게 경쟁력 있는 헬스 카테고리 상품 보강에 심혈을 기울이고 있다.

원더브라는 스포츠 기능을 한 차원 업그레이드한 스포츠 브라를 출시했다. 땀이 많이 나는 부위에 아쿠아 템프 등의 소재를 적용해 땀의 빠른 흡수를 도와 쾌적한 홈트를 가능케 하고 있다. 브라 컵과 옆 날개를 넓게 디자인함으로써 격렬한 운동 중에도 가슴을 안정감 있게 잡아준다. 후크를 이용해 사이즈를 조절할 수도 있어 기존의 스포츠 브라와는 달리 입고 벗는 데에 편리함을 더했다.

홈트 관리 서비스로의 진화
———

점점 개인화되는 현대인들의 성향, 1인 가구의 증가 등으로 홈트를 즐기는 사람들은 앞으로 더욱 늘어날 것으로 보인다. 그렇다면 유통업계는 이 흐름에 어떻게 대응해야 할까? 단순히 헬스기구와 운동용품을 할인 판매하는 것이 아닌 한 단계 더 진화한 접근법을 모색해야 한다.

의류 브랜드와 IT 업체의 콜라보를 통해 운동의 경과를 보다 간편하면서도 정밀하게 체크하는 제품을 개발할 필요가 있다. 또한 판매에서 끝나는 것이 아니라, 기구의 올바른 사용법에 대한 안내 기능을 강화하고 확실한 애프터서비스를 보장해야 한다.

무엇보다 혼자 운동하다가 다치는 일이 없도록 바른 운동 자세에 대한 전문적인 교육을 반드시 진행해야 한다. 눈앞의 매출 증가보다 홈트족들의 건강을 보다 세심하게 고려하는 노력이 뒷받침될 때만이 홈트족들의 선택을 받을 수 있을 것이다.

레트로 마케팅,
추억과 분위기를 판매하다

2015~2016년에 큰 인기를 끌었던 드라마 〈응답하라 1988〉은 전 국민에게 저마다의 '추억 여행'을 선사했다. 꼭 1988년이라는 특정 시점이 아니어도 크게 상관이 없었다. 각자의 기억 속에 따뜻하게 자리 잡고 있는 특별한 시간과 소중한 공간이 있을 것이다. 현실이 각박하다 보니 옛 추억을 떠올려보며 작은 위안으로 삼고자 하는 심리는 지극히 자연스러운 현상으로 보인다.

트렌드에 민감한 기업이 현대인들의 이런 심리상태를 놓칠 리 없다. 그 중에서도 롯데월드몰은 '레트로retro 마케팅'을 꾸준하게 추진 중이다. 레트로 마케팅이란 말 그대로 '복고풍'의 제품, 분위기, 이미지, 콘텐츠 등을 마케팅에 활용하는 것을 일컫는다. 추억과 향수를 마케팅 전략에 연계하는 것으로 이해해도 좋을 듯하다.

이해하기 쉽게 〈응답하라 1988〉 이야기를 좀 더 해보면, 이 드라마에 등장했던 롯데제과의 가나초콜릿은 방송의 인기로 엄청난 매출 신장세를 기록했다. 이에 롯데제과는 1980년대에 나왔던 제품의 포장 디자인,

〈응답하라 1988〉의 인기를 효과적으로 활용한 롯데제과의 레트로 마케팅

과거의 서울을 현대적으로 재해석한 롯데월드몰의 먹거리 테마공간 '서울서울 3080'

서체 등을 똑같이 재현하여 추억의 과자 판매전을 기획했다. 이는 레트로 마케팅의 좋은 예라고 할 수 있다.

추억을 복원하고 향수를 자극하라

잠실 롯데월드몰 곳곳에서는 다양한 양태의 레트로 마케팅을 목도하게 된다. 롯데월드몰 5층과 6층에 위치한 '서울서울 3080'은 1930년대의 경성과 1980년대의 서울을 엿볼 수 있는 테마 스트리트다. 종로와 명동의 옛 거리를 복원한 복고적 인테리어 구성으로 많은 사랑을 받고 있다.

이는 롯데월드몰이 단순히 상품만 판매하는 공간이 아님을 시사한다. 매출 진작에만 혈안이 되어 있던 기존 유통업계의 구태를 벗어던지고, 소비자('몰고어')의 향수를 자극하고 방문객에게 즐거움과 추억을 선사하는 일에도 무게중심을 두는 것이다.

서울서울 3080에서는 우리나라 최초 영화관인 우미관과 최초 백화점인 화신백화점의 옛 정취를 느낄 수 있다. 근현대사 교과서나 영화에서나 봤을 법한 전차, 예전 극장 포스터, 빨간 공중전화박스 등이 젊은 세대들에게도 흥미롭게 다가왔는지 페이스북과 트위터 등에서 많이 회자되고 있다.

F&B^Food and Beverage(식품과 음료) 구성도 이 분위기와 절묘하게 조응된다. 우리나라 최초의 부대찌개 전문점 '오뎅식당', 현존하는 가장 오래된 빵집 '이성당 카페' 등이 입점해 있다. 인사동 명물 '삼보당 호떡', 국내산

팥으로 만든 '강남 붕어빵' 등도 빼놓을 수 없는 롯데월드몰의 명물이다.

주말과 공휴일에 전개되는 주요 층별 이벤트도 레트로 마케팅의 면모를 유감없이 발휘한다. 〈이수일과 심순애〉 변사극을 연출하는가 하면, 옛 교복을 빌려서 사진을 찍는 이벤트를 마련하기도 했다.

그동안 진행해온 이벤트들도 복고 마케팅과 맥이 닿아 있다. DJ 뮤직박스라는 행사가 있었다. DJ가 관객의 사연을 받고 신청곡을 틀어주는 정말 예전 DJ의 모습을 연출한 것이다. 중장년층들은 눈앞에서 펼쳐지는 옛 버전의 DJ 퍼포먼스를 보며 추억에 잠기곤 했다. 새마을운동 퍼포먼스, 복고댄스, 종이접기, 7080 포크콘서트 등 롯데월드몰은 같은 이벤트를 반복하기보다는 여러 테마를 변주하며 관람객의 향수를 자극하고 있다.

국악 오케스트라 공연을 펼치기도 했고, 엿장수, 구두닦이 등으로 분장한 퍼포머들과 기념사진을 찍는 '3080 시간여행'이라는 이벤트도 선보였다.

레트로 혁명, 과거의 복제가 아닌 '공감'에 방점을 찍어라

얼스터 대학University of Ulster의 스티브 브라운Stephen Brown 교수는 레트로 마케팅을 '혁명'이라 칭한 바 있다. 그는 옛 브랜드의 성공적인 부활과 이것이 만들어낸 이미지가 매력적인 마케팅 옵션으로 대두되는 현상을 가리켜 '레트로 혁명retro revolution'이라고 표현했다. '혁명의 대열'에서 낙오되지 않기 위해서는 보다 더 세련되고 창의적인 마케팅 전략 수립이 필요하지 않을까?

레트로 마케팅은 지난 기억을 항상 아름답고 긍정적인 것으로 미화하는 현상인 '무드셀라 증후군Methuselah syndrome'과 긴밀한 연관이 있다. 무드셀라 증후군은 일종의 기억왜곡현상으로도 이해할 수 있다.

'회고 절정reminiscence bump'이라는 심리학 용어도 짚어봐야겠다. 노인들에게 지난 삶을 반추하게 하면, 청소년기와 초기 성인기의 기억을 집중적으로 회고한다는 개념이다. '무드셀라 증후군'과 '회고 절정' 개념을 통해 많은 기업은 레트로 마케팅의 추진 동력을 얻고, 복고 트렌드의 시장가치를 간취했을 것이다.

하지만 작위적인 복고 프로모션은 외려 소비자의 반감을 살 수 있으니 주의해야 한다. 레트로 마케팅은 단순히 과거의 복제를 의미하지 않는다. '공감'이 결여되었다면 고객에게 소구력이 떨어지기 마련이다. 현재의 트렌드와 기호에 자연스레 녹아들면서, 소비자와 쌍방향 소통을 이어갈 수 있어야 한다. 그럴 때만이 중장년층에게는 익숙함과 노스텔지어를 선사하고, 젊은 세대에게는 신선함과 재미를 제공할 수 있다.

서석화 시인의 〈IN MY MEMORY〉라는 시에는 "기억을 말하는 일은 어렵다/ 넘겨야 할 페이지의 끝자락을 붙들고/ 긴 소매끝 말아 올리며/ 눈물을 참는 일은 더 어렵다"라는 구절이 나온다. 레트로 마케팅 전략 수립 시 이런 부분도 유의해야 한다. 서석화 시인의 말처럼 누군가에게 '기억을 말하는 일은 어렵'기 때문이다. 기억이라는 것은 이처럼 분명 양

가성이 있다. 지난날에 좋은 일만 있었을 리 만무하기 때문에, 레트로 마케팅 기획과정에서 마케터의 세심한 태도가 필수적으로 요구된다.

롯데월드몰의 레트로 마케팅은 개별 상품의 복고화를 넘어 공간 자체를 추억의 무대로 형상화했다는 점에서 차별점을 갖는다. 쉼 없이 앞만 보며 살아온 현대인들을 따뜻하게 위무하는 프로모션 기법인 레트로 마케팅, 이 '레트로 혁명'의 승자가 누가 될지 궁금해진다.

머리카락을 지켜라!
급성장하는 탈모 시장

2017년 상반기 GS홈쇼핑의 판매 분석 결과 탈모 샴푸가 주문 수량 1위를 차지했다. 7만 원이 넘는 고가의 제품인데도 27만 개가 넘게 팔렸다. 보통 홈쇼핑 시장에서는 여성 고객이 압도적으로 많은데, 이 제품의 경우 남성 고객의 비중이 20%에 달하는 점 또한 특기할 만하다. 한방 성분과 단백질 등이 들어 있는 이 제품은 지금까지 100회를 훌쩍 넘는 매진 기록을 달성했다.

탈모 인구 천만 시대,
시장 규모 4조 원
———

"헤어스타일에 변화가 좀 있었습니다. 정치적인 의사표시도 아니고, 사회에 불만이 있는 것도 아니고, 종교적인 의도가 있는 것도 아닙니다. 최근 좀 심하게 탈모현상이 일어났는데 방법이 없었습니다. 본의 아니게

속살을 보여드리게 됐습니다."

2017년 5월 23일 경남 김해시 봉하마을에서 열린 노무현 전 대통령 8주기 추도식에서 삭발을 한 모습으로 단상에 오른 노건호 씨가 한 말이다. 그의 아버지를 닮아서인지 특유의 위트가 느껴진다.

유통을 주제로 글을 전개하는 이 책에서 갑자기 정치 얘기를 하려는 것은 전혀 아니다. '탈모'에 대해 이야기해보려 한다. 전직 대통령의 아들도 깊은 고민에 빠뜨리게 하는 것이 바로 탈모다.

어디 노건호 씨뿐이겠는가. 서양사에 한 획을 그은 로마의 정치가 가이우스 율리우스 카이사르Gaius Julius Caesar 또한 탈모로 스트레스를 많이 받았다. '시저'라는 영어식 발음으로 더 잘 알려진 그는 정수리가 반짝이는 것이 남들에게 보이지 않게 가리고 다녔고, 자신을 비난하는 사람들이 그를 대머리라고 조롱한다고 생각해 탈모를 큰 결점으로 여겼다. 그가 원로원이나 대중들 앞에 설 때 늘 월계관을 썼던 이유가 대머리를 가리기 위해서였다는 설도 있다.

플라톤의 제자이자 알렉산더 대왕의 스승이었던 그리스 철학자 아리스토텔레스는 탈모에 대한 대처 방법으로 염소 오줌을 직접 머리에 발랐다는 이야기가 전해진다. 또 의학의 아버지라고 불리는 히포크라테스는 비둘기 똥을 이용해 탈모 환자에 대한 치료를 시도했다는 기록이 있다. 이렇듯 탈모의 역사는 장구하다.

시장조사기관 닐슨코리아의 조사에 따르면 국내 탈모 인구는 천만 명을 넘어선다. 어마어마한 수치다. 탈모 관리 시장의 규모도 4조 원대로 추산된다.

탈모는 정체성의 문제,
고객들의 마음에 공감하라
———

이러한 추세에 따라 제과 회사도 탈모 관리 시장에 손을 뻗었다. 롯데 제과의 건강기능식품사업부인 헬스원은 탈모 관리 브랜드 '골든캐치'를 론칭했다. 국산 맥주효모를 활용한 탈모 예방 제품을 선보였는데, 맥주효모는 미네랄과 단백질, 비오틴이 풍부해 모발의 영양보충에 효과가 좋다고 한다.

LG생활건강은 탈모 관리 전문 브랜드 '닥터그루트Dr.Groot'를 출시했다. 닥터그루트는 한국인의 두피와 모발에서 나타나는 여러 증상을 면밀하게 연구한 브랜드다. 증상에 따른 맞춤형 처방을 제안함으로써 두피를 체계적으로 관리한다. 각질과 가려움 등 당장의 문제를 개선하는 것뿐 아니라 열감, 기름짐 등 잠재적인 탈모의 원인 요소까지 해소하는 것에 주안점을 뒀다.

아울러 유통업계는 국내 시장뿐 아니라 탈모 인구가 2억 5천 명에 달하는 중국 시장도 함께 고려해볼 필요가 있다. 실제로 중국의 샴푸 주요 수입국에서 한국은 2015년과 2016년에 1위를 차지했다. 일본과 프랑스가 각각 2위, 3위다.

다시 노건호 씨의 얘기로 돌아오면, 그는 자신처럼 탈모로 고통받는 사람들에 대한 '연대의식'을 내비치기도 했다. "전국의 탈모인 여러분에게 심심한 위로와 동병상련의 정을 전하는 바입니다. 저는 이미 다시 나고 있습니다. 다시 한번 위로의 말씀을 드립니다." 노건호 씨는 유머를

LG생활건강이 출시한 탈모 관리 전문 브랜드 '닥터그루트'

헬스원의 탈모 관리 브랜드 '골든캐치'

곁들여 표현을 했지만, 실제로 탈모로 인해 받는 스트레스는 어마어마 하다고 한다. 영국 임페리얼 칼리지 런던[ICL]의 클레어 히긴스[Claire Higgins] 박 사는 특히 남성형 탈모에 대해 집을 나가고 싶지 않아할 정도로 심리적 으로 큰 타격을 가할 수 있다고 지적한 바 있다. 게다가 모발학자 데이 비드 킹슬리[David Kingsley] 박사는 탈모로 인해 많은 남성들이 자살 충동을 느끼며, 여성들에게도 사회생활과 부부관계에 영향을 미쳐 정신적 외상 을 초래한다고 경고했다.

영국의 일간지《가디언》은 유방암 선고를 받은 한 여성에 관한 일화 를 소개한 적이 있다. 충격적인 소식을 접한 그녀의 입에서 가장 먼저 나온 말은 놀랍게도 "내 머리카락을 잃게 되는가"였다. 머리카락을 잃 는다는 것은 그녀에게 정체성과 여성성을 상실하는 것이었다고 한다.

실제로 전문가들은 탈모가 광범위하게 일어나는 환자들은 팔, 다리처 럼 중요 신체부위를 잃은 사람들과 동일한 반응을 보인다고 지적한다. 이들은 엘리자베스 퀴블러 로스[Elisabeth Kübler Ross]가 말한 바 있는 부정-분 노-협상-우울-수용의 감정적 고통 단계를 겪게 된다.

탈모 관련 산업의 경제적 부가가치만 보고 무작정 이 시장에 뛰어드 는 것은 단견의 소치다. 철저한 과학적 연구와 세심한 마케팅이 요구된 다. 더불어 개개인의 특성(식단, 건강상태, 생활습관)을 반영한 모발관리 코 칭과 심리 상담 등 한 단계 진화된 프로그램을 개발해야 할 것이다.

PART 3

미래 산업을 좌우할
리테일 테크놀로지의
진화

'리테일 테크', 가격 표시제가 바뀐다

수시로 변하는 가격에 대응한다는 것

우리가 물건을 사기 위해 자주 들르는 마켓의 입구에 들어서면 상품의 수만큼이나 다양한 가격표가 진열되어 있다. 촘촘한 글씨로 제품명, 가격, 용량 등이 적혀 있다.

세일을 할 때는 조금 더 복잡해진다. 기존 가격과 할인된 가격을 눈에 확 들어오게 표시해야 하기 때문이다. 글씨의 크기를 키우고, 색깔을 입힌다. 신선식품의 경우 유통기한이 임박하면 매일 가격이 달라지기도 한다. 이른바 '떨이 상품' 역시 가격 변화가 잦다. 가격표는 이렇게 수시로 변경되는 내용을 정확하게 담아내야 한다.

한데 이 작업에 생각보다 손이 많이 들어간다. 새로운 내용을 작성하고 인쇄를 한 후에 직접 하나하나 수작업으로 교체해야 한다. 영업시간 중에 가격표를 교체하는 것은 현실적으로 불가능하니, 오픈 전이나 영업시간 종료 후에 교체 작업을 진행하곤 한다.

요즘 소비자들은 오프라인 가격을 액면 그대로 신뢰하지 않는다.

또 다른 문제도 있다. 요즘 소비자들은 오프라인 가격을 액면 그대로 신뢰하지 않는다는 점이다. 오프라인에서 제품을 보고, 바로 스마트폰으로 온라인 가격을 검색한다. 온라인이 조금이라도 저렴하면, 그 자리에서 물건을 내려놓는 경우가 부지기수다.

위에서 지적한 문제점들을 해소해줄 수 있는 것이 '전자가격표시기 Electronic Shelf Labels, ESL'다.

ESL이 시장에 가져다줄 변화

2016년에 GS수퍼마켓 도곡렉슬점은 ESL을 도입했다. GS리테일은 LG이노텍, LG CNS와 손잡고 사물인터넷 기반의 전자프라이스카드 시스템을 마련하였다. LG이노텍은 ESL 하드웨어를 제작했고, LG CNS는 전체적인 시스템 구축 등 소프트웨어 부분에서 역할을 수행했다. GS수퍼마켓은 향후 ESL을 전국 300여 개 매장에 설치할 계획을 갖고 있다.

기존 종이 가격표가 아닌 3색(검정, 흰색, 빨강)의 전자가격표시기는 업무 효율성을 크게 향상시켰다. 슈퍼마켓에서 보통 종이 가격표를 교체하는 작업을 하면 6시간 이상 걸린다고 한다. 물론 세일 기간에는 더 많은 시간을 필요로 한다. 게다가 사람이 하는 작업이다 보니 왕왕 오류가 발생하기도 한다. 단순히 라벨을 바꾸는 작업 외에도 오류를 시정하고, 결품을 체크하는 데까지 공을 들여야 한다. 전산작업까지도 병행하면서 말이다.

하지만 ESL은 한 번에 정보를 업데이트할 수 있어 작업시간을 혁명적으로 줄일 수 있다. 자연히 인건비와 인쇄비용도 절감된다. ESL 단말은 반영구적으로 사용할 수 있고, 전자잉크 또한 상품정보가 변경될 때만 움직이므로 배터리 소모도 적다. 게다가 소수의 직원이 한정된 시간 내에 수백, 수천 개의 가격표를 직접 교체하다 보면 삐뚤삐뚤해질 수 있는데, ESL을 도입하여 외관상 더 깔끔해지는 이점도 있다.

전자가격표시기가 종이 가격표를 대체하기 시작했다.

뿐만 아니라 전자 시스템이니 가격표기 오류가 나올 가능성도 거의 없다. 또한 서버를 통해 무선으로 가격, 세일기간 등 제품정보를 제어하는 형태이기 때문에 온라인과 오프라인의 가격 불일치 현상도 일거에 해소할 수 있다. 근거리무선통신^{Near Field Communication, NFC} 기능으로 다양한 마케팅 전략 수립도 가능하다.

중국의 허마셴셩盒马鲜生 매장에서도 전자 가격표를 사용하고 있다. 주로 식품류를 다루고 있는 매장이라서 가격 변화에 따른 탄력적인 대응이 필요하기 때문일 것이다. 이를 통해 간단한 데이터 수정으로 모바일 앱과 오프라인 매장 상품의 가격을 동시에 변경하고 있다.

ESL의 기능은 앞으로 더욱 확대될 것으로 전망된다. ESL이 슈퍼마켓뿐 아니라 대형마트, 백화점, 복합쇼핑몰 등 보다 큰 규모의 오프라인 유통매장에도 도입될 수 있을까? 기술적 완성도 제고, 다양한 기능의 개발 등도 물론 중요하지만, 무엇보다 '고객 편의'에 방점을 찍고 현장의 목소리를 지속적으로 반영하려는 노력이 ESL의 성공 열쇠가 될 것이다.

쇼핑 도우미 역할의
로봇 등장

4개 국어로 메뉴를 소개하다

레스토랑에 인공지능 서비스 로봇이 등장했다. 롯데월드몰 5층에 위치한 전통 궁중요리점 '대장금'에 가면 '장금이'라는 이름을 가진 로봇이 있다. 장금이는 고객들에게 4개 국어(한국어, 영어, 중국어, 일본어)로 메뉴를 소개한다. 이로써 국내 고객뿐 아니라 외국인 관광객들에게도 K-푸드를 알리는 홍보대사의 역할을 수행한다.

장금이는 로봇 전문기업 퓨처로봇이 제작한 퓨로-D모델의 스마트 사이니지 로봇이다. 외식산업에서 정보통신기술을 활용해 고객과의 소통을 강화하기 위한 창의적인 시도로 해석된다. 퓨처로봇은 카이스트에서 기계공학 박사학위를 취득하고 삼성전자 기술총괄 CTO전략실에서 실무경험을 쌓은 송세경 대표가 이끄는 젊은 기업이다.

장금이는 메뉴 소개뿐 아니라 다양한 엔터테인먼트 기능으로 고객들에게 친근하게 다가가고 있다. 다양한 음악에 맞춰 댄스실력을 뽐내

인공지능 서비스 로봇 '장금이'는 메뉴를 안내하는 등의 고객 서비스를 제공 중이다.

기도 하고, 카메라 기능을 활용하여 고객의 사진을 촬영한 후 이메일로 전송해주기도 한다. 어린이를 동반한 가족 단위 고객에게 특히 인기가 많다.

키 165센티미터, 몸무게 88킬로그램의 이 스마트 서비스 로봇은 2개의 바퀴가 탑재되어 있어서 매장 곳곳을 돌아다닌다. 얼굴은 고객에게 친밀감을 높여주는 휴먼 캐릭터를 적용했고, 인식 센서를 통해 고객의 입장을 인지하고 인사를 건넨다. 또한 32인치의 대형 터치 디스플레이를 통해 메뉴에 대한 세부적인 안내를 제공하고 있다. 향후에는 VIP 얼굴인식과 결제 시스템까지 도입할 계획이고, 고객의 니즈에 맞게 주기적으로 소프트웨어를 업그레이드하고 있다.

AI가 만들어갈 쇼핑 서비스의 미래

롯데백화점은 마케팅 부문 옴니채널 담당 산하에 'AI 태스크포스팀'을 신설하며 4차 산업혁명이 가져다줄 변화에 대비하고 있다. 서울 소공동 본점에는 로봇 쇼핑도우미 '엘봇'을 도입했다. 엘봇은 유명 맛집 매장을 추천해주고, 3D 가상 피팅기와 픽업데스크의 이용 방법을 안내해준다. 현존하는 로봇 중 움직임과 감각이 인간과 가장 유사하다는 평가를 받고 있는 휴머노이드 로봇 '페퍼Pepper'도 선보였다. 소프트뱅크 로보틱스가 개발한 페퍼는 출시한 지 1분 만에 초판 물량 1천 대가 완판되어 화제를 모으기도 했다.

이마트는 스타필드 고양의 장난감 전문매장 토이킹덤에서 키 58센티미터의 휴머노이드 로봇 '땡구'를 선보였다. 땡구의 로봇 기종은 '나오Nao'인데, 운동성능이 뛰어나 걷고 뛰는 것은 물론 쪼그리고 앉거나 엉덩이를 대고 주저앉을 수도 있다. 언어치료용으로 쓰이기도 하는 로봇이다. 제퍼디Jeopardy 퀴즈쇼 챔피언들과의 대결에서 승리하며 널리 알려진 IBM의 인공지능 플랫폼 '왓슨Watson'을 탑재한 땡구는 어린이 고객의 얼굴을 스캔하여 나이와 성별 등을 판단해 그에 적합한 완구를 추천해준다.

한편 현대백화점은 현대시티아울렛 동대문점에 '쇼핑봇'을 선보였다. 쇼핑봇이 현재 지원하고 있는 언어인 한국어, 영어, 중국어, 일본어 외에도 앞으로 아랍어, 러시아어, 독일어, 프랑스어까지 서비스를 확대할 계획이다.

마이크로소프트 공동 창업자인 빌 게이츠는 본인이 대학생으로 돌아 간다면 공부하고 싶은 분야 중 하나로 인공지능^AI을 꼽은 바 있다. 빌 게 이츠가 이렇게 강조할 정도로 가능성이 많은 분야가 인공지능이다.

고객과의 접점에 서 있는 유통산업에서 인공지능이 어떻게 활용되느 냐에 따라 앞으로 고객이 느끼는 편의와 만족도가 좌지우지될 것이다. 인간보다 더욱 인간을 잘 이해하는 서비스 로봇 또한 점점 더 많아질 것 이 분명하다. 이젠 전통적인 '서비스'의 개념과 의미에 대해서도 재정의 를 내려야 하는 시점이다.

VR스토어, 고글을 쓰고
떠나는 쇼핑 여행

모바일로 매장 구석구석을 둘러보다

최근 유통산업계에서도 IT와 모바일에 비상한 관심을 쏟고 있다. 현대백화점은 '더현대닷컴(현대백화점 온라인몰)'에 국내 최초로 'VR스토어'를 오픈했다. VR스토어란 말 그대로 가상현실Virtual Reality에 기반을 둔 매장을 의미한다. 그래서 온라인 매장에 VR기술을 적용하여 백화점에 직접 가지 않고도 온라인이나 모바일상에서 실제 매장 구석구석을 둘러보며 쇼핑할 수 있는 시스템이다.

4차 산업혁명이 화두가 된 최근 우리 유통기업들 역시 IT산업과의 접목을 통한 새로운 비즈니스 개척을 모색하고 있는데, 현대백화점의 VR스토어도 이러한 맥락의 연장선상에서 이해할 수 있을 것이다.

현대백화점은 실제 매장을 촬영해서 고객들에게 생생한 현실감을 부여하고 있다. 기존 온라인몰에서는 옷이나 신발을 살 때 몇몇 사진이나 글로 쓰인 설명을 보고 구매해야만 했다. 하지만 VR스토어는 현대백화점 오프라인 매장에서 진열한 상품을 그대로 옮겨와 재현해줌으로써 실제와 거의 비슷한 쇼핑 경험을 제공한다.

실제로 더현대닷컴 VR스토어에 들어가 보면 현대백화점 판교점의 나이키, 아디다스, 몽블랑, 캐나다 구스 등 다양한 매장을 손쉽게 체험해볼 수 있다. 판교점 외에도 신촌점, 중동점 등이 업데이트되고 있다.

4차 산업혁명 기술 트렌드의 장, 테크테인먼트

테크테인먼트Techtainment(Technology+Entertainment) 바람도 거세게 불고 있다. 롯데몰은 VR과 최신 IT 트렌드를 체험할 수 있는 '4차 산업 놀이터'를 선보였다. 최첨단 그래픽과 센서를 적용한 스크린 스포츠(축구, 양궁, 야구), 가상공간에서 로봇을 잡는 롤플레잉 게임 등 다채로운 체험 콘텐츠를 내놓았다. 360도 촬영이 가능한 VR카메라, 와이파이 노래방 등도 고객의 이목을 끌었다.

롯데월드몰은 '미래야 놀자'라는 이름의 신개념 놀이터를 고안하여, 미래의 라이프스타일을 엿볼 수 있는 아이템을 풍성하게 준비했다. IT에 뷰티·주얼리를 접목한 신개념 디바이스, 사물의 온도까지 측정하고 기록관리까지 수행하는 스마트 온도계, 자율주행 캐리어, 무선주전자, 로봇청소기, 스마트 모빌리티(1인용 전동 스쿠터, 전기 자전거), 미래형 교통수단(전기삼륜차, 초소형 전기차), VR활강 레포츠, VR트레드밀 등을 고객들에게 선보였다. 롯데월드몰은 4차 산업 콘텐츠와 쇼핑을 연결하는 플

4차 산업혁명의 최신 트렌드를 체험할 수 있는 이색 놀이터 '미래야 놀자'

랫폼 기능을 강화해 '4차 산업 인큐베이팅 몰'의 역할을 담당하겠다는 계획을 밝히기도 했다. 2018년 3월에는 롯데월드몰 3층에 다양한 4차 산업혁명 기술 트렌드를 체험할 수 있는 공간인 '퓨처 핸즈업Future Hands-Up'을 오픈했다.

오프라인 백화점을 통째로 옮겨놓은 'VR백화점'

현대백화점은 이에 만족하지 않고 추후에는 상품설명과 함께 해당 아이템과 잘 어울리는 다른 제품을 자동으로 추천해주는 'VR 추천 서비스'도 시작할 계획이고, 그 후에는 오프라인 백화점을 통째로 옮겨놓은 'VR

VR 쇼핑 서비스를 제공하는 알리바바의 '바이 플러스'

백화점'도 구상 중이다.

현대백화점은 VR백화점이 쇼핑의 새로운 대세가 될 것으로 전망하고 있다. 이미 2016년에 호주의 마이어Myer백화점이 미국의 이베이eBay와 협업해서 세계 최초의 'VR백화점'을 구현한 바 있다. 백화점에서 파는 상품을 3D로 재현해서 고객들이 자세히 살펴볼 수 있도록 한 것이다. 알리바바의 '바이 플러스Buy+', 이케아의 'VR 익스피리언스' 등의 사례에서도 VR 투자에 대한 세계 유수 기업들의 강력한 의지를 엿볼 수 있다.

청사진은 거창한데 아직은 물론 몇몇 한계점을 노정하고 있다. 일단 VR고글을 오래 쓰면 어지럽다는 사람들이 적지 않기에 VR기술의 완성도가 더 보완되어야 한다. 또한 VR기기의 대중화와 결제 문제도 하루빨리 해결해야 한다.

그동안 상대적으로 투자 스타일이 신중형이었던 현대백화점 입장에서는 최근 공격적인 신세계의 확장전략에 긴장을 느낄 법도 한데, VR스토어와 같이 온라인과 오프라인의 유기적 통합을 찬찬히 준비해오고 있는 저력은 특기할 만하다. 현대백화점의 가상현실 기술에 대한 이런 시도는 유통산업계에 많은 자극을 주고 있다.

현대백화점의 VR스토어 오픈을 보고 롯데백화점과 신세계백화점, 갤러리아백화점, AK플라자 등 동종 업계 및 다른 경쟁 유통채널은 어떤 대응책을 마련할지 지켜보는 것도 하나의 관전 포인트가 될 것이다.

과연 VR백화점이 쇼핑의 미래가 될 수 있을까? 만약 그렇다면 현재의 국내 기업 간 경쟁구도는 크게 의미가 없어질 수도 있다. 세계 곳곳의 VR백화점들과 피 말리는 경쟁에 직면하게 되기 때문이다. VR고글을 쓰고 세계 곳곳의 백화점을 누빌 날이 그리 멀지 않은 듯하다.

왕홍 커머스에
주목하라

문재인 대통령도 놀란 중국의 모바일 결제 시스템

2016년 반관영 통신인 《중국신문망中國新聞網》에 따르면, 중국의 모바일 인터넷 인구가 8억 명에 육박하는 것으로 드러났다. 스마트폰으로 인터넷에 접속하는 인구가 무려 8억 명에 달하는 것이다. 2016년 기준으로 모바일 애플리케이션만 무려 400만 개가 넘고, 모바일 결제 시장 규모는 5조 5천억 달러로 미국(1,120억 달러)의 50배에 달한다.

2017년 12월 문재인 대통령은 중국을 국빈 방문했다. 3박 4일 일정 중 하루는 서민 식당에 들러 중국 언론들의 주목을 받기도 했다. 문재인 대통령과 김정숙 여사는 노영민 주중 한국대사 내외와 함께 베이징 조어대 인근의 한 평범한 식당에서 아침식사를 했다. 만두(샤오롱바오), 만둣국(훈둔), 꽈배기(요우티아오), 두유(도우지앙) 등 식사를 주문하는 과정에서 직원의 설명을 듣고는 테이블 위 바코드를 스마트폰으로 스캔해 68위안을 결제했다. 문 대통령은 "이걸로 다 결제가 되는 것이냐"며 중국의 모바일 결제 시스템에 대해 놀라움을 표시했고, 노영민 대사는 중국에서는 대부분 모바일 결제를 하고 있다고 설명했다.

O2O 서비스도 중국이 한국보다 3~4년 앞서 있다는 분석이 있다. 중국 온라인 소비자 10명 중 7~8명이 스마트폰 애플리케이션을 통해 배달음식 주문, 택시 호출, 자동차 수리, 숙박정보 공유, 영화관 예약 등 다양한 서비스를 이용하고 있다. 중국의 인터넷과 모바일 사용 인구는 더욱 늘어날 전망이다.

팔로워 수천만 명, 왕홍의 힘

왕홍^{網紅}이 연일 화제를 모으고 있다. 왕홍은 중국어로 왕뤄홍런^{網絡紅人}의 준말이다. 인터넷을 뜻하는 왕뤄와 잘나가는 사람을 의미하는 홍런이 합쳐진 말로 인터넷 스타를 가리킨다. 우리 입장에서 조금 더 이해하기 쉽게 비교하면, 파워 블로거나 유튜버^{YouTuber} 혹은 아프리카TV의 BJ 정도로 생각할 수도 있다.

유명 왕홍의 경우 팔로워가 많으면 수천만 명에 달한다. '펀쓰^{粉絲, 팬}'라고 부르는 팔로워의 숫자가 왕홍의 인기와 수입을 결정짓는다고 해도 과언이 아니다. 소비자들에게 끼치는 영향력도 막대하다. 특히 패션·뷰티 분야에서 왕홍의 힘은 가공할 만하다. 중국의 톱 배우인 판빙빙^{范冰冰}보다 연 수익이 높은 왕홍이 있을 정도다.

시나 공식 데이터를 통해 왕홍들이 다루는 콘텐츠를 분석해보면 패션 38%, 화장품 28% 등 주로 여성들이 관심을 많이 가질 만한 분야에서의 활동이 두드러진다. 왕훙들은 상품을 직접 사용해보고 후기를 올리는 것은 물론 개인 쇼핑채널을 열어 팔로워들에게 실시간으로 상품을 설명해준다. 왕훙이 상품을 소개하는 영상을 스마트폰으로 보고, 바로 모바일 결제를 시도하는 바링허우八零後(1980년대 출생자)와 주링허우九零後(1990년대 출생자)들이 많다. 현재 20~30대의 주축을 이루고 있는 바링허우와 주링허우의 수는 무려 4억 명에 이른다.

K-패션과 K-뷰티, 왕훙 마케팅에 주목하다

K-패션, K-뷰티에 관심이 많은 중국 소비자들의 지갑을 열고자 하는 국내기업은 '왕훙 마케팅'에 투자를 아끼지 않고 있다. 기업 입장에서는 웬만한 연예인보다 왕훙과 연계하는 전략이 더 나을 수 있다.

이 소비권력을 활용하기 위해 롯데백화점은 일찍이 2010년부터 중국의 유명 블로거를 초청하여 홍보활동을 펼쳤고, 신세계백화점도 2015년에 왕훙 팸투어를 개최했다.

특히 면세점들의 왕훙 마케팅 경쟁이 치열하다. 신라아이파크면세점에는 왕훙 전용 스튜디오가 문을 열었다. 음향과 조명을 갖췄고, 왕훙들이 국내 브랜드 상품을 소개하는 실시간 영상 콘텐츠가 제작된다.

신라면세점은 2014년부터 자체적으로 '신라따카新罗大咖'라는 왕훙그룹을 운영하고 있다. 신라따카는 '신라면세점 달인'이라는 뜻으로 뷰티, 여

중국의 파워블로거 왕홍그룹인 '신라따카'

행에 관심이 많은 중국 현지 왕홍들로 구성된다. 이들은 웨이보와 같은 중국 SNS에 한국 여행 정보를 업로드하고, 신라면세점은 이들을 한국으로 초청해 투어를 진행하며 다채로운 여행 콘텐츠를 홍보한다. 최근에는 싼커散客(개별 관광객)의 발길을 잡기 위해 신라따카와 머리를 맞대고 있다.

두타면세점은 왕홍 오디션 '오마이스타'를 후원했다. 한국에서 열리는 본선 미션과 우승 상금 등을 지원한 것이다. 557 대 1의 높은 경쟁률을 뚫고 본선에 오른 10명의 예비 왕홍들은 두타면세점의 곳곳을 둘러보며 패션과 뷰티 대결에 필요한 아이템을 골랐고, 이 과정 자체가 두타면세점을 홍보하는 데 큰 도움이 되었다.

갤러리아면세점63은 주급 2만 달러를 지급하는 왕홍 투어가이드를 모집해 홍보 효과를 톡톡히 봤다. 중국인 왕홍 투어가이드 3명을 선발해 갤러리아면세점, 63빌딩, 노량진수산시장, 한강 유람선, 국회의사당 등을 관람하고, '서울세계불꽃축제'를 즐기는 영상을 각자 SNS 채널에 공개하게 하는 이색적인 마케팅이었다. 이 홍보활동의 대가는 무려 2만 달러였다. 이 마케팅이 개시된 전후로 중국 포털 사이트에서 갤러리아 면세점 관련 검색량이 하루 평균 829% 증가하였다.

'왕홍 마케팅'에 강한 애경은 왕홍을 대상으로 '애경뷰티데이'를 개최했다. 2017년 10월에 펼쳐진 행사에서는 무려 40명이 넘는 왕홍을 초청했고, 수원역사에 위치한 AK타운에서 K-뷰티 체험의 시간을 가졌다. 2016년 11월에 전개한 애경뷰티데이에서는 왕홍들의 방송이 시작된 지 3시간 만에 누적 시청자 수 2천만 명을 돌파하기도 했다.

아모레퍼시픽은 '한방 뷰티 투어'를 통해 한방 프리미엄 샴푸 '려'를 홍보했다. 웨이보와 웨이신을 통해 300만 건 이상 제품을 노출시켰고, 그 결과 2016년 5월 노동절 연휴에 25억 원의 매출을 기록했다. 이는 전년 대비 670% 증가한 수치다.

LG생활건강은 2016년 '숨37' 출시 9주년을 맞아 한류 가상현실 스튜디오에서 '무빙 뷰티쇼 999'를 열었다. 이 행사는 2억 명의 회원수를 자랑하는 중국 영상 기반 SNS 채널인 메이파이에서 실시간 방송 1위를 기록했다.

중국 SNS 채널에 대한 이해가 중요하다

2016년 왕홍경제의 규모는 약 천억 위안 정도로 추산된다. 17조에 가까운 어머어마한 규모다. 중국에서는 《왕홍경제 3.0》이란 책도 출판됐다.

한국을 비롯한 대부분의 국가에서는 현재 페이스북과 인스타그램이 말 그대로 '대세'를 이루고 있다. 하지만 중국은 상황이 다르다. 웨이보, 웨이신, QQ, 메이파이 등이 어마어마한 회원 수를 자랑하며 해외 SNS 채널을 압도적으로 앞서고 있다. 그러므로 왕홍 마케팅을 진행하기 전에 중국 SNS 채널에 대한 이해가 선행되어야 한다.

중국인들의 소셜미디어 사용 목적은 사실 우리와 크게 다르지 않다. 친구들과 연결되어 정보를 공유하고, 더 많은 일을 집중적으로 처리하며, 유행에 참여하고, 좋아하는 브랜드에 대한 지지를 표현하며 물건을 구입하기 위해서이다. 하지만 우리만큼 정치적 견해를 적극적으로 개진하는 것은 쉽지 않으니, 이 부분을 유의할 필요가 있다. 민감한 역사, 시사 문제와 관련한 메시지 관리에 신중을 기해야 한다. 역풍을 맞을 수도 있기 때문이다.

SNS에서 왕홍의 매력을 빌려 상품을 홍보하고, 무료배송, 할인쿠폰, 상품증정 등 판촉 전략과 연계하여 매출 상승을 도모하는 것이 왕홍 마케팅의 핵심 전략이다. 한데 왕홍의 몸값이 치솟으면서, 연예인을 관리하는 것과 비슷한 시스템의 기획사가 많이 생겨났다. 문제는 팔로워나 시청자 수를 조작하는 엉터리 대행사가 난립하고 있는 것이다.

사기죄나 다름없지만, 타이밍이 중요하고 치열한 경쟁이 이뤄지는 마케팅 전장에서 사후약방문이 되는 일만큼은 막아야 한다. 이런 불량 대행사들은 유령 사무실 주소를 쓰는 경우가 많아서 단속도 쉽지 않다. 이렇듯 왕홍 마케팅을 계획할 때는 신중한 사전조사가 필수적으로 뒷받침돼야 함을 명심해야 한다.

무인 매장,
유통혁명의 총아?

2016년 12월 아마존은 계산대 없는 무인 식료품 매장^{line-free grocery store} '아마존고^{Amazon Go}'를 공개했다. 매장 내에 점원이 없고, 바코드를 찍는 단말기도 없다. 고객은 스마트폰을 게이트에 대고 원하는 물건을 선택해 나오면 된다.

미국 시애틀에서 처음으로 선보인 이 매장은 앞으로 더욱 보편화될 전망이다. 줄서기와 계산이 사라진 '유통혁명'이라 해도 과언이 아니다. 2016년 미국 매사추세츠공대가 세계에서 가장 스마트한 기업으로 아마존을 꼽은 것이 이해되는 대목이기도 하다.

300평 남짓한 공간에서 벌어지는 이 진귀한 변화상에 롯데그룹 신동빈 회장도 관심을 보였다. 신 회장은 주간회의 때 아마존고를 언급하며 혁신을 주문했고, 황각규 부회장(당시 사장)도 관련 임직원들에게 아마존고 관련 동영상과 설명을 이메일로 보냈다.

무인 편의점이 가져다줄 혁신

일본 편의점 업계는 10년 안에 모든 점포에 무인 계산 시스템을 도입하겠다는 의지를 천명했다. 일본 편의점 빅5(세븐일레븐, 패밀리마트, 로손, 미니스톱, 뉴데이즈)는 집적회로^{IC} 태그 기술을 통해 고객이 계산대를 통과하기만 해도 계산이 되는 시스템을 구축하기로 입을 모았다. 특히 로손은 차세대 편의점 실험 시설인 '로손 이노베이션 랩^{Lawson Innovation Lab}'을 열고 대금 지불 자동화 실험에 집중하고 있다.

스마트폰과 모바일 결제 사용자 수가 많은 중국에서는 무인 편의점에 대한 투자가 인기를 끌고 있다. 알리바바가 항저우에서 무인 편의점 '타오카페^{Tao Café}'를 선보인 것이 대표적인 사례다. 계산대 부스 내 기계가 상품을 자동 스캔 후 결제까지 진행한다. 이 과정이 끝나면 결제내역이 고객 스마트폰으로 전송된다.

중국에서 가장 규모가 큰 식음료 기업 중 한 곳인 와하하^{娃哈哈}는 무인 시스템인 '테이크고^{TakeGo}' 설치를 결정했다. 컨테이너 박스 모양의 편의점으로 널리 알려진 빙고박스^{BingoBox}는 앞으로 5천 개의 무인 매장을 열겠다고 선언했다. 중국의 리테일 비즈니스업계에서는 이와 같은 현상을 일컬어 '신소매^{新零售}(첨단 ICT를 활용한 온·오프라인 소매와 물류의 융합)'라고 부른다.

무인 편의점은 앞으로 더욱 증가할 전망이다. 일단 일반 편의점과 비교했을 때 80%의 비용으로 개설할 수 있어 점주의 부담이 적다. 소비자 입장에서도 5%가량 저렴한 가격으로 구매할 수 있다. 또한 사람에 따라서는 콘돔과 같은 성인용품이나 생리대와 같은 여성용품을 살 때 민망함을 느끼는 경우가 있는데, 무인 편의점에서는 이런 문제도 해소할 수 있다.

한국에서는 롯데그룹이 롯데월드타워에 최첨단 스마트 편의점인 '세븐일레븐 시그니처'의 문을 열었다. 무인 계산대는 물론 손바닥을 갖다 대면 본인 확인과 물품 결제까지 가능한 핸드페이HandPay도 선보였다. 핸드페이는 간단히 말하면 정맥인증 결제 시스템이다. 정맥의 모양, 선명도, 혈관 굵기 등의 차이를 통해 사람을 판별한다. 바이오페이BioPay의 일종인 것이다. 현금, 카드, 모바일 등 기타 결제수단은 필요하지 않다. 세븐일레븐은 이로써 '무인 POS' 시대에도 성큼 다가서게 됐다. 신동빈 회장은 평소 4차 산업혁명의 중요성을 강조하는 것으로 유명한데, 세븐일레븐이 유통과 정보통신기술을 접목한 혁신 사례로 그에 화답한 것이다.

롯데월드타워에 위치한 스마트 편의점 '세븐일레븐 시그니처'

이마트24는 무인 편의점에 대한 시범 운영에 나섰다. 무인 시스템을 적용하는 시간을 다양화한 점이 특기할 만하다. 전주교대점과 서울조선 호텔점은 24시간 완전 무인화로 운영하고, 서울 성수 백영점과 장안메 트로점은 야간에만 무인 시스템을 적용한다. 야간에만 무인 시스템을 도입하는 것은 밤샘 영업을 주저하는 점주들의 니즈를 예리하게 간파한 결과로 볼 수 있다. 주간에는 기존처럼 운영하고, 밤 시간에만 무인으로 전환하면 거부감이 덜하기 때문이다.

또 '타임 바코드'를 이용해 유통기한이 지난 제품은 계산 자체가 되지 않도록 조치를 취했다. 현장에서 문제가 생기면 고객 대응용 마이크를 통해 본사 헬프데스크 직원에 연결되고, 이들이 직접 관리하고 대응을 해준다.

CU도 SK와 손잡고 차세대 편의점 개발에 첫발을 뗐다. CU를 운영 하는 BGF리테일이 SK㈜와 '혁신적 Digital 기술기반의 미래형 편의점 공동 개발을 위한 업무 협약'을 체결한 것이다. 또한 CU는 SK텔레콤과 협력해 편의점 근무자를 위한 AI 도우미 시스템을 도입하려 한다. SK텔 레콤의 음성인식 AI기기인 '누구[NUGU]'를 활용해 고객 응대, 주문·배송 서비스, 점포 위급 사항 시 신고 등의 기능을 수행할 것으로 보인다.

편의점 업계 최초로 셀프 결제 애플리케이션인 'CU 바이셀프[CU Buy-Self]'를 론칭하기도 했다. 스마트폰 하나만 있으면 상품 스캔부터 계산까 지 모든 과정을 고객이 스스로 손쉽게 해결할 수 있는 비대면[un-tact] 결제 시스템이다. 고객의 스마트폰이 곧 결제 수단이 된다는 점이 주목할 만 하다. 편의점이라는 협소한 공간 내에 새로운 시스템을 도입할 때 부담

셀프 결제 애플리케이션인 'CU 바이셀프'

되는 것이 공간적·비용적 요소인데, CU 바이셀프는 이런 점에서도 자유롭다. 별도의 설비가 필요 없기 때문이다. 기존 점포에도 즉시 도입 가능하고, 추후 상용화도 그만큼 용이할 것으로 전망된다.

GS리테일은 KT와 함께 미래형 점포 개발에 나서기로 했다. 점포 ICT 환경 인프라를 혁신하고, GS리테일-KT 빅데이터 연계 분석을 통해 차별화된 상품과 서비스를 제공한다는 구상이다.

21세기판 러다이트 운동이 벌어질 것인가

무인 매장에 대해 운위할 때 항상 따라오는 주제는 일자리 이슈다. 실제 미국에서는 일자리를 잃은 직원이 무인 계산대를 부숴버리는 사건이 벌어지기도 했다. 200여 년 전 기계 파괴를 일삼았던 러다이트 운동이 새로운 맥락에서 재연된 것이다.

한국편의점 산업협회 자료를 보면, 편의점 한 점포에서 고용하는 인원은 아르바이트생을 포함해 평균 7명이다. 3만 개의 편의점이 무인 시스템으로 변신하면 최대 21만 명의 일자리가 사라지는 셈이다. 물론 이것이 정밀한 계산법은 아니다. 무인화가 확산되면 정보통신 분야에서 인력 등 새로 고용해야 하는 인원도 적지 않고, 기술이 사람을 전적으로 대신하는 데까지는 시간이 좀 더 걸릴 것으로 보인다.

하지만 다른 사람의 '편의'를 위해 정작 본인은 늦은 시간까지 '불편'을 감내해왔던 아르바이트생들에게는 최근의 '무인화 물결'이 큰 타격이 아닐 수 없다. 단순 계산 업무를 하던 젊은이들의 갑작스러운 일자리 상실에 대해서 전사회적인 고민과 현실적인 대안 마련이 요구된다.

빠르고 안전한
배송을 위한 물류 경쟁

물류센터는 진화 중

GS리테일은 2017년 말에 'GS네트웍스'라는 이름의 물류 전문회사를 설립한다고 밝혔다. GS리테일은 그동안 편의점(GS25), 기업형슈퍼마켓(GS수퍼마켓), 온라인 쇼핑몰(GS프레시), 드러그스토어(왓슨스, 2018년 2월부로 랄라블라) 등이 각기 물류 업무를 수행해왔다. 그리하여 효율성이 떨어지고, 중복 비용이 소요된다는 지적을 받아왔다.

GS리테일이 지분 100%를 소유하는 GS네트웍스는 물류비용 절감, 온라인 사업과의 시너지 효과 등을 통해 GS그룹 내 유통 계열사들의 물류 경쟁력을 대폭 향상시킬 것으로 기대된다. 물류 비즈니스를 향후 GS그룹의 신선장동력으로 삼으려는 포부도 갖고 있다.

이마트몰 김포물류센터 '네오002'는 아시아 최대 규모로 연면적이 축구장 6개 크기에 달한다. 픽업 로봇이 업무의 효율성을 높여서, 하루 2만 건의 배송이 이뤄지고 있다. 롯데슈퍼는 온라인 전담 배송센터인

'롯데프레시센터'를 2018년 4월 기준 서울, 경기, 광주 등 8곳에서 운영 중이다. 여기에서는 당일 발송을 넘어 당일 배송을 지향하고 있다.

롯데하이마트는 경기도 이천시에서 국내 가전 유통업계 최초로 온라인 전용 물류센터를 열었다. 이곳에는 택배터미널이 있어 상품의 입고, 분류, 발송을 한꺼번에 처리할 수 있다. 이 물류센터의 개장으로 온라인 주문 상품의 당일 출고 마감시간이 기존 오후 3시 30분에서 저녁 7시로 연장되었다. 자동화 물류 설비를 활용한 1일 소화 가능 물량도 220%가량 증가했다. 그 결과 수도권 지역의 경우 대부분 주문 다음 날에는 상품을 받을 수 있게 되었다.

다이소는 부산에서 2천 5백억 원을 투입해 초대형 첨단물류센터를 건립한다. 2019년 완공 예정인 부산허브센터에는 만여 종의 상품이 주문수량에 맞춰 자동 출고되는 OSR&ODS^{Order Storage&Retrieval System&Order Distribution System}, 자동창고, 자동분류기 등 최첨단 자동화 설비가 도입된다.

시스루 마케팅에서 SNS 프로젝트까지

시스루^{See-through} 마케팅이란 말 그대로 '속이 비친다'는 의미로 제품의 생산 과정을 소비자에게 소상하게 공개함으로써 상품 및 서비스에 대한 고객의 신뢰를 획득하고자 하는 마케팅 기법이다.

이마트는 '온라인 쇼핑에 대한 새로운 생각, 이마트몰 NE.o'라는 제목의 동영상을 유튜브에 게재했다. NE.o(네오)는 'NExt generation

Online store(차세대 온라인 점포)'의 약자로 온라인 쇼핑의 다음 세대를 선도하겠다는 의미를 지니고 있으며, 이마트몰 온라인 전용 물류센터를 지칭한다. 이곳에서 실제로 일하는 직원들이 직접 물류센터를 소개하는 컨셉이다. 한 직원의 당찬 인터뷰가 인상적이다. 그는 "자신 있어요. 직접 와서 한번 보세요."라고 말한다.

이마트는 이마트몰의 당일 배송인 '쓱^{SSG} 배송'의 전 과정을 자세하게 공개하고 있다. 이마트몰에서 주문한 상품이 어떤 프로세스를 거쳐 '당일 배송'되는지 고객의 눈으로 확인할 수 있다. 동영상에는 바구니의 무게 및 부피 측정으로 피킹 오류를 방지하고, 유리제품 파손방지 포장작업을 하며, 심지어 회수용 완충제를 씌운 달걀을 떨어뜨려보는 모습까지 선보인다. 신선식품 관리를 위해 작업장 온도를 8도 이하로 유지하기 때문에 1년 내내 점퍼를 입고 일한다는 멘트도 빼놓지 않는다. 아울러 냉동식품을 관리하는 콜드체인^{cold chain} 시스템, 매일 이뤄지는 바구니 세척작업, 배송 전 검수체계, 냉장고 탑재 전용차량을 통한 신선 배송 등 이마트몰의 물류 관련 핵심 역량이 고스란히 드러난다. 라이벌 업체에 이마트의 노하우가 다 유출되는 게 아닌가 하는 생각이 들 정도로 전체 물류 시스템을 알기 쉽게 설명해주고 있다.

이 영상을 본 고객이라면 이마트몰에서 주문하는 상품에 대해 신뢰할 수밖에 없다. 해당 영상에서 한 직원은 자신도 주부이다 보니 주부입장에서 많이 생각한다고 말한다. 5분가량이라 큰 부담 없이 볼 수 있는 이 영상은 특히 신선식품의 관리에 대해 우려하는 주부들에게 더욱 효과가 크다고 볼 수 있다.

시스루 마케팅은 품질과 위생에 대한 회사의 자신감을 드러낸다는 점에서 의미가 있다. 본인이 시청한 영상, 견학이나 체험 프로그램과 같이 본인이 직접 참여한 활동이 수반되므로 고객의 단단한 신뢰를 이끌어낼 수도 있다. 게다가 이런 신뢰가 충성 고객을 만들 수 있으므로 먹거리 안전이 화두인 유통업계에서는 다양한 방식의 시스루 마케팅을 실행해볼 필요가 있다. 물론 시스루 마케팅이 보여주는 자신감의 원천에는 위생과 안전에 대한 피나는 노력이 숨어 있을 터이다.

NS홈쇼핑은 물류 혁신을 위한 이색적인 프로젝트를 실시했다. 이른바 SNS 프로젝트다. 여기서 말하는 SNS는 소셜 네트워크 서비스Social Network Service를 가리키는 것이 아니다. 빠른 배송Speed, 새로운 생각New thinking, 협력사와의 나눔Share을 의미한다.

NS홈쇼핑 SCM팀은 2016년부터 1년여 동안 데이터 분석과 현장 점검을 통해 이 프로젝트를 수행해왔다. 군포와 용인의 택배센터 공간을 활용해 고객에게는 보다 빠른 배송 서비스를 제공하고, 협력사들에게는 비용절감의 혜택을 선사했다.

글로벌 기업들의 스마트 물류 경쟁

중국에서는 스마트 물류 경쟁이 한창이다. 중국 2위 전자상거래 기업 징둥京東닷컴은 무인 물류창고를 개발하고, 드론 배달 서비스를 대도시로 확대하고 있다. 알리바바는 글로벌 물류 네트워크를 구축하기 위해

5년간 1천억 위안(약 17조 원)을 투자한다는 계획을 밝혔다. 중국에서는 24시간 이내, 글로벌 기준으로는 72시간 이내 배송 실현을 목표로 한다. 알리바바의 물류 자회사 차이나오菜鳥, Cainiao가 운영하는 물류창고에서는 200여 대의 로봇이 하루 1백만 건의 주문을 처리한다.

아마존은 2015년부터 매년 물류 로봇의 경쟁력을 대결하는 '아마존 로보틱스 챌린지Amazon Robotics Challenge'를 개최하고 있다. 2016년까지는 대회 이름이 '아마존 피킹 챌린지Amazon Picking Challenge'였다. 또한 아마존의 물류 로봇 '키바Kiva'는 이미 현장에 배치되어 운영비용을 20% 절감했다는 평가를 받고 있다.

국내 유통업계도 4차 산업 트렌드에 기반을 둔 최첨단 스마트 물류 경쟁에서 뒤처지면 안 된다. 물류 경쟁에서 낙오하면 유통의 미래는 암담하기만 할 것이다. ICT에 강점을 가진 업체와 다양한 방식으로 전략적 제휴를 시도해야 한다. 특히 물류 자회사가 없는 유통 그룹사는 타 기업의 물류 노하우를 적극적으로 배우려는 노력을 기울여야 할 것이다.

물류센터에 투자하는 과정에서 지자체, 정부는 함께 힘을 모아주어야 한다. 지역 경제 활성화와 일자리 창출을 기대할 수 있기 때문이다. 아울러 2017년 초에 유통 및 물류업계 및 학계 전문가들이 대통령 직속 '유통물류위원회'를 설치할 것을 제안한 바 있는데, 검토해볼 만한 가치가 있는 주장이라고 생각한다. 그 형태가 무엇이 되었든 간에 한 국가의 산업 경쟁력에 큰 영향을 미치는 물류 인프라에 대한 지원책 마련에 민관 모두가 중지를 모아야 한다.

PART 4

공간을 마케팅하는
리테일의 과학

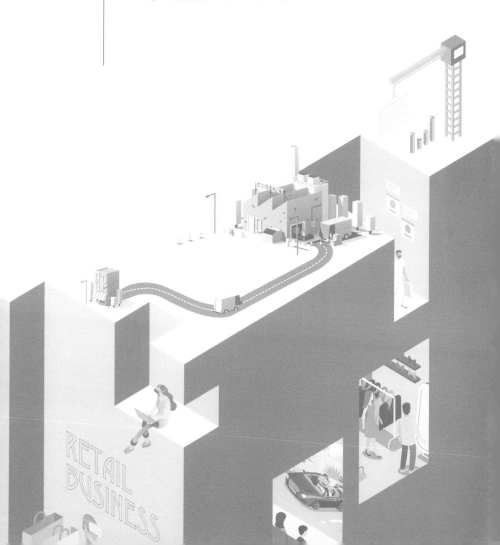

향기가 공간을
지배한다

미국의 권위 있는 광고 마케팅 전문지 《애드버타이징 에이지Advertising Age》는 "브랜드가 계속해서 자신을 차별화하는 혁신적인 방법을 찾으려 함에 따라 센트 마케팅scent marketing이 또 다른 도구로 떠오르고 있다"고 지적한 바 있다.

소비자의 후각을 매혹시키는 센트 마케팅

센트 마케팅이란 '향기'를 이용한 마케팅 기법을 일컫는다. 소비자의 후 각을 자극함으로써 매장진입과 상품구입, 재방문 및 재구매 등을 유도 하는 전략이다.

후각은 시각 혹은 청각보다 기억과 더욱 밀접한 관계를 갖는다. 후각 은 대뇌의 변연계와 직접적으로 연결되는 유일한 감각기관이기 때문이 다. 변연계는 인체의 기본적인 감정·욕구 등을 관장하는 신경계다. 감정, 욕구, 기억은 소비와 떼려야 뗄 수 없는 요소이기에 향기의 힘을 적극적으로 활용하려는 기업들이 늘어나고 있는 것이다.

후아유WHO.A.U는 센트 마케팅을 성공적으로 추진해오고 있는 브랜드다. 캘리포니아의 라이프스타일을 추구하는 캐주얼 브랜드 후아유는 일찍이 향기의 중요성을 간파했다. 그래서 후아유 매장은 기분을 좋게 하는 향긋한 오렌지 향기를 머금고 있다. '드림'이라는 이름의 향을 전 매장에 분사하는 조치를 취한 덕분이다. 소비자들은 어떤 후아유 매장을 방문하든 후아유만의 향을 느낄 수 있게 되었다.

《글로벌 저널 오브 커머스 앤 매니지먼트 퍼스펙티브Global Journal of Commerce and Management Perspective》는 잔잔한 향기ambient scent가 소비자 행동에 가장 큰 영향을 끼친다고 분석하기도 했다. 후아유는 '잔잔한 향기'가 주는 효능을 간과하지 않았던 것이다.

센트 마케팅을 성공적으로 추진해오고 있는 브랜드 후아유

그런데 왜 많고 많은 향 중에서 오렌지 향일까? 후아유의 기본 컨셉은 '캘리포니안 드림^{Californian Dream}'이다. 그래서 캘리포니아에서 제일 유명한 과일이 오렌지라는 점에 착안한 것이다. 10년 이상 꾸준하게 센트 마케팅 전략을 펼쳐온 후아유는 후아유만의 브랜드 정체성과 긍정적 이미지를 확보하게 된다. 후아유를 상징하는 브랜드 컬러인 오렌지색과 매장 내에 은은하게 퍼지는 오렌지 향이 자연스레 조응되었기 때문이다. 게다가 오렌지 주스를 나눠주는 이색 프로모션도 주효했다. 시각(브랜드 컬러), 후각(오렌지 향기), 미각(오렌지 주스)을 동시에 공략함으로써 소비자의 공감각적 경험의 외연을 넓혀주었다.

절제의 미학, 고객을 압도하지 않는 향기

무작정 좋은 향기만 만들어낸다고 센트 마케팅 전략이 성공하는 것은 아니다. '향기'를 운위할 때 빠질 수 없는 기업이 영국의 핸드메이드 화장품 브랜드 러쉬^{Lush}다. 러쉬의 고위 관계자가 2014년《월스트리트저널 ^{The Wall Street Journal}》에 한 말을 곱씹어볼 필요가 있다.

"향기는 고객을 매장 안으로 이끌고, 이는 우리 브랜드의 주요 부분 중 하나이다. 하지만 우리는 향기가 고객을 압도하는 것^{overwhelm the customers}은 원하지 않는다."

소비자에게 거부감을 주지 않는 선에서 은은하고 자연스레 스며드는 향을 만들어야지, 본말이 전도되면 되레 역효과만 일으킬 수 있다. '절제의 미학'이 필요한 것이다. 아울러 영국 일간지《인디펜던트》의 지적처럼 올바른 향기^{correct smell}를 사용하는 것이 중요함을 명심해야 한다. 각 브랜드 컨셉에 어울리는 향기를 개발해야 한다는 것이다.《욕망을 부르는 향기^{The Scent of Desire}》의 저자인 심리학자 레이첼 허즈^{Rachel Herz} 브라운대학 교수는 맞지 않는(어울리지 않는) 향기를 사용하는 것은 아예 향기가 없는 것보다 못하다고 일갈한 바 있다.

미국 경제전문 매체《블룸버그 비즈니스^{Bloomberg Business}》는 향기가 기억과 인식에 영향을 미치고 판매도 증진시키기에 전통적인 산업군에서 센트 마케팅을 활용하는 것이 더 이상 놀랄 일이 아니라고 보도했다. 은행을 위시한 금융산업에서도 향기에 주목하기 시작했으니 말이다. 센트 마케팅은 이제 산업과 업태를 가리지 않고 있다.

사람들로부터 사랑을 이끌어내는 힘

파트리크 쥐스킨트의 소설《향수》속 주인공인 장 바티스트 그루누이의 예민한 후각이 마케팅 담당자에게도 필요한 시점이다. 그루누이가 자신의 천재적인 후각으로 존재를 증명하려고 치열하게 애썼던 것처럼 기업도 자신들만의 매혹적인 '향수'를 만들기 위해 노력해야 한다. 파트리크 쥐스킨트의 어법을 빌리자면, "사람들로부터 사랑을 이끌어내는 힘"이 있는 기업만이 소비자에게 더 오래 기억될 수 있을 것이다.

특정한 냄새를 통해 과거의 기억을 떠올리게 되는 것을 '프루스트 현상'이라고 한다. 소설《잃어버린 시간을 찾아서》의 작가 이름인 마르셀 프루스트에서 따온 것이기도 하다. 이 소설 속 주인공은 홍차에 적신 과자의 향을 맡고 어린 시절을 떠올리게 된다.

치열한 마케팅 전장에서 각 기업은 특정 향기를 통해 자신들의 브랜드를 상기시키는 일에 골몰하고 있다. 과연 어떤 기업이 고객의 '잃어버린 시간'을 찾아줄 수 있을까? 향기를 통한 시간여행, 괜스레 설레고 자못 기대된다.

문센의 변신,
공익 마케팅의 실현

'유일한 외출 기회'이자 '육아의 필수 코스'

"줄여서 '문센'으로 불리는 문화센터는 아이를 키우는 엄마들에게는 유일한 외출의 기회이기도 하다. 비슷한 또래 아이를 둔 엄마들끼리 어울릴 수도 있고 아이에게 다양한 감각을 경험하게 해주는 수업을 들을 수 있다는 이유로 육아의 필수 코스처럼 여겨지곤 한다. 보통 수유실과 유모차 대여 등 아기 엄마들에게 유용한 서비스를 제공하고 있는 대형마트나 백화점에서 강좌가 개설된다."

이고은의 《요즘 엄마들》에서 표현되듯이 문센은 문화센터의 약자다. 최근엔 이 약자로 더 많이 불리고 있는 듯하다. 위 인용글에서 알 수 있듯, 문센은 육아로 하루하루가 바쁜 엄마들에게 '유일한 외출의 기회'다. 언론학자 김명혜 교수는 "백화점 문화센터의 강좌 수강은 주부들이 자신의 정체성을 찾기 위해서 시도해보는 여러 가지 활동 중의 하나"라고 말하기도 했다. 그러면서 동시에 '육아의 필수 코스'로 자리 잡을 만큼 다양한 교육 콘텐츠도 제공한다.

롯데백화점 문화센터 홈페이지에 접속해보면 '성인강좌', '엄마랑 강좌', '자녀강좌', '단기(특강)강좌' 등으로 종류가 다양하게 나뉘어 있는 것을 확인할 수 있다. 앞선 인용글에 나온 '유일한 외출의 기회'는 아마 '성인강좌'나 '단기(특강)강좌'일 것이고, '육아의 필수 코스'에는 '엄마 랑 강좌'와 '자녀강좌'가 해당할 것이다.

보다 구체적으로 롯데백화점 잠실점의 상황을 한번 살펴보자. 평생교육법(구 사회교육법)에 의해 정식으로 평생교육시설로 인정받은 첫 사례가 바로 1989년 문을 연 롯데백화점 잠실점의 롯데문화센터다. 30년 가까운 역사를 자랑하는 잠실점의 '엄마랑 강좌'에는 베이비 영어 발레, 오감 통합놀이, 미술체험, 영재 프로그램 등 젊은 엄마들이 선호할 만한 프로그램이 다채롭게 준비되어 있다. 6~9개월, 8~12개월, 10~14개월, 14~20개월, 18~27개월, 26~40개월 등 아이의 나이도 세분화해서 구분해놓았다. 자녀강좌에는 어린이 인형극, 레고 창작교실처럼 협동심과 창의력을 기를 수 있는 콘텐츠들의 수요가 높다.

문센의 역사, 응답하라 1984!

백화점 문화센터는 백화점과 마찬가지로 일본에서 넘어왔다. 일본 문화센터의 효시는 《아사히신문》사에서 운영한 아사히 문화센터다. 한국에서도 1980년대 초반에는 언론사를 중심으로 문화센터가 발전하기 시작했다. 1984년 최초의 백화점 문화센터는 동방프라자(현 신세계백화점) 문화교실이었다. 현대백화점과 롯데백화점 역시 1980년대에 문화센터 사업을 시작한다.

그리하여 문화센터는 1980년대에 급격히 증가한다. 당시 문화센터를 설립하면 백화점 무료 셔틀버스를 운행할 수 있었기 때문이다. 백화점 입장에서는 고객의 편의성과 접근성을 제고해야 매출도 따라 오르기에 문화센터 개설에 적극적이었다. 1990년대에 문화센터의 발전이 잠시 주춤했다가 이내 백화점들 간의 문화 마케팅 경쟁으로 다시 불이 붙기 시작한다.

1990년대 이후 문화센터는 백화점에서 할인마트로 확산되었다. 평생교육에 대한 관심도 덩달아 커졌다. 삶의 질을 개선하고 언제 어디서든 개인이 원하는 학습을 받을 수 있도록 열린 교육과 평생학습을 지향하는 문화센터는 지역주민의 생활문화 향상, 성인 재교육, 개인의 소질 개발, 여성의 평생교육 실현과 자아개발, 평생교육기관으로서 학습 환경 제공과 같은 기능을 수행하게 되었다. 아울러 기업홍보와 이익창출 등 기업의 이미지 향상에도 도움을 주고 있다.

2030 직장인까지 사로잡는 문센의 콘텐츠

문화센터의 기존 핵심 고객은 '엄마'였는데, 최근에는 고객층이 확대됐다. 백화점과 대형마트에서는 이제 직장인을 타깃으로 저녁 강좌를 늘리고 있다. 퇴근 후 시간에 맞게 커리큘럼을 짠 것이다. 2030 고객들은 '워라밸('Work-and-Life Balance'의 준말)'을 중요시한다. 그래서 퇴근 후에는 업무와 관계없이 자신이 배우고자 하는 분야에 몰두하기를 원한다.

자기계발, 가치소비에 투자를 아끼지 않는 요즘 직장인들의 특성을 간파하여 부동산, 금융, 외국어 등 실용적인 수업을 대거 배치했다. 소믈리에 과정이나 바리스타 과정과 같이 최신 여가 트렌드를 반영한 커리큘럼도 지속적으로 선보이고 있다. 뿐만 아니라 취미 수준을 넘어선 전문가 수준의 교육과정도 마련했다.

전문학원에 비해 문화센터 강좌는 합리적인 가격에 제공되어 '가성비' 측면에서 젊은 고객들의 선호도가 높다. 또한 백화점이 주로 직장과 가까운 도심에 위치해 있어 오고 가기에도 편리하다. 백화점은 이들의 라이프스타일에 맞춘 강좌를 점점 늘리고 있다.

대형마트의 문화센터는 백화점에 비해 그동안 경쟁력이 뒤처진다고 평가받았지만, 상황은 점점 달라지고 있다. 롯데마트 문화센터 홈페이지는 회원 모집 시기에 접속자가 과도하게 몰려 사이트가 열리지 않기도 한다. 이 시기에 주요 포털에는 롯데마트 문화센터, 이마트 문화센터, 홈플러스 문화센터 등이 인기 검색어에 오르는 기현상이 발생한다. 특히 겨울학기 강좌는 실내활동이 많은 계절 영향으로 조기 마감되는 프로그램이 허다하다.

한편 복합쇼핑몰은 몰링족들을 대상으로 '원데이 클래스'를 선보이고 있다. 롯데월드몰에 위치한 요리전문교실 'ABC 쿠킹스튜디오'에서는 요리(일식·양식·중식 등), 빵(베이직 코스·마스터 코스), 케이크 등을 만드는 방법을 단계별로 배울 수 있다. 회사 동호회 회원들끼리 단체로 참여하는 요리 실습도 가능하다. 전면 통유리를 통해 바깥에서도 요리하는 모습을 볼 수 있는 개방형 구조다.

스타필드 코엑스점과 고양점에 입점해 있는 초대형 브릭 전시 체험 공간 '브릭라이브'는 브릭 아트 클래스, 브릭 쿠킹 클래스, 브릭 크리에이터 클래스 등 다양한 오감 만족형 교육 프로그램을 제공한다.

문화센터 고객은 백화점, 대형마트, 복합쇼핑몰 등의 잠재 고객이기도 하다. 이들이 강좌를 듣고 나서 바로 귀가하지 않고, 식사와 쇼핑을 즐길 수 있기 때문이다. 더 나아가서 해당 쇼핑 시설에 대해 긍정적인 인상을 받으면 가족이나 친구들과 함께 재방문할 수도 있다.

유통업체들은 문화센터를 당장의 매출진작을 위한 수단보다는 하나의 공익사업으로 바라보고 보다 장기적인 시각을 가질 필요가 있다. 또한 아이를 동반하는 어머니 고객이 많으니, 시설 청결관리와 아이의 안전을 최우선으로 고려해야 할 것이다.

또한 각 점포만의 독자적인 특성이나 테마가 담긴 '문센' 콘텐츠를 구상해볼 때가 됐다. 남녀노소 모두가 즐겁게 찾아올 수 있는 문센, 4차 산업혁명 관련 트렌드를 전문적으로 다루는 문센, 외국어 교육에 우월한 전문성을 보이는 문센, 스포츠 활동에 특화된 커리큘럼을 자랑하는 문센, 혼밥과 혼술 등 1인가구 고객을 타깃으로 한 문센 등 다양한 문센의 등장을 기대해본다.

'쇼핑의 과학'으로
몰고어를 사로잡다

명실상부한 한국의 랜드마크로 자리 잡은 롯데월드몰은 이제 '글로벌 랜드마크'로 웅비하는 것을 꿈꾸고 있다. 롯데월드몰에는 몰고어를 사로잡는 '쇼핑의 과학'이 곳곳에 숨어 있다.

높은 층고와 누드 엘리베이터로 탁 트인 시야를

롯데월드몰은 실내 공간의 특성인 답답한 구조를 혁신적으로 개선했다. 일단 층고가 상당히 높다. 사람들이 제일 많이 몰리는 1층의 경우 층고가 5미터에 달한다. 탁 트인 시야는 몰링족들에게 쾌적함을 선사한다. 실내 공간에서도 답답함을 느낄 일이 없어 자연히 체류 시간도 길어진다.

유리로 둘러싸인 '누드 엘리베이터' 역시 고객의 시야 확보에 주안점을 두었다. 롯데월드몰에서 엘리베이터는 더 이상 폐쇄된 이동 수단이

두 개 층을 한번에 올라갈 수 있는 롯데월드몰의 '익스프레스 에스컬레이터'

아니고, 각 층의 분위기를 엿볼 수 있는 열린 공간으로 변신했다.

보이드Void 역시 유리로 제작했다. 보이드는 공간 효율성을 제고하려는 기존 쇼핑공간의 건축 문법을 과감하게 깼다. 대신 고객이 보이드 주변에서 위, 아래층을 손쉽게 조망해볼 수 있도록 해주었다. 보이드 주변 곳곳에 벤치를 설치해 휴게공간을 마련하기도 했다.

두 개 층(지상 1~3층, 3~5층 구간)을 한번에 올라갈 수 있는 '익스프레스 에스컬레이터'는 고객의 편리성을 극대화한 것뿐만 아니라 쇼핑몰 전체를 둘러볼 수 있는 시야를 갖게 한 이색적인 이동 장치다. 3층에 갔다가 2층에 들르고, 5층까지 갔다가 4층에 들러서 쇼핑하게 하는 이 마법의 에스컬레이터는 롯데월드몰의 명물로 꼽힌다.

롯데월드몰 1층 아트리움은 다목적 생활문화 커뮤니티 공간으로 자리매김했다. 롯데월드몰 내에서 그 어떤 곳보다 '집객'이 잘 되는 곳이기도 하다. 노래, 연주, 마술 등 이색 공연부터 자동차, 화장품 등 신상품 프로모션과 연예인 사인회, 영화홍보까지 기업과 고객 모두에게 각광받고 있는 상징적인 장소다.

미국의 소비심리 분석가 파코 언더힐은《쇼핑의 과학》에서 "쇼핑은 체험이다. 나는 느낀다, 고로 소유한다"라는 문장을 통해 체험요소의 중요성을 강조한 바 있다. 롯데월드몰은 재미요소가 깃든 체험 콘텐츠를 지속적으로 강화하고 있다. 포토존에서 사진을 찍은 고객들은 롯데월드몰에 왔다는 추억의 인증을 SNS에 남길 수 있다. 또한 고객이 직접 체험할 수 있는 다양한 고객참여형 이벤트도 주기적으로 진행한다.

유니세프, 월드비전, 세이브더칠드런, 밀알복지재단 등 유수 NGO와 연계한 각종 사회공헌활동을 수행하기도 한다. 아트리움은 비단 상업적인 목적하에 진행하는 프로모션 외 이렇게 공익에 방점이 찍힌 CSR 행사에도 문을 활짝 열어놓았다. 아트리움은 롯데월드몰에서 사람들 사이의 커뮤니케이션이 가장 활발하게 이뤄지고 있는 곳이며, 공간 전체가 하나의 문화 커뮤니티로서의 위상을 갖고 있다.

쇼핑 시간을 극대화하는
녹색 카펫과 샤워 효과
————

드넓은 쇼핑몰을 걷다 보면 다리가 아파올 수 있다. 아이와 보호자인 어머니들이 많이 찾고 있는 롯데월드몰 4층에는 푹신한 녹색 카펫이 깔려 있다. 대리석 바닥을 걷는 것에 비해서 피로도가 훨씬 덜하다. 구두를 신은 여성을 배려한 조치이기도 하다. 또한 아이들이 좋아하는 매장이 많다 보니, 잠깐 부모님이 신경을 못 쓰면 아이들이 뛰어다니다가 넘어질 우려가 있다. 푹신한 카펫이다 보니 설혹 아이가 넘어져도 큰 부상을 방지할 수 있다.

최근 쇼핑몰에서 가장 각광 받고 있는 콘텐츠는 식음료와 엔터테인먼트다. 롯데월드몰의 5층과 6층에는 테마 식당가와 영화관이 있다. 식당가와 영화관은 목적 지향성이 뚜렷한 곳이다. 그냥 한번 둘러보는 것이 아니라 식사(식당가), 영화관람(영화관)이라는 방문의 목적이 분명하기 때문에 5층과 6층에는 늘 사람들이 붐비기 마련이다.

식사를 하기 전후, 영화를 보기 전후의 고객들은 아래층에 내려가 쇼핑을 즐기며 시간을 보내곤 한다. 이렇듯 롯데월드몰은 위층의 집객 효과를 아래층까지 확산시켜 쇼핑몰 전체의 매출을 올리는 샤워 효과^{Shower Effect}를 고려해서 MD 구성을 하였다.

롯데월드몰 각 층에 숨어 있는 '쇼핑의 과학'은 그 모습은 각기 다르지만, 궁극적으로는 '고객 만족'이라는 공통된 목표를 갖고 있다. 유통업체 관계자라면 고객 중심의 디자인과 콘텐츠를 다채롭게 선보일 수 있도록 국내외 다양한 사례를 면밀히 연구해야 할 것이다.

'씨네 라이브러리',
영화를 읽다

극장에 책을 보러 가는 사람들이 있다. 이들이 향하는 곳은 바로 국내 최초의 영화 전문 도서관이라 할 수 있는 CJ CGV의 '씨네 라이브러리 Cine Library'다.

영화관에서 책을 읽다

마이크로소프트 창업자인 빌 게이츠는 지금의 자신을 만들어준 것은 마을에 있던 초라한 도서관이었노라 술회한 바 있다. 훗날 훌륭한 영화인이 될 누군가에게 씨네 라이브러리는 그런 의미의 도서관이 되지 않을까?

"영화를 읽다"라는 캐치프레이즈에 걸맞게 씨네 라이브러리에서는 영화와 관련한 각종 도서, 잡지를 자유로이 읽을 수 있다. 시나리오, 아트북, 콘티북, 비평서, 감독론, 배우론 등 그 수만 해도 1만여 권에 달한다.

씨네 라이브러리는 실제 182석의 대형 상영관을 도서관으로 리모델

링한 결과물이다. 앞에는 스크린이 있고, 좌석은 극장의 계단식으로 이루어져 있다. 극장의 운치를 그대로 느끼며 독서를 하는 매력을 가진 탓에 영화 마니아들뿐 아니라 이색 데이트를 하고자 하는 연인들에게도 명소로 떠오르고 있다.

시네마클래스에서 특별 상영회까지
영화팬들에게 문화를 선물하다
———

이곳은 단순히 책만 읽는 곳이 아니라 교육의 기능도 수행한다. 'CGV 시네마클래스'를 정기적으로 운영해서 연출, 연기, 기획·제작, 외화수입, 투자·배급, 마케팅 등 다양한 섹션으로 강연을 진행한다. 또한 도서 전시회와 특별 상영회도 자주 진행하고 있다.

2017년에는 '여성영화인축제'가 열리는 장소로 쓰이기도 했다. 이 행사에서는 성평등 구현을 위한 영화정책 포럼이 진행됐고, 영화인의 성평등 환경 조성을 위한 성폭력(성차별) 실태조사 중간발표가 이루어졌으며, '올해의 여성영화인상 시상식'도 거행됐다.

최근 여러 기업에서 도서관을 만들고 있는 와중에 씨네 라이브러리가 돋보이는 지점은 크게 두 가지로 요약된다. 첫 번째는 업의 특성을 잘 반영하여 운영하고 있다는 점이다. 멀티플렉스(여러 개의 스크린을 보유한 복합상영관) 영화관업계 1위 CJ CGV가 영화 도서관을 만든 것은 작위적인 연상이 필요하지 않을뿐더러 전달하고자 하는 메시지도 분명하다.

두 번째는 CJ CGV를 키워준 영화팬들에게 보은했다는 점이다. 영화를 사랑하는 영화팬이 있기에 영화를 기반으로 하는 기업이 존재할 수 있는 것이다. CJ CGV는 최대 고객인 영화팬들에게 영화 전문 도서관이라는 멋진 문화공간을 선물했다.

앞으로 도서관이나 카페 등 새로운 문화공간을 조성하고자 계획하고 있는 기업들은 CJ CGV가 보여준 이 두 가지 지혜를 참고해야 할 것이다.

씨네 라이브러리의 '시네마클래스'에서 영화산업과 관련된 다양한 교육을 진행 중이다.

유통공간의
정치학

대선 출마를 선언하는
장소가 된 복합쇼핑몰

유통공간은 대선 출마의 장소로 활용되기도 했다. 2012년 여름 한 정치인의 SNS에 올라온 글이다. "누구든 자신의 미래를 꿈꿀 수 있고 잠재력과 끼를 발휘할 수 있는 나라를 저는 꿈꿉니다. 그런 나라를 만들기 위한 출발을 7월 10일 영등포 타임스퀘어 광장에서 하려고 합니다. 여러분께서 함께해주시기 바랍니다."

서울 영등포에 위치한 복합쇼핑몰인 타임스퀘어에서 대선 출마를 한 이 정치인은 바로 박근혜 전 대통령이다. 정치인 박근혜에 대한 평가야 사람마다 다르겠지만, 어찌 됐건 유통공간에서 대선 출정식을 거행했던 것이 결과론적으로 봤을 때는 성공적이었다. 18대 대통령으로 당선됐으니 말이다. 당시 이상일 캠프 대변인은 "타임스퀘어는 각계 각층의 국민이 다니는 열린 공간이라는 점을 감안한 것"이라고 장소 선정 이유에 대해 설명했다. 당시 박근혜 후보의 약점으로 지적됐던 불통 이미지를 해소하고, '각계 각층의 국민'과 소통을 강화하겠다는 전략이었다.

타임스퀘어는 온 국민의 이목이 쏠리는 대선 시즌에 본의 아니게 많은 화제가 됐다. '열린 공간'이 비단 타임스퀘어 하나가 아닐 텐데, 당시 가장 당선이 유력한 후보의 캠프에서 타임스퀘어를 열린 공간의 대표격으로 '정치적 공인'을 해준 셈이었다. 전국적으로 대형 홍보활동을 전개한 것과 다름없었기에 타임스퀘어는 주요 언론의 헤드라인을 장식하며 지방에까지 인지도를 크게 끌어올렸다.

펑리위안 효과를 톡톡히 본 롯데피트인

2014년은 시진핑^{習近平} 중국 국가주석이 한국을 국빈 방문한 해다. 당시 시 주석의 부인 펑리위안^{彭麗媛} 여사는 방한 첫날부터 세련된 패션감각과 매너로 화제를 모았다. 펑 여사는 군대 가수 출신으로서, 우아한 모습과 퍼스트레이디로서 충실한 태도로 중국인들에게 신뢰와 존경을 받고 있는 인물이다. 그녀에 대해서는 존 F. 케네디 대통령의 부인이면서 동시에 최고의 패셔니스타였던 '재키(재클린 케네디의 애칭)'를 연상시킨다는 평가도 있다.

후진타오 전 주석의 부인인 류융칭^{劉永清} 여사, 장쩌민 전 주석의 부인인 왕예핑^{王冶坪} 여사가 공식 활동을 극도로 자제하며 '그림자형 내조'를 해왔던 것과는 달리 펑 여사는 대외활동에도 꽤나 적극적이다. 국민

롯데피트인 동대문점을 방문한 펑리위안 여사 덕분에
중국인들의 발길이 끊이지 않는다.

들은 이런 펑 여사에 친근감을 느끼고 있다. '중국 당대 민족 성악의 대
표 가수'로 꼽히는 1급 가수인 만큼 호감도도 높다. '펑마마(펑리위안 엄
마)'라는 애칭도 갖고 있다.

이렇게 인기가 많은 '펑마마'가 2017년 7월 3일 동대문을 깜짝 방문
했다. 동대문은 중국 관광객들에게 의류와 액세서리 등 패션 아이템 구
매의 요충지다. 관광객뿐 아니라 중국 소매업자들도 동대문을 많이 찾
는다. '스피드-디자인-가격'이라는 동대문 지역이 지니고 있는 패션산
업 관련 역량이 뛰어나기 때문이다. 펑 여사는 동대문의 많고 많은 방문
지 중에서도 롯데자산개발이 운영 중인 패션몰인 롯데피트인 동대문점
을 찾았다. 그녀는 한국 돈으로 고추장과 나전칠기 액세서리 등을 직접
사갔다. 1박 2일의 짧은 방한 일정 중 시간을 쪼개 비공식적으로 이뤄졌
던 일이다.

롯데피트인 동대문점은 매장 곳곳에 중국어 안내문이 붙어 있고, 중국 직원들도 상당히 많이 배치되어 있는 '유커 친화형 패션몰'이다. 실제로 롯데피트인 동대문점의 전체 매출(2016년 4월 기준)에서 외국인이 차지하는 비중은 60%대에 육박하고, 롯데피트인을 찾은 외국 고객 중 팔 할이 중국인이다. 이런 롯데피트인 동대문점에 펑리위안 여사가 방문했을 때 그 광경을 본 중국인이 왜 없었겠는가. 펑 여사를 봤다는 내용과 그녀를 찍은 사진이 중국 SNS에 돌아다니며 큰 화제가 되었다.

덕분에 롯데피트인 동대문점은 펑리위안 효과를 톡톡히 봤다. 펑 여사가 방문한 매장의 매출이 40% 상승하는가 하면, 그녀가 구매한 자개 머리핀은 주문이 폭주하며 추가 제작에 들어갔다. 덕분에 중국 관광객들의 관광 명소로 확실히 자리 잡았다는 평가도 받았다. 그녀의 방문 이후로도 롯데피트인 동대문점은 '펑리위안 여사 롯데피트인 방문기념 사진전', '차이나 위크CHINA WEEK' 지정 등 다양한 방식으로 '유커 마케팅'을 지속했다.

만화카페, 새로운
문화 쉼터

만화카페가 큰 인기를 끌고 있다. 콧대 높기로 유명한 백화점에도 만화
카페가 입점하고, 요즘 유통업계의 대세로 부상한 복합쇼핑몰에도 만화
카페가 하나둘씩 생겨나고 있다.

　고급스러운 분위기를 연출하여 고객을 유인해야 할 유통 대기업들이
갑자기 웬 만화 타령이냐고 반문할 수도 있겠다. 하긴 퀴퀴한 냄새가 나
던 예전 만화방의 이미지를 떠올려본다면, 쾌적한 쇼핑공간에서 만화를
보는 모습이 조화를 이루기 힘들어 보이기도 하다.

추억 속 만화방은 잊어라

소설가 김연수의 《청춘의 문장들》에는 만화방의 옛 모습을 엿볼 수 있
는 일화가 나온다.

　"원래 심야영업하는 만화방이란 자연스레 나 같은 얼치기 부랑자, 부

랑자가 되기 직전의 사회부적응자, 한때는 부랑자였던 범죄자 등이 꼬이는 곳이니, 한동안 기소중지자를 보지 못하면 그 그리움을 견뎌내지 못하는 경찰들이 만화방을 습격하는 일은 흔했다.”

하지만 최근의 만화카페는 부랑자가 꼬이기는커녕 커플들의 새로운 데이트 장소로 각광 받고 있다. 일반 카페보다 더 안락하고 감각적인 인테리어를 선보이고 있고, 커피는 물론이고 피자, 파니니, 샐러드, 떡볶이 등 다양한 음식까지 즐길 수 있다.

롯데백화점 창원점에 둥지를 튼 '카툰공감'은 만화뿐만 아니라 에세이, 자기계발서적 등도 구비했다. 단순한 만화방이 아닌 것이다. 현대백화점 울산점의 '익살스런 상상'은 키즈존을 따로 마련해 아동 동반 가족 고객들을 배려하고 있다.

어른아이를 위한 놀이터

만화카페는 전 연령대가 즐길 수 있는 복합문화공간으로 성장하고 있다. 무엇보다 편하게 다리 뻗고 휴식시간을 보낼 수 있다는 것이 만화카페의 최대 장점이다. 서울 영등포에 위치한 복합쇼핑몰 타임스퀘어에는 신개념 만화카페 '롤롤ㅣㅇㅣㅇㅣ'이 문을 열었다. 이곳에는 개성 있는 동굴 디자인의 자리도 있고, 푹신한 1인용 소파도 있어 집처럼 편안하게 만화를 볼 수 있다.

서울 서북 상권 최초의 복합쇼핑몰인 롯데몰 은평점에 위치한 '놀멘

다양한 디자인의 자리에서 만화를 볼 수 있는 만화카페 '롤롤'

'놀멘서가'는 '어른아이 감성놀이터'를 표방하고 있다.

서가'는 '어른아이 감성놀이터'를 표방하고 있다. 매장 외관에는 만화 속 명대사를 적어 놓았고, 직접 웹툰을 그려볼 수 있는 웹투니스트 존도 운영하고 있다. 유소년부(13세 이하)와 청소년부(14~19세)로 나누어 '웹 툰경진대회'를 개최하기도 했다.

아울러 만화카페는 자유로이 대화를 나눌 수 있는 일반 카페보다 훨 씬 조용하다는 장점이 있다. 그래서 노트북을 들고 찾아 오는 학생, 직장 인 고객들도 많다. 와이파이가 연결되어 있으니 인터넷에 접속해 자료 도 찾고, 커피도 마시고, 밥도 먹고, 누워서 쉬기도 한다. 가격도 그리 비 싸지 않으니 특히 젊은 층들의 발길이 계속 이어질 것으로 보인다.

사실 만화카페의 인기는 만화 자체에 대한 평가가 높아진 것과도 관 련이 있다. 일단 웹툰 시장이 급속도로 팽창했고, 웹툰을 기반으로 한 몇 몇 드라마와 영화가 작품성 측면에서도 호평을 얻고 있다. 시사성 짙은 만화작품도 꾸준하게 독자들의 사랑을 받고 있다. KT경제경영연구소는 2차 부가가치를 포함한 웹툰 시장의 규모가 2015년 4,200억 원을 기록 했던 수준에서 2018년에는 1조 원에 육박할 것으로 분석했다. '웹투노 믹스$^{webtoon+economics}$'라는 신조어가 괜히 나온 게 아니다.

유통업계 관계자는 만화카페라는 새로운 '문화 쉼터'의 부상을 주 의 깊게 관찰해야 할 것이다. 기존 만화카페와 차별화할 수 있는 지점 이 무엇인지, 입점하고자 한다면 어떤 동선에 자리를 잡아야 할지, 다 른 매장과 공동으로 프로모션할 수 있는 아이디어는 없는지 등 다각도 의 고민이 필요하다. 더욱 창의적이고 편안한 만화카페의 출현을 기대 해본다.

경험을 소비하라,
스포테인먼트 콘텐츠

스포츠를 즐기러 쇼핑몰에 가는 것은 더 이상 낯선 풍경이 아니다. 옷, 구두, 가방 등의 상품을 사는 것뿐 아니라 몸을 움직이는 활동이 주는 재미, 이색경험을 소비하려는 고객이 증가하고 있다.

'스포테인먼트sportainment'는 스포츠와 엔터테인먼트를 합친 말이다. 주말에 레포츠와 쇼핑 모두를 즐기고 싶어 하는 이들의 니즈를 충족시켜서 고객의 방문을 유도하는 전략이 바로 스포테인먼트 마케팅이다.

야구장과 놀이동산이 경쟁자

스포테인먼트 마케팅을 가장 성공적으로 수행하고 있는 곳을 꼽자면 바로 신세계프라퍼티가 운영하는 복합쇼핑몰 스타필드 하남이다. 신세계 그룹 정용진 부회장은 앞으로 쇼핑몰의 경쟁자는 야구장과 놀이동산이라고 말한 바 있다. 그만큼 놀 거리, 즐길 거리, 볼거리를 다채롭게 준비해야 한다는 것이다.

스타필드 하남에는 복합 스포츠 시설 '스포츠 몬스터'가 있다. 베이직 존Basic Zone, 익사이팅 존Exciting Zone, 어드벤처 존Adventure Zone, 디지털 존Digital Zone 등 4가지 스타일의 체험공간을 구성했다.

스포츠 몬스터는 '체험'의 힘을 정확하게 이해하고 있다. 베이직 존에는 바닥에서 화려한 영상과 음향이 나오는 LED 스포츠 코트가 있다. 이곳에서 농구, 배구, 플로어볼 등을 자유롭게 즐길 수 있다. 다이내믹 코트에서는 라켓 게임, 네트형 게임, 플라잉 디스크를 즐기고, 스카이 그라운드에서는 킨볼 경기를 할 수 있다. 야구 타격 연습장과 국제 규격 사이즈의 정식 풋살구장도 있다. 점수 내기를 하는 직장인들을 심심찮게 볼 수 있다.

익사이팅 존에는 4미터 위 공중까지 날아오르는 경험을 맛볼 수 있는 점핑 트램폴린 존, 춤추고 노래 부르는 댄싱 네스트, 한강을 바라보며 여러 활동(생일파티, 체험학습 등)을 할 수 있는 소규모 다목적실, 다트 게임장, 레이저 사격장 등이 있다. 어른들도 동심으로 돌아가 신나게 뛰어놀 수 있어 커플들의 데이트 장소로도 사랑받고 있다.

어드벤처 존에서는 초보자도 쉽게 할 수 있는 코스의 놀이형 클라이밍 체험, 리드·스피드·볼더링 체험이 가능한 3D 실외 암벽 등반코스, 8미터 높이에서 뛰어내리는 실내 번지점프, 6.5미터 높이에서 도전하는 장애물 건너가기 게임, 8미터 높이에서 내려오는 대형 미끄럼틀인 몬스터 슬라이드 등을 볼 수 있다.

첨단기술이 결합된 디지털 존에서는 시공간을 뛰어넘는 놀라운 장면이 연출된다. 우선 다양한 디지털 장치를 통해 건강상태와 운동능력을

'스포츠 몬스터'에서는 일상에서 느끼기 힘든 짜릿함을 맛볼 수 있다.

체크할 수 있고, VR기술을 활용해 전신근육을 사용하는 운동기구인 '이 카로스ICAROS'에 몸을 맡겨볼 수도 있다. 디지털 안대를 쓰고 가상현실 속에서 짜릿한 스릴을 즐길 수 있다. 또 스크린 게임을 통해 축구, 야구, 태권도, 핸드볼, 육상(단거리 달리기, 장애물 달리기, 멀리뛰기), 자전거 등 다채로운 종목도 즐길 수 있다.

전신을 쓰며 스포츠 활동을 즐기고 나면 출출해지기 마련이다. 이런 부분을 충족시키기 위해 3층에는 원스톱 다이닝 스페이스인 '잇토피아Eatopia'가 있다. 잇토피아는 먹는다는 뜻의 'Eat'과 이상향을 뜻하는 'Utopia'가 합쳐진 말이다. 이곳이 곧 맛의 이상향이라는 것이다. 특정 인기 단품 메뉴로 고객의 입맛을 사로잡는 전통 맛집과 SNS에서 화제를 모으는 신예 맛집이 공존한다. 초마·탄탄면공방·청키면가 등이 있는 이스턴 스트리트와 스타 셰프가 새로운 서양식을 선보이는 웨스턴 스트리트로 나뉘며, 전면 개방된 유리창을 통해 한강을 바라보면서 식도락을 즐길 수 있다.

푸드 엔터테인먼트와의 연계 전략

야외 테라스를 따라 완성된 푸드 로드인 '고메 스트리트'도 빼놓을 수 없다. 약 200미터에 달하는 운치 있는 이곳에 '맛스타그램'을 취미로 삼고 있는 '얼리어먹터('얼리어댑터'와 '먹다'의 합성어)'들이 모이고 있다. 광화문 미진, 소호정, 의정부 평양면옥 등의 노포老鋪부터 국내 맥주 마니아들의 트렌드 메카인 데블스도어까지 맛집들을 엄선했다.

　마케팅 담당자라면 스포테인먼트 시설과 식음료 공간의 연계성을 극대화할 수 있는 전략을 수립해야 한다. 고객들이 자연스럽게 이동할 있도록 하는 게 포인트다. 스포테인먼트 티켓 소지자에게 식음료 할인 혜택을 주거나, 페이스북이나 인스타그램 등에 인기 메뉴를 찍은 사진을 인증하면 스포테인먼트 입장권 할인을 해주는 등 다양하고 기발한 연계 프로모션을 구상해볼 필요가 있다.

'안전 경쟁'에 성패가 달려 있다

스포테인먼트 마케팅의 핵심은 무엇일까? 최신식 장비, 다양한 난이도의 체험 프로그램 등 여러 답변이 나올 수 있을 것이다. 하지만 무엇보다 '안전'에 무게중심을 싣고 스포테인먼트 콘텐츠를 기획해야 한다. 아무리 재미있는 스포츠 활동공간을 마련했다 한들, 한 명의 부상자라도 발생하면 그곳은 치명상을 입게 된다.

　체계적인 안전교육, 시설점검이 필수적이며 사고예방을 위해 전직원이 힘써야 한다. 스포츠 몬스터에는 '스몬가드'가 곳곳에 배치되어 고객들의 안전을 책임지고 있다. 최근 스타필드 하남 외에도 적잖은 유통업계에서 스포테인먼트 시설을 확충하려는 움직임을 보이고 있다. 이들이 치열한 '안전 경쟁'을 벌일 때, 스포테인먼트 마케팅에 사로잡히는 고객의 수도 배가될 것이다.

루프톱 상권,
날개를 달다

옥상, 그 이상도 이하도 아니었던 공간에 활력이 돋기 시작했다. 자투리 공간에 불과했던 옥상의 몸값이 연일 상승세다. 이른바 루프톱 rooftop 상권에 대한 유통업계의 관심이 날이 갈수록 커지고 있다. 옥상에서만 느낄 수 있는 특유의 낭만을 맛보기 위한 고객들이 늘고 있다.

이태원 경리단길, 홍대, 대학로, 신사동 가로수길 등지에는 루프톱 레스토랑과 루프톱바, 카페가 연이어 문을 열고 있다. 하늘 위로 뻥 뚫려 있는 탁 트인 조망, 선선한 분위기가 주는 매력이 고객들의 발길을 사로잡고 있다.

복합쇼핑몰 옥상에 들어선 풋살장

백화점과 복합쇼핑몰도 '샤워 효과'를 목표로 꼭대기 공간을 창의적으로 활용하고 있다. 샤워 효과란 샤워기의 물이 위에서 아래로 쏟아지는 것처럼 위층의 이벤트 혹은 인기 시설로 끌어모은 고객이 아래층으로 내려가며 전체적인 매출을 증대시키는 전략을 일컫는다. 위층에 이벤트홀, 레스토랑을 두는 것도 샤워 효과를 염두에 둔 배치다. 반대 개념은 분수 효과Fountain Effect다. 1층에 화장품 매장, 브랜드 명품을 입점시켜 고객이 아래층에서 위층으로 올라가도록 유도하는 전략이다.

최근 주목받는 루프톱 시설로는 풋살장이 있다. 롯데몰 은평점은 옥상 풋살장에서 '스포츠 CSR'을 선보이고 있다. '유엔 해비타트 유스컵 여자 풋살대회'를 개최하는가 하면, 은평구 관내 유치원과 어린이집 십여 곳을 대상으로 무료 '유아축구 교실'을 운영하기도 했다. 이처럼 옥상 공간을 활용하여 지역 친화 이벤트를 꾸준히 진행하고 있다.

현대아이파크몰 옥상 풋살경기장은 직장인 풋살 마니아들의 번개 장

옥상을 스포테인먼트의 장소로 활용하고 있는 '홈플러스 풋살파크'

소로 각광 받고 있다. 현대아이파크몰의 풋살 사랑은 어제오늘의 얘기가 아니다. 참고로 현대아이파크몰의 운영을 담당하고 있는 현대산업개발 정몽규 회장은 대한축구협회 회장이기도 하다.

홈플러스의 풋살파크도 주목할 만하다. 스포츠마케팅 전문기업과 손을 잡고 수도권뿐 아니라 지방에도 하나둘씩 풋살파크를 개장하고 있다. 각 구장 전면에 1.5미터 높이 세이프 쿠션을 설치하여 어린이 부상방지에도 심혈을 기울였다.

이들 업체는 풋살장을 연 이유를 지역 주민에게 생활체육 시설을 제공하기 위한 것이라고 말하고 있다. 일정 부분 맞는 얘기다. 하지만 국내에 풋살 인구가 적지 않다는 점도 주된 요인으로 작용하고 있다. 이들을 쇼핑 고객으로도 전환하고자 하는 것이다. 국내 풋살 동호인이 대략 20만 명에 이르고 풋살 클럽이 1만 3천 개, 유소년 축구 클럽은 2만 개에 육박한다.

세계에서 가장 인기가 많은 루프톱 스팟은 아마 싱가포르의 마리나 베이 샌즈 호텔_{Marina Bay Sands Hotel} 57층에 있는 수영장일 것이다. 세계 최고층 수영장으로도 유명하다. 마리나 베이 샌즈는 그 유니크함으로 세계적인 평가를 받는 복합 리조트이며, 싱가포르가 핵심 정책으로 추진하는 MICE(Meeting, Incentives, Convention, Exhibition 네 분야를 통틀어 말하는 서비스산업)의 성과물이기도 하다. 마리나 베이 샌즈가 문을 연 이래 총 1만 6천 개의 일자리가 창출되기도 했다. 마리나 베이 샌즈가 싱가포르 GDP에 기여하는 비중이 1.25%라는 분석도 있다.

꼭대기 층에 사람이 붐비는 백화점

신세계백화점 대구점 9층은 늘 사람들로 붐빈다. 우선 국내 최초로 꼭대기 층에 자리한 대형 아쿠아리움이 있다. 대구에는 신세계백화점이 오픈하기 전까지만 해도 아쿠아리움이 없었다. 관람 동선이 약 800미터에 달해 해운대의 '씨라이프'보다 길다. 그만큼 오래 머무르라는 의도로 풀이된다. 뿐만 아니라 도심 속 정글 컨셉의 테마파크 '주라지'도 자리 잡았다. 주라지는 아쿠아리움과 연결되며, 실내와 야외 테마파크로 나뉘는 패밀리형 테마파크다. 주라지 옥상 전망대에서는 전면 통유리를 통해 동대구역과 팔공산을 한눈에 바라볼 수 있다.

현대백화점 판교점 옥상에는 회전목마가 있다. '이상한 나라의 앨리스'를 주제로 한 회전목마가 놀이공원이 아닌 백화점 옥상에 설치된 것은 그 자체만으로도 SNS에서 이슈가 됐다.

앞으로 유통업체의 루프톱 활용은 어떤 방향으로 발전할까? 무조건 집객이 많이 되는 것으로 끝이 나는 게 아니라, 타깃 설정을 보다 세밀하게 할 필요가 있다. 또 지점별로 획일화되면 고객이 금방 질리기 때문에, 점포별 특성화 방안을 강구해야 한다. 그럴 때만이 옥상까지 올라온 고객이 다른 층에도 골고루 퍼져 즐겁게 쇼핑할 수 있을 것이다.

지역 친화 마케팅,
고객과의 거리를 좁히다

신세계백화점 대구점은 오픈 한 달 만에 500만 명의 고객을 끌어모은 바 있다. 이는 대구시 인구의 2배에 달하는 수치. 당시 초반 흥행에 성공한 배경으로 지역 최대 규모의 영업면적(10만 3천㎡), 아쿠아리움과 테마파크 등 다양한 놀이공간의 조성, 복합환승센터의 운영 등이 거론되었다. 하지만 가장 큰 역할을 했던 것은 신세계백화점 대구점의 '지역 친화 마케팅'이었다.

지역 기업 마케팅으로 시민의 마음을 얻다

우선 신세계백화점 대구점은 현지법인(대구 신세계)을 통해 운영 중이다. 현지법인화를 통해 지역 인재 우선채용, 지역 기업 입점 등 지역 경제의 발전에 적극적으로 기여하겠다는 것이다. 현지법인화는 지역에 선사하는 유무형의 혜택이 많고, 무엇보다 침체된 지역 경제 활성화에 일조하기에 지역 언론의 우호적인 보도를 이끌어낼 수 있다. 이는 신세계가 대구 지역에 안착하는 데 큰 도움이 된다.

백화점에 들어가 보면 대구 시민의 마음을 사로잡기 위한 노력이 곳곳에 묻어 있다. '대구 현지법인', '대구 기업' 등의 지역 친화적인 표현과 자주 마주치게 된다. 별관인 파미에 타운의 대형스크린에는 "대구 신세계는 대구 시민과 함께하는 대구 기업입니다"라는 문구가 눈에 들어온다. 푸드 가이드, 스토어 가이드 등 고객들이 많이 보는 카탈로그의 첫 장에도 대구 현지법인임을 강조한다. 많고 많은 여러 대기업 중 하나가 아니라 '우리 대구 지역의 기업'이라는 이미지를 각인하고자 하는 것이다.

백화점 본관과 파미에 타운을 잇는 파미에 브리지에서는 '장소의 탄생전'이라는 이름의 전시를 개최했다. 1973년 당시 대구 신세계백화

지역 시민의 마음을 사로잡기 위해 신세계는 '대구 기업'을 강조한다.

점의 신문광고, 1970년대 동성로의 모습을 담은 사진 등을 볼 수 있다. 신세계는 실제로 1973년 대구에 백화점 점포를 오픈했다가 오일쇼크 등의 악재로 1976년에 폐점한 바 있다. 대외경제적인 요인으로 문을 닫은 것을 "3년여 기간의 추억을 뒤로하고 1976년에 아쉬운 석별"이라는 매우 정서적인 어법으로 표현했다. 이를 통해 대구 지역과 신세계그룹의 역사적 친화성("대구의 이름으로 시작합니다")을 강조했던 것이다.

상생 기업 이미지를 강화하는 입점의 힘

또한 푸드마켓에 '동구청과', '대구수산', '달구네 정육점', '대봉동 로라 방앗간' 등 이름만 들어도 대구의 지역성을 물씬 느낄 수 있는 지역의 명물을 입점시켰다. 이는 신세계백화점 대구점에 대한 대구 시민의 호감도를 높이고, 심리적 거리감을 좁히는 데 기여했다. 지역과의 상생을 중시한다는 이미지도 획득했다. 아울러 우리 지역의 농산물을 판매하고 있다는 것을 홍보하면서 먹거리의 신선함과 안전성에 대한 고객의 신뢰도를 제고했다.

대구는 보수적인 이미지와 다르게 지역 맛집 문화와 새로운 외식 트렌드를 선도하고 있다는 평가를 받는다. 캐주얼 패밀리 레스토랑 '서가 앤쿡', 치킨 프랜차이즈 '교촌치킨', 2인 1메뉴로 유명한 '허디거디', 샐러드 파스타와 떠먹는 피자로 성공한 '미즈컨테이너' 등이 대구 지역에 뿌리를 두고 있다. 또한 '대구패션페어DFF'를 꾸준하게 개최해오고 있는

신세계백화점은 대구점에 대구 지역의 명물을 대거 입점시켰다.

패션문화도시의 면모를 갖고 있기도 하다. 앞으로도 이런 대구의 특성을 고려해서 MD 전략을 수립해야 할 것이다.

지역 내 CSR은
자발적이고 선제적으로

자발적이고 선제적인 지역 내 사회공헌활동도 돋보였다. 신세계는 2016년 12월 12일에 화재로 큰 피해를 입은 서문시장 상인들을 돕기 위해 5억 원의 성금을 대구시에 전달했다. 대구점 오픈(2016년 12월 13일 프리 오픈, 12월 15일 정식 오픈)을 목전에 두고 경쟁사 대비 거액의 기금을 쾌척함으로써 기부 효과를 배가했다.

경쟁사들은 서로 눈치만 보다가 알맞은 기부 타이밍을 놓쳤고, 거액의 성금을 전달했음에도 불구하고 기부효과가 반감되는 상황에 놓이게 됐다. 좋은 일에 통 큰 행보를 보인 신세계는 지역 사회의 긍정적인 여론을 환기하는 데 성공했다.

신세계백화점 대구점의 하드웨어적인 측면에 대한 분석은 쉽게 접할 수 있으나, 세심하면서도 효과적으로 지역 민심에 다가가고 있는 신세계의 '지역 친화 마케팅'에 주목한 글은 잘 보이지 않는다.

대구는 1인당 지역내총생산^{GRDP}이 전국 최하위권일 정도로 지역 경제 지표가 좋지 않고, 250만 명의 인구를 두고 롯데백화점, 현대백화점 등도 강력한 판촉활동을 벌이고 있다. 이처럼 신세계가 처한 상황은 녹록지 않다. 하지만 결국 사업의 성패는 고객의 마음을 누가 얻어내는가에 있다. 앞으로 지역에 점포를 오픈하고자 하는 유통업체라면 조용하지만 치밀하게 준비한 신세계의 지역 밀착 행보를 세밀하게 연구해야 할 것이다.

복층 편의점, 공간 활용의 상상력을 더하다

편의점에 들어가니 계단이 나온다. 1층과 2층, 두 개의 층으로 구성된 '복층 편의점'이다. 1층에서 과자, 커피, 도시락 등을 사고 2층으로 올라가 편안하게 먹을 수 있다. 편의점이 한 단계 더 높은 수준의 '편의'를 제공하고 나선 것이다.

사회학자 전상인 교수는 《편의점 사회학》에서 이렇게 말했다. "목하

복층 편의점의 계단을 오를수록 한 단계 더 높은 수준의 편의를 얻을 수 있다.

편의점은 주변의 상업 시설, 공공 기관, 문화 공간을 하나하나 '흡수 통일' 하는 중이다." 복층 편의점에 들어서면 전상인 교수의 진단이 과장이 아님을 알 수 있다. 편의점이라는 작은 공간에서 못하는 것이 없기 때문이다.

기품이 있는 편의점,
풍경이 있는 편의점
——

세븐일레븐 도시락 카페 KT강남점 2층에서는 쾌적한 분위기에서 회의를 진행할 수 있다. 편의점에서 회의를 하는 세상이 도래한 것이다. 토즈, 윙스터디 등 스터디 카페의 기능까지 편의점에 들여온 것으로 화이트보드, 빔프로젝터도 구비되어 있다. 안마기도 있어 직장인들의 지친 몸과 마음을 달래주기도 한다. 명동에 위치한 세븐일레븐 도시락 카페 중국대사관점에서는 〈미생〉, 〈슬램덩크〉 등의 만화를 무료로 볼 수도 있다. 편의점 2층에 마련된 자리에 앉아서 친구를 기다리기에 안성맞춤인 공간이다.

세종시에 위치한 CU 한국영상대점은 우주형 천장 인테리어와 회오리 형태의 계단을 선보여 화제를 모으기도 했다. 편의점 하나가 대학교의 랜드마크가 될 수 있음을 보여주는 사례이기도 하다.

한편 편의점 업계 후발주자 이마트24 또한 복층형 편의점에 많은 관심을 쏟고 있다. '기품이 있는 편의섬The Elegant Convenient Store'을 표방하는 이마트24 삼청로점은 외국인 관광객이 많은 찾는 입지 특성을 반영해 전

© 이마트24

목조 디자인의 기둥 장식이 인상적인 이마트24 삼청로점.
2층으로 올라가면 전통 공예품을 구매할 수 있다.

통과 현대가 공존하는 매력적인 인테리어를 선보였다. 2층에 올라가면 한옥의 정취를 물씬 느낄 수 있다. 마루와 교자상이 있어 신발을 벗고 편안하게 앉아서 차를 마실 수 있다. 전통주와 전통 공예품도 판매한다. 동시에 고객이 상품의 바코드를 찍어 카드로 결제하는 셀프계산 시스템을 적용했다. 창가 자리에는 휴대전화를 충전할 수 있는 콘센트까지 마련했다. 물건만 사고 급하게 나가는 곳이 아니라, 여유 있게 머무를 수 있는 공간으로 탈바꿈한 것이다.

　'풍경이 있는 편의점The Scenic Convenient Store'을 지향하는 이마트24 충무로2가점은 무려 3층짜리 편의점이다. 남산타워를 한눈에 볼 수 있는 테라스 공간도 있다. 옥상에 마련된 그네 의자는 커플들의 셀카 명소로 입소문이 나고 있다.

창의적 공간 활용으로 유인을 제공하라

복층 편의점은 앞으로 어떤 부분에 주안점을 두어야 할까? 세븐일레븐 도시락 카페 중국대사관점은 2016년 겨울 도라에몽 팝업스토어를 운영하며 많은 고객을 끌어모았다. 2017년 여름에는 1인 가구, 혼밥족 등의 입맛을 겨냥한 도시락 시식회를 가지기도 했다. 또한 이마트24 충무로2가점은 남녀 화장실과 여성 고객을 배려한 파우더룸까지 설치했다. 이곳에서는 카페처럼 와이파이를 이용할 수 있다.

　이렇듯 복층 편의점의 성공은 2층 공간을 어떻게 활용하느냐에 달려 있다고 해도 과언이 아니다. 일본에서는 1층에는 기존 편의점처럼 상품을 판매하는 공간을 두고, 2층에는 헬스장을 두어 피트니스 사업을 함께 펼치는 편의점 비즈니스 모델도 나왔다고 하니 한국 편의점은 어디까지 진화할지 기대된다. 세심한 마케팅 전략과 다른 업종과의 창의적인 콜라보로 고객이 2층까지 흔쾌히 올라올 수 있도록 보다 노력해야 할 것이다.

리테일 취업
어드바이스

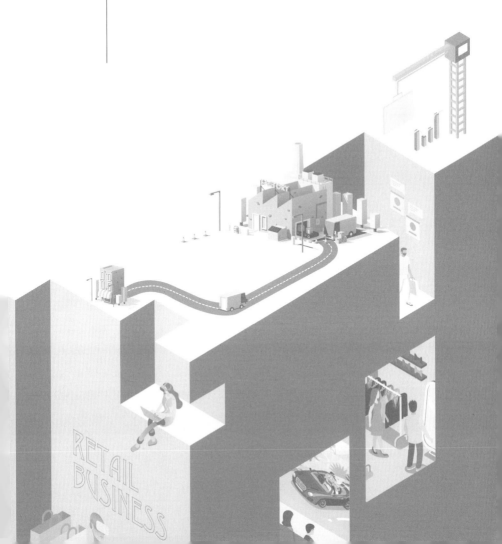

리테일 취업 문은
활짝 열려 있다

유통산업은 일자리 모범생이다. 자동화 및 해외진출로 '고용 없는 성장(고용이 완전히 회복되기에는 충분하지 못한 생산 증가)'에 직면한 제조업에 비해 유통업의 고용창출효과는 확실히 더 높다고 볼 수 있다. 유통산업이 국내 고용인구의 약 18%를 차지한다는 분석도 있다. 그런 맥락에서 '일자리 모범생'이라는 표현을 쓰기에 부족하지 않다.

　최근 유통산업에도 자동화 바람이 불고 있다고는 하지만, 롯데쇼핑만 해도 직원 수가 2006년부터 10년간 97%나 증가했다. 롯데그룹의 14개 유통 관련 계열사의 직간접 고용인원은 2017년 기준 23만 명에 육박한다. 10년간 유통 빅3(롯데그룹, 신세계그룹, 현대백화점그룹)에서 증가한 직원 수 규모는 재계 3위 SK그룹의 전체 직원 수보다도 많다. 재계 5위 롯데그룹이 10년간 늘린 직원

수는 재계 2위 현대자동차그룹보다도 많다. 유통업계는 '고용 있는 성장'을 해 왔음을 숫자로 증명했다.

스타필드 하남의 등장으로 5천 명의 직접고용이 이루어졌다. 투자와 공사를 진행하면서 발생하는 간접고용까지 합치면 3만 4천여 명에 이른다. 정직 원뿐만 아니라 브랜드 직원과 청소·보안·안전·안내·주차 등 곳곳에 일자리가 파생된다. 2013년 부여에 롯데아울렛이 들어서며 인구(약 7만 명)의 1%를 롯데 직원이 차지하는 현상도 벌어졌다.

이렇듯 고용효과가 큰 유통업계에 일하고자 하는 취업준비생들을 위한 팁들을 부록에 담았다. 다음의 자료들이 취업을 준비하는 데 큰 도움이 되길 바란다.

01.
영수증을 허투루
보지 마라

백화점, 마트, 복합쇼핑몰, 편의점 등에서 상품을 구입한 후 받는 영수증에는 생각보다 많은 정보가 들어 있다. 유통업계에서 일하고자 한다면, 영수증을 꼼꼼하게 보는 습관을 기르는 것이 좋다. 다른 산업군에 지원한다고 해도 영수증을 허투루 봐선 안 된다.

이마트의 영수증을 예로 들어 보자. 영수증 앞장을 보면 우측 상단에 점포명과 사업자번호, 대표자 이름, 주소가 적혀 있다. 이런 정보들도 그냥 놓치지 말자. 이갑수 대표는 2016년 겨울 신세계그룹 인사에서 사장으로 승진했다. 그 전에는 김해성 부회장과 함께 공동대표체제였는데, 부사장에서 사장으로 승진하면서 단독대표체제로 바뀐 것이다. 김해성 부회장이 이선으로 물러나는 것은 그만큼 정용진 부회장의 장악력이 더욱 높아지는 것으로 해석될 수도 있다. 꼭 이마트 지원자가 아니더라도 유통업계 주요 경영자의 동향 정도는 이해하고 있는 것이 좋다.

또한 POS 정보, 포인트 현황, 교환/환불 조건, 캐셔 정보, 구매 일시 등도 기재되어 있다. 일반 상품은 30일 이내 환불이 되는데, 신선식품은

7일이 지나면 안 된다는 것도 알 수 있다. 영수증을 보며 개선할 점은 없는지, 소비자들에게 혼선을 줄 만한 표현은 없는지 등을 살펴보는 것도 필요하다. 이렇듯 영수증을 보면 유통업에 대한 공부가 많이 된다. 적립된 포인트를 어떻게 마케팅과 연결할 수 있을지, 어떤 카드사와 제휴하는 것이 좋을지 등 다른 지원자들이 해보지 못한 고민을 자기소개서와 면접 과정에 담아 보자.

정답은 없다. 자기만의 논리를 탄탄하게 갖추면 된다. 꼭 세계일주를 해야 차별화되는 것이 아니다. 5개 국어를 하고, 세계적인 컨설팅 회사에서 인턴을 하고, 만점에 가까운 학점을 받은 것보다 당장 해당 업계에서 적용할 수 있을 만큼 도움되는 아이디어를 줄 수 있는 지원자가 더욱 빛나지 않을까?

영수증의 뒷장에도 정보가 가득하다. 할부거래계약서 조항과 카드사에 따른 할부수수료율도 표기되어 있다. 또한 이마트의 자체 패션 브랜드 데이즈DAIZ, 남자들의 놀이터를 표방하는 체험형 가전전문매장 일렉트로마트, 애견샵 브랜드 몰리스펫샵, PB인 피코크와 노브랜드, 러빙홈 등의 로고를 볼 수 있다. 하나하나가 다 신세계가 그룹 차원에서 투자를 아끼지 않고 있는 브랜드다.

이마트에서 물건을 하나 샀을 뿐인데, 이마트와 관련한 많은 정보에 대해 자연스레 학습할 수 있는 셈이다. 관심이 가는 분야에 대해 더 조사해보면 이렇게 체득한 것들이 취업준비 과정에서 엄청난 자산이 될 것이다. 비단 이마트 지원뿐 아니라 경쟁사에 지원할 때도 당연히 도움이 되고, 설령 다른 산업에 지원한다 해도 이 지식을 활용해 다양한 마케팅 제안을 해볼 수도 있다.

그러므로 영수증을 버리지 말고, 형광펜으로 밑줄 쳐가며 하나하나 공부하자. 작은 영수증에 들어 있는 정보를 꼼꼼하게 읽는 데 5분이면 족하다. 5분 투자로 기업의 얼개를 알 수 있다면, 괜찮은 투자가 아닐까?

02.
우문현답
우리의 문제는 현장에 답이 있다

취업을 준비하는 대학생들과 이야기해보면, 아직 입사하기 전인데도 자신은 꼭 본사에서 근무하기를 희망한다는 말을 자주 하곤 한다. 본사에서 일하겠다는 생각 그 자체가 잘못됐다고 어느 누가 함부로 말할 수 있겠는가. 하지만 현장에서 일하는 것을 기피한다는 인상을 주면 곤란하다.

유통업계에서 현장근무 혹은 점포근무를 해본 경험은 이후 인사, 마케팅, 홍보, 재무, 기획, MD 등 다양한 직무를 수행할 때 단단한 토양이 된다. 이것을 현직의 선배들은 누구보다 잘 알고 있다. 그래서 자기소개서 작성과 면접 과정에서 본사의 특정 직무를 희망한다는 메시지를 너무 강하게 표시하는 것은 전략적으로 좋지 않다.

물론 대형마트의 사회공헌 담당자로 성장하고 싶을 수 있고, 복합쇼핑몰의 PR 전문가로 커리어를 쌓아나가고 싶을 수 있다. 편의점 업계 최고의 마케팅 임원으로 승승장구하는 것이 목표일 수도 있고, SSM 업계에서 제일가는 식품 MD가 되겠다는 꿈을 가진 식품자원경제학 전공자가 있을 수도 있다. 다 좋다. 각자가 선정한 그 목표, 입사한 이후에도 절대로 잊지 않는 것이 중요하다.

다만 그 꿈도 일단 해당 기업에서 자신을 선택해줘야 시작이라도 해볼 수 있다. 이것이 현실이다. 일단 현장 혹은 점포에서 다양한 경험을 쌓고, 이 누적된 역량을 기초로 어떤 업무를 해보고 싶다는 논리를 마련할 것을 권한다.

조금 더 현실적인 이야기를 하자면, 대졸 공채사원의 경우 회사마다 조금씩 사정은 다르지만 합격자를 무작정 오랫동안 현장에서만 일하게 두지는 않는다. 회사 나름의 인사배치 전략이 있을 것이다. 짧으면 수개월 길면 몇 년 현장 근무 후 자신의 적성, 회사가 판단하는 해당 직원의 강점, 그리고 무엇보다 그 직무의 티오 등을 감안하여 인사이동이 이뤄진다.

현장에서 일하는 시간 동안 하나라도 더 배우겠다는 자세를 가져보자. 이왕 업계에 발을 들인 이상 유통 전문가가 되어야 하지 않겠나. 고객의 컴플레인에 직접 부딪혀보며 그들이 진정 원하는 것이 무엇인지 고민해보자. 개선점을 찾아보고, 본사의 여러 팀과 유기적으로 소통하려고 노력하자. 그러다 보면 현장에서 매일 벌어지는 예측할 수 없는 많은 문제에 대한 대응력을 키워나갈 수 있을 것이다. 이런 포인트를 자기소개서와 면접 과정에 잘 녹여내자.

롯데면세점 대표, 롯데백화점 대표를 역임한 이원준 롯데 유통BU장(부회장)은 '우문현답'을 강조한다. 갑자기 왜 '어리석은 질문에 대한 현명한 대답'을 뜻하는 우문현답을 이야기하는 것일까? 이원준 BU장이 말하는 우문현답은 그 의미가 조금 다르다. '우리의 문제는 현장에 답이 있다'는 것이다.

현장에 답이 있다는 것을 지원자 시절부터 가슴속에 새긴다면, 다른 경쟁자보다 한발 앞서갈 수 있다. '현장에서 뼈를 묻겠다'고 당당히 외쳐도 막상 회사에서 당신을 현장에 계속 두지는 않는다. 진정성도, 성실함도 중요하지만 취업은 전략이다. 합격을 하지 못하면, 서류 과정에서 떨어졌든 최종면접 과정에서 떨어졌든 결과는 같다.

현장에서 기초를 쌓겠다는 것을 분명히 하고, 또한 고객 입장에서 현장의 개선점을 몇 가지 찾아내 업계 선배들에게 제안해보자. 토익 몇 점, 자격증 몇 개로 차별화하는 시대는 지났다. 입사도 하기 전에 현장에서 인사이트를 얻는다면 당신은 이미 유통인이 될 자격을 갖췄다.

03.
플로어 가이드를 모아라

롯데가 그룹 차원에서 심혈을 기울여 완성한 롯데월드몰의 플로어 가이드 Floor Guide를 예로 들어 보자. 플로어 가이드는 고객 동선 곳곳에 비치되어 있다. 해당 점포를 방문한 날만 보는 일회용 안내지도라고 생각하지 말고, 취업 준비 과정에서 귀중한 자료가 될 수 있다고 생각을 바꿔보자. 주요 점포의 플로어 가이드를 모아볼 것을 권한다.

일단 플로어 가이드를 펼쳐보면 이 복합단지의 전체적인 구성을 한눈에 조망할 수 있다. MD 가이드에는 쇼핑몰, 에비뉴엘, 면세점, 콘서트홀, 시네마, 하이마트, 아쿠아리움, 마트 등이 이해하기 쉽게 구획되어 있다. 각 시설의 위치, 영업시간도 파악할 수 있다. 단순히 백화점은 20시(식당가는 22시)에 닫고, 쇼핑몰은 22시(식당가는 24시)에 닫는다는 정보 획득에 그쳐서는 안 된다. 추가적인 의문점들을 따로 기록해두어야 한다.

이를 통해 쇼핑몰 식당가가 22시부터 24시까지 벌어들이는 수익이 얼마나 될지, 롯데마트의 영업시간은 24시까지인데 이마트가 23시에 폐점하기로 결정한 것에 어떤 영향을 받지는 않을지, 면세점 손님을 식당가로 끌어들일 좋은 전략은 없는지, 아쿠아리움을 운영하는 계열사가 어디인지 등에 대해 조사해보고 고민해보자. 이 과정에서 이 복합단지에 대한 이해도가 제고될 뿐 아니라, 유통업 전반에 대해서도 많은 공부가 될 것이다. 혼자 고민하는 것이 어렵다면 친구와 같이 머리를 맞대보기도 하고, 현직에서 일하는 학교 선배를 찾아가보는 것도 방법이다.

층별 도면도를 꼼꼼히 보는 것도 중요하다. 예컨대 에비뉴엘 4층은 남성관이고, 쇼핑몰 4층은 키즈, 생활, 서점, 씨푸드 등으로 구성되어 있다. 각 MD 구성을 면밀히 살펴보고, 개선점이 없는지 연구해보는 시간을 가져보자.

각 층에서 제일 매출이 높을 것 같은 매장, 집객이 많이 될 것 같은 장소를 플로어 가이드에서 찾아보자. 매출이야 외부에 공개되지 않으니 확인할 방법이 마땅하지 않지만, 집객은 직접 해당 유통공간에 방문해 눈으로 확인해보자. 시간대별로 집객의 양상도 다를 테니, 고객의 유입 흐름을 나만의 노트에 기록해두자.

또한 플로어 가이드를 보고, 내가 이곳의 직원이라면 지인에게 꼭 추천하고 싶은 매장이 어디인지, 쇼핑 코스는 어떻게 하면 좋을지 등에 대해서도 생각해보면 어떨까.

매장뿐 아니라 각종 편의 시설의 위치에 대해서도 체크해두자. 안내 데스크, 화장실, 가족 화장실, 유아 휴게실, 고객상담실 등은 왜 이곳에 있는지 자문해보라. 백화점이든, 복합쇼핑몰이든 아무 이유 없이 해당 시설을 그곳에 배치한 게 아닐 것이다. 그럼에도 개선할 부분은 없는지 끝없이 질문해보는 자세가 필요하다. 유모차 대여소 위치가 지금 장소에 있는 게 정말 합당한지, 이 위치가 아기를 가진 어머니들이 선호하는 매장 근처에 있는 게 맞는지 알아보자. 의무실이나 약국의 수가 너무 적은 건 아닌지, 사은품 증정장소가 너무 찾기 어려운 곳에 있는 건 아닌지, 텍스 리펀드Tax refund에 대한 안내는 잘 되어 있는지 등을 직원의 입장에서 체크해보자.

식당가도 한식, 일식, 중식, 양식의 비중이 어떻게 되는지 적어두자. 패션 브랜드도 줄줄이 다 외울 필요까지는 없겠으나, 그래도 유통업에서 일할 사람이 모르는 브랜드가 너무 많아서는 곤란하다. 카페, 델리 브랜드의 트렌드 변화도 기민하게 살펴봐야 한다.

또한 한국어뿐 아니라 영어, 중국어, 일본어 등 외국어 버전의 플로어 가이드를 마련해둔 쇼핑몰이 많다. 영어로는 해당 브랜드와 시설 등이 어떻게 표기되어 있는지, 다소 조악한 번역은 없는지도 공부해보자. 플로어 가이드는 유통 시설에 대한 작은 백과사전이다. 그 무료 백과사전을 어떻게 이용하는가에 따라 지원자의 내공도, 안목도 분명 달라질 것이다.

04.
여기만은 가보고
자소서를 쓰자

데이트도 유통 현장에서 하라

연애를 하다 보면 데이트 장소를 고르는 것을 고민하게 될 때가 있다. 특히 다채로운 데이트 코스를 짜야 하는 입장에 있을 때 웬만한 곳은 이미 몇 번씩 가보게 되니, 갈 곳이 바닥났다고 생각하곤 한다.

역동적으로 변하는 유통 현장은 하루하루 다르다. 데이트도 백화점이나 복합쇼핑몰에서 해보자. 그 어떤 곳보다 쾌적하고, 날씨에 구애를 받지 않으며, 볼거리가 가득하다. 대학생들의 지갑 사정을 고려하지 않은 제안이라고? 물건을 꼭 살 필요는 없잖은가. 요즘 유통가의 화두는 '체험'이다. 돈을 들이지 않더라도 직접 체험해볼 수 있는 다양한 이벤트가 곳곳에서 전개되고 있다.

인터넷으로 암만 백화점 관련 뉴스를 찾아봐도, 현장에 가보지 않으면 반쪽짜리 검색에 불과하다. 직접 눈으로 보고, 물건을 만져보고, 식음료 매장에서 냄새도 맡아봐야 한다. 매장 디스플레이도 유심히 관찰하고, 팝업스토어도 살펴보고, MD 변화도 기록해두자.

특히 복합쇼핑몰에 가면 하루 종일 머물러도 지겹지 않은 데이트를 할 수 있다. 영화관, 서점뿐만 아니라 패션 아이템과 리빙 소품을 구경해 볼 수도 있다. 몸을 움직일 수 있는 오락 시설, 배가 출출하면 언제든 갈 수 있는 식당과 커피숍도 즐비하다. 중간중간에 고객 누구나 참여할 수 있는 행사, 재미있는 공연도 진행된다.

자연스럽게 데이트를 하며 쇼핑 현장을 바라보는 것과 시장조사 차원에서 준비하고 방문하는 것은 천양지차다. 연인과 유통현장에 와서 느낀 점을 노트나 휴대전화에 기록을 해보라. 그 기록이 쌓이면 어떻게 될까? 자기소개서 제출 직전에 급하게 한두 번 겉만 훑고 가는 시장조사와는 비교도 할 수 없을 정도의 강력한 무기가 될 것이다.

채용설명회는 반드시 참석하라

그룹 차원에서 주관을 하든, 계열사별로 따로 준비를 하든 유통기업들은 상하반기 정기적으로 채용설명회를 선보인다. 취업준비생이라면 채용설명회는 반드시 참석해야 하는 '빅 이벤트'다. 설명회는 보통 평일에 진행한다.

역으로 생각해보자. 각자 처리해야 할 업무로 몹시 바쁜 인사팀 관계자들이 근무 시간을 쪼개 학교로 직접 찾아가서 행사를 진행하는 것이다. 여기에서는 회사 소개 카탈로그와 채용 프로세스 설명서를 배부하고, 간식이나 선물을 나눠주기도 한다. 회사 입장에서는 다 '비용'이다. 그 비용을 쓰기 위해 채용설명회 진행에 대한 내부 결재 과정도 거쳤을 터이다. 그 말인즉슨 채용설명회를 통해 좋은 인재를 찾고, 직접 그 행사에 방문한 구직자들에게 유익한 정보를 제공해주겠다는 메시지가 담겨 있는 것이다. 자신의 자기소개서를 볼 담당자가 나와 있을 수도 있고, 입사 후 같이 일하게 될 선배들을 미리 만나볼 수도 있다.

채용설명회는 정말 회사마다 그 형태가 각양각색이다. 인사팀 관계자들로만 구성해서 채용 프로세스와 입사 후 근무지 배치 및 복리후생 등에 대해 소상히 설명해주기도 하고, 해당 시즌에 뽑고자 하는 직무에서 일하는 현직자가 나오는 경우도 있다. 혹은 어떤 학교를 방문할 때, 그 학교 졸업생을 무대에 올려 동기부여를 하기도 한다. 대표이사가 직접 회사를 설명하는 케이스도 있다. 이때 대표이사가 지향하는 회사의 방향을 읽고, 그 포인트를 자기소개서에 반영하자.

기업이 모든 학교에 다 찾아가는 것은 현실적으로 불가능하다. 자연히 본인이 다니고 있는 학교에 원하는 기업이 설명회를 하러 오지 못할 수도 있다. 그러면 그 중 가장 가까운 학교를 찾아가서 들으면 된다. 해당 기업 채용 홈페이지에 접속하면, 채용설명회 일정과 장소가 자세히 안내되어 있다. 간혹 어떤 친구들은 본인의 학교에는 기업이 잘 찾아오지 않는다고 자신의 학벌을 탓하며 자신감을 잃기도 한다. 더 나아가서 그 기업이 자신을 뽑을 의지가 없다고 예단하고 지원을 망설이기도 한다. 이는 정말 잘못된 생각이다.

채용설명회를 진행하는 학교를 선정하는 과정은 지원자들의 생각처럼 그리 단순하지 않다. 물론 그동안 본인의 학교 선배들이 해당 기업에 많이 입사했으면 아무래도 회사 입장에서 그 부분을 고려하긴 할 것이다. 또 일반적으로는 서울 시내 유수 대학에 가는 경우가 많은 것만은 사실이다.

하지만 가령 어떤 기업에서 이번에 패션 관련 인재에 대한 수요가 작년보다 훨씬 증가했다고 해보자. 이 경우 의류학과가 개설되어 있는 학교를 리스트에 올리게 된다. 그러면 A학교가 여러 측면에서 매우 우수함에도 불구하고 의류학과가 없다는 이유로 제외될 수도 있다. 이것을 그 학교 졸업생을 뽑지 않겠다는 것으로 이해하는 것은 단견의 소치다. 또 기업 입장에서는 취업준비생들이 각종 커뮤니티에서 나누는 여론에도 신경을 써야 하므로, 채용설명회를 진행하는 학교를 다변화하는 시도를 하기도 한다.

결론은 채용설명회가 어디서 열리든 무조건 참석해야 한다는 것이다. 다른 학교 학생이 설명회를 듣는 것은 전혀 문제되지 않는다. 입장을 막거나 불이익을 주지 않는다. 오히려 다른 학교에서 왔다고 하면서 맨 앞줄에 앉아 현직자들에게 허를 찌르는 질문을 던져보자.

실제로 채용설명회 현장에 가보면 상대적으로 채용설명회 참석 기회가 적은 지방 소재 학생들을 적잖이 볼 수 있다. 이들의 열정에 박수를 보내고 싶다. 보통 해당 지역의 거점 국립대학교에서 설명회를 진행하는 경우가 많기 때문에, 이를 놓쳤을 때 서울까지 올라오는 것이다. 우리 학교에서는 채용설명회를 안 하기 때문에 난 그 기업에 지원할 수 없다는 생각은 취업의 문을 더 좁힐 뿐이다. 근처 학교든, 거리가 조금 있는 학교든 채용설명회의 문을 적극적으로 두드리자.

어떤 채용설명회에서는 참석자들에게 서류 단계에서 가점을 부여하기도 한다. 소수점으로 경쟁해야 하는 살풍경한 취업전장에서 이는 어마어마한 혜택이다. 회사 홈페이지나 뉴스 검색에서 얻을 수 있는 제한적인 정보가 아닌 생생한 회사의 상황을 파악할 수도 있다.

어떤 부분을 강조해서 자기소개서를 작성하면 좋을지 실무적인 팁도 마구 방출한다. 한마디로 채용설명회는 '정보 밭'이다. 취업이라는 수확을 목표로 열심히 준비하는 농부라 할 수 있는 취업 준비생이 밭으로 가는 것은 선택이 아닌 의무다.

보다 현실적인 이점은 간혹 해당 직무의 티오를 공개하기도 한다는 점이다. 그룹에서 진행하는 설명회에서는 특정 계열사의 티오도 엿들을 수 있다. 사실 취업준비생들 대부분이 이 기업 아니면 안 된다는 확고한 생각을 하기보다는, 합격 가능성을 놓고 어떤 기업에 지원할지 저울질하는 경우가 많다. 이를 두고 소신이 없다고 비난할 마음 따위 전혀 없다. 외려 현명한 접근이라고 생각한다. 왜냐하면 본인이 꿈꾸고 있는 그 기업에 대해서 사실 잘 모르고 있는 경우가 많기 때문이다.

본인이 유통 마케팅에 관심이 많아서 롯데그룹 채용설명회에 참석했다고 가정해보자. 본인이 지원할 시기에 롯데백화점은 마케팅 직무를 2명 이하로 뽑고, 세븐일레븐을 운영하는 코리아세븐에서는 5명을 뽑는다면 세븐일레븐에 지원해보는 것도 방법이다. 물론 이는 가상의 상황이다. 아니면 직무 구분이 안 된 채 영업관리라는 이름 아래 두 자릿수를 채용하는 회사가 있다면, 그곳에 지원해보는 것도 고려해봄 직하다.

'묻지 마 지원'을 해서는 안 된다거나 본인의 적성을 잘 생각해보라는 등 필자 역시 멋들어진 말을 많이 할 수도 있다. 하지만 날이 갈수록 어려워지는 취업난 속에서 보다 현실적인 판단도 필요함을 염두에 두자는 차원에서 위의 내용을 이해해주면 좋을 듯하다. 현실적으로는 일단 들어가는 게 먼저다. 채용설명회 캘린더를 따로 만들어 부지런히 참석할 것을 권한다.

05.
실패해도 좋다,
공모전에 지원하라

취업이 점점 어려워지고 있다. 예전에는 '취업 3종 세트'라고 불렸는데, 언제부터인가 5종 세트가 되더니, 지금은 또 9종 세트란다. 취업 9종 세트는 학벌, 학점, 토익 점수, 자격증, 어학연수, 공모전, 인턴, 봉사, 성형으로 구성된다. 취업을 하기 위해선 이 9가지가 있어야 한다는 것일까? 취업준비생들과 대화해보면 이 9개가 있다고 취업에 성공한다는 의미가 아니라 오히려 취업의 최소 조건이 9종 세트라고 한다.

선배 입장에서 취업을 준비하는 후배들에게 이런 걸 다 준비하라고 말하는 것은 참 쉽지가 않다. 미안한 마음이 앞선다. 그런데 공모전에 대해서는 좀 다른 이야기를 건네주고 싶다. 파워포인트를 만드는 능력이 조금 부족해도, 발표하는 것에 자신감이 없어도 일단 도전해볼 것을 권한다. 저학년이면 더욱이 무조건 하라고 권하고 싶다.

영어공부도 해야 하고, 경제신문도 읽어야 하고, 전공 학점도 들어야 하는데 웬 시간 낭비냐고? 아니다. 당선되지 않아도 좋다. 준비하는 과정에서 그 어느 때보다 해당 기업에 대해 심도 있는 공부를 하게 된다.

경쟁사 분석도 거치게 되니, 그 회사에 입사하는 데에도 도움이 된다. 또 그 기업이 속한 산업에 대한 밑그림도 조망해볼 수 있다. 이는 면접 과정에서 큰 자산이 된다.

아울러 공모전에서 수상하지 못한 그 에피소드 자체가 자기소개서의 좋은 콘텐츠로 쓰일 수도 있다. 성공한 에피소드를 묻는 문항을 답하기는 비교적 쉬운데, 실패 경험을 쓰라는 문항은 사실 상당히 까다롭다. 왜냐하면 가치 있는 실패담을 말해야 하기 때문이다. 실패를 묻는 이런 질문에도 해당 산업에 관심이 많았음을 드러낼 수 있으면 얼마나 경쟁력이 있겠는가.

면접관들은 특정 산업에서 오랫동안 일해온 잔뼈가 굵은 전문가들이다. 특정 직무의 특정 업무에 매몰되어 있기보다는 산업을 거시적으로 바라볼 수 있는 시각을 갖고 있다. 그렇기 때문에 지원자도 산업을 보는 관점을 기초적인 수준에서나마 갖추고 있어야 그들과 '대화'를 할 수 있다. 묻는 말에 긴장해서 내놓는 달달 외운 답변이 아니라, 부족하게나마 그들과 대화를 이어갈 수 있어야 눈에 띌 수 있는 것이다.

또 면접관들은 귀신같이 다 안다. 지원자들이 자신의 회사만 쓰지 않았다는 것을 말이다. 내 앞에서는 유통업에 투신할 것처럼 말해놓고, 다음 주에는 조선산업에 대한 열정을 피력하고, 그다음 날에는 전자회사 면접장에서 본인이 얼리어답터임을 어필할 것임을 말이다. 이는 나쁜게 아니다. 회사만 구직자를 선발하는 것이 아니다. 취업준비생들도 결국 회사를 선택하는 주체이기 때문이다.

어찌 되었건 면접관들 입장에서 학점이 좀 더 높고, 외국어 점수가

5점 높다고 그 지원자가 더 나아 보이지는 않는다. "어떻게 우리 회사에 관심을 갖게 됐어요?", "유통산업에서 일하고자 마음먹은 계기가 있나요?", "한국의 유통업이 처한 상황을 어떻게 바라보고 있나요?"와 같은 질문에 자기만의 생각을 표현할 줄 아는 지원자가 기억에 남을 것이다.

또 대기업 인사팀 관계자들의 고민 중 하나는 우수한 스펙의 지원자들이 높은 경쟁률을 뚫고 합격해놓고도 금방 퇴사해버리는 문제다. 우리 회사의 자원이 제대로 활약해보지도 못하고 나간 것에 대한 아쉬움도 있겠지만, 보다 현실적으로는 임원 더 나아가서 대표이사가 신입직원들의 조기퇴사를 좋게 볼 리 없다. 인사팀 입장에서 이는 매우 부담스러운 상황이다. 논리적으로 타당하다고 볼 수는 없지만, 어떻게 뽑았길래 혹은 신입사원들은 어떻게 케어했길래 따위의 책임론이 제기될 수 있다.

그러니 해당 산업에 대한 고민이 매우 숙성되었다는 것을 더욱 어필할 필요가 있다. 유통산업에 종사하기 위해 편의점에서 아르바이트를 했다는 것도 분명 의미 있는 논거가 될 수 있다. 그런데 누구나 다 이런 류의 아르바이트 경험을 갖고 있지는 않다. 또 기업들은 입사 지원 시점에서 최대한 시기적으로 가까운 생생한 사례를 원한다. 그럴 때 공모전에 도전하고 준비해온 과정, 수상을 했다면 노하우를, 수상에 실패했다면 그 과정에서 배운 점을 말해보자. 지금 당장 공모전을 준비해보라!

06.
'비非상경계' 걱정 말고,
경제자격증을 취득하라

취업준비생들의 전공은 각양각색이다. 19세, 20세에 선택한 전공으로 취업의 유불리가 결정되는 것은 매우 부당한 것이다. 그때의 관심사와 27세, 28세의 관심사는 또 다를 수가 있기 때문이다. 하지만 본인이 어떤 전공을 선택했든 유통업에서 일하고자 한다면 기초적인 경영, 경제 지식을 갖고 있어야 한다.

모두가 다 경영학, 경제학을 전공할 필요는 없지만 기업에서 일을 하려는 사람이라면 경영학과 경제학의 기초 정도는 숙지할 필요가 있다. 전공자의 경우 졸업장과 학점이수 내역이 있으니 회사에 '증명'이 가능하다. 그런데 비전공자들은 무엇으로 경영경제 지식을 입증할 수 있을까? 자기소개서에 "경제 관련 시사 문제에 관심이 많다.", "경영학 수업을 청강했다."와 같은 문장을 백날 써봤자 강력한 인상을 줄 수 없다.

그런 의미에서 경제신문에서 주관하는 경제자격증을 공부해볼 것을 권한다. 매일경제신문에서는 '매경TEST'를, 한국경제신문에서는 '테샛 TESAT'을 주관하고 있다. 이 시험에서 고득점을 받기 위해 올인하라는 말은 절대 아니다. 경제신문을 꾸준히 읽고, 경영학개론과 경제학개론 수준의 내용을 학습하면 어느 정도의 점수는 확보할 수 있다. 물론 점수나 등급에 욕심이 나면, 시간 투자를 더 하면 된다.

두 신문사 모두 우리 나라를 대표하는 경제지다. 대기업에서 특히 많이 구독하는 매체이기도 하다. 두 자격증 모두 국가공인이고, 이 시험을 우대하는 회사도 점점 증가하고 있다. 본인의 경영경제 지식을 정기적으로 테스트해본다는 의미에서라도 매경TEST나 테샛을 응시해보자.

높은 점수를 받기 위해서는 습관적으로 경제신문을 꼼꼼하게 읽어야 한다. 이렇게 되면 면접 직전에 닥쳐서 시사 상식 공부를 하는 경쟁자들과 차별화할 수 있다. 어찌 보면 신문을 읽고 경제공부를 하는 것은 취업 준비생으로서 해야만 할 과업이다. 이왕 거쳐야 할 과정이라면 자격증을 하나 취득하면 더 좋지 않은가. 또한 회사생활에 필요한 마케팅, 재무 지식을 공부할 동기부여도 생긴다.

혹자는 이렇게 말하기도 한다. 그래 봤자 경영학 전공자보다 못한 것 아니냐고 말이다. 그렇지 않다. 원래 전공의 강점을 살리면서 경영경제 지식까지 갖춘 인재로 포지셔닝하면 된다. 점수가 높지 않으면? 그러면 또 역으로 생각하라. 난 경영학, 경제학 전공자도 아닌데 경영경제의 기초는 닦았다고 말할 수 있다. 어떻게 표현하든 본인에게 득이 되지 결코 해가 되지 않는다.

가령 본인이 도시공학을 전공했다고 해보자. 도시공학 지식을 통해 유통 점포의 입지 선택 과정에 대해 스터디를 했고, 출점규제에 대해서도 수업시간에 나서서 발표했다는 점을 어필하자. 거기에 더해 경제자격증을 통해 경영경제 지식을 습득하면서 유통업계에서 일어나는 제반 현상에 대한 이해도를 높였다고 말해보면 어떨까?

기업이 상경계 졸업(예정)생을 명시적으로 우대하는 것이 개인적으로는 옳다고 보지 않는다. 학부 전공으로 우대를 하고 안 하고를 결정하는 것은 좀 촌스럽다는 것이 필자의 생각이다. 또 교과서와 현업의 상황은 많이 다르기도 하고.

하지만 어쨌든 기업에서 상경계 학생을 선호하는 것이 현실이다. 그런 측면에서 경영, 경제 공부를 했던 것을 가시적으로 증명할 필요가 있다. 그때 괜찮은 선택이 매경TSET와 테샛이다.

참고문헌

들어가며

김웅진 · 박귀환 · 이상윤, 《유통학개론》, 두남, 2009.

신기간, 《유통의 이론과 실제》, 경문사, 2005.

이원준, 《마케팅을 모르고 마케팅에 강해지는 책》, 커뮤니케이션북스, 2010.

PART 1 리테일 레볼루션, 유통업의 변화를 읽다

박명림 · 김상봉, 《다음 국가를 말하다 - 공화국을 위한 열세 가지 질문》, 웅진지식하우스, 2011.

이혜정, 《대한민국의 시험》, 다산4.0, 2017.

서용구 · 김창주, 《불황에 더 잘나가는 불사조 기업》, 더퀘스트, 2017.

이정우, 《약자를 위한 경제학 - 이정우의 강의실 밖 경제 산책》, 개마고원, 2014.

오세조 · 노원희, 〈국내 유통산업 환경 및 경쟁구조 분석〉, 유통물류연구 1권 2호, 한국유통물류정책학회, 2014.

이현재, 《여성혐오, 그 후 - 우리가 만난 비체들》, 들녘, 2016.

〈여성 대학진학률 남성보다 높은데 고용률은 낮아〉, 《이데일리》, 2015.07.02.

이준영, 《1코노미 - 1인 가구가 만드는 비즈니스 트렌드》, 21세기북스, 2017.

에릭 클라이넨버그, 안진이 옮김, 《고잉 솔로 싱글턴이 온다 - 1인가구 시대를 읽어라》, 더퀘스트, 2013.

서명식, 《퍼펙트 세일즈 – 가격을 낮추지 않고 고객의 기대감을 높이는 최고의 기술》, 나비의활주로, 2017.

공병호, 《한국, 10년의 선택》, 21세기북스, 2007.

한국유통포럼(KRF), 《한국유통산업 흐름》, 이서원, 2012.

KT경제경영연구소, 《한국형 4차 산업혁명의 미래 – KT경제경영연구소가 찾아낸 미래 한국의 7가지 성장전략》, 한스미디어, 2017.

박경원, 〈모바일커머스의 품질이 고객만족과 재구매의도에 미치는 영향 : 모바일친숙도의 조절효과를 중심으로〉, 영남대학교 박사학위논문, 2017.

강태훈, 〈모바일커머스의 서비스 특성이 재구매의도에 미치는 영향에 관한 연구 : 스마트 폰 사용자를 중심으로〉, 단국대학교 박사학위논문, 2017.

서용구 · 이정희, 《100일 만에 배우는 유통관리》, 서울경제경영, 2007.

안광호 · 권익현 · 임병훈, 《마케팅》, 북넷, 2012.

〈백화점 매출 5년 연속 29조원대..'마의 30조 벽' 못 넘어〉, 《한국경제TV》, 2017.04.02.

이데일리, 《2012 업계지도》, 어바웃어북, 2011.

강준만, 《한국 현대사 산책 1990년대편 3 – 3당합당에서 스타벅스까지》, 인물과사상사, 2006.

고려대 기업경영연구원 · 전국경제인연합회, 《기업경영 Way 2013 : 기업경영 사례집② – 국제경영 · 재무 · 회계 · LSOM 부문》, FKI미디어, 2013.

이동현, 《경쟁은 전략이다 – 판을 바꾸는 8단계 경쟁 전략 가이드》, 21세기북스, 2012.

허철무, 《소매업 머천다이징》, 한국체인스토어협회, 2006.

하지해, 《3無 경영 – 롯데의 슬럼프 없는 성장 엔진》, 위즈덤하우스, 2011.

매일경제 산업부, 《1등기업의 비밀 – 경영의 神에게 배우는》, 매일경제신문사, 2010.

신성우, 《한국의 숨겨진 재벌가》, 워치북스, 2014.

장대련 · 오세조 · 최순규 · 정승화 · 주인기 · 박영렬 · 박선주, 《글로벌 시대의 기업경쟁 전략 – 한국기업 사례 중심으로》, 연세대학교출판부, 2008.

최진아, 〈신세계백화점의 새로운 도약〉, 국제경영리뷰 18(2), 한국국제경영관리학회, 2014.

존 스틸 고든, 안진환 · 왕수민 옮김, 《부의 제국 – 미국은 어떻게 세계 최강대국이 되었나》, 황금가지, 2007.

"Sears is closing 20 more stores", *Business Insider*, 2017.06.22.

"Macy's Is Closing 63 Stores And Cutting 10,000 Jobs As Sales Plunge Again", *Fortune*, 2017.01.04.

"Macy's Hires eBay Executive Amid Management Shakeup", *Wall Street Journal*, 2017.08.21.

"J.C. Penney Is Closing These 138 Stores This Spring", *Fortune*, 2017.03.17.

김현철, 《어떻게 돌파할 것인가 – 저성장 시대, 기적의 생존 전략》, 다산북스, 2015.

모타니 고스케, 김영주 옮김, 《일본 디플레이션의 진실 – 경제는 "인구"로 움직인다》, 동아시아, 2016.

전종규 · 김보람, 《요우커 천만 시대, 당신은 무엇을 보았는가》, 미래의창, 2015.

〈지금 유통가 새 키워드는 '비욘드 저팬'〉, 《헤럴드경제》, 2017.05.17.

맹명관, 《이마트 100호점의 숨겨진 비밀 – 대한민국 1등 브랜드》, 비전코리아, 2007.

〈대형마트 3사 포인트 어떻게 다를까〉, 비즈니스워치, 2017.03.22.

〈위기의 대형마트 '극과 극' 생존전략〉, 《서울경제》, 2017.09.07.

송의달 · 김영진 · 강효상 · 나지홍 · 김덕한 · 김승범 · 신지은 · 박종세 · 선우정 · 선정민 · 김현진, 《21세기 경영대가를 만나다》, 김영사, 2008.

서광원, 《시작하라 그들처럼 – 위기를 극복한 사람들의 '남다른 시작법'》, 흐름출판, 2009.

삼성경제연구소, 《한국기업의 글로벌 경영 – 사례를 통해 본 전략과 시스템》, 위즈덤하우스, 2008.

김영한, 《굿바이 잭 웰치 – 포스트 잭 웰치 시대의 경영원칙 7가지》, 리더스북, 2006.

〈대형마트 이대로라면 3년안에 구조조정 간다〉, 《헤럴드경제》, 2017.07.17.

삼성경제연구소, 《한국기업의 글로벌 경영 – 사례를 통해 본 전략과 시스템》, 위즈덤하우스, 2008.

정일환, 《알라신이 숨겨둔 금맥, 아세안》, 마이디팟, 2014.

응웬 티 축, 〈유통산업의 해외진출 전략 연구 : 롯데마트의 베트남 진출 사례를 중심으로〉, 명지대학교 석사학위논문, 2016.

김민정, 〈노브랜드가 조절초점과 제품 유형에 따라 제품태도에 미치는 영향 연구〉, 홍익대학교 박사학위논문, 2017.

다케이 노리오, 애드리치 마케팅전략연구소 옮김, 《더 높은 가격으로 더 많이 팔 수 있다》, 커뮤니케이션북스, 2015.

서용구, 《시장에서 승리하는 마케팅의 기술》, 시대의창, 2006.

전영수, 《일본을 통해 본 한국경제 프리즘 – 36개 키워드로 읽는 한국경제 불황 탈출의 해법》, 비즈니스맵, 2008.

〈'점포수=수익' 편의점 영토확장…불붙은 순위 쟁탈전〉, 《헤럴드경제》, 2017.12.21.

정혁준, 《맞수기업열전 – 국내 최강 기업의 라이벌전 그리고 비하인드스토리》, 에쎄, 2009.

송태민 · 서광민 · 김세훈, 《O2O는 어떻게 비즈니스가 되는가 – 온라인과 오프라인이 융합하는 거대한 시장 혁명》, 한스미디어, 2016.

〈4만 곳 육박…'편의점 왕국'의 한숨〉, 《조선일보》, 2017.08.08.

매경이란포럼팀, 《살람, 이란 비즈니스》, 매일경제신문사, 2016.

〈중국의 미래를 이끌 황금 산업] ③프랜차이즈 편의점〉, 《아주경제》, 2017.07.06.

M. Jeffrey Hardwick, *Mall Maker – Victor Gruen, Architect of an American Dream*, University of Pennsylvania Press, 2003.

스티븐 존슨, 홍지수 옮김, 《원더랜드 – 재미와 놀이가 어떻게 세상을 창조했을까》, 프런티어, 2017.

강준만, 《미국사 산책 8 – 미국인의 풍요와 고독》, 인물과사상사, 2010.

장 보드리야르, 이상률 옮김, 《소비의 사회 – 그 신화와 구조》, 문예출판사, 1992.

스티븐 존슨, 홍지수 옮김, 《원더랜드 – 재미와 놀이가 어떻게 세상을 창조했을까》, 프런티어, 2017.

콜린 엘러드, 문희경 옮김, 《공간이 사람을 움직인다 – 마음을 지배하는 공간의 비밀》, 더퀘스트, 2016.

질 밸런타인, 박경환 옮김, 《공간에 비친 사회, 사회를 읽는 공간 – 사회지리학으로의 초대》, 한울, 2014.

안주희, 〈이제 쇼핑(shopping)이 아닌 몰링(malling) 시대〉, 《산은소식》, 2008.

차성수 · 박철, 〈복합쇼핑몰 활성화 방안에 관한 사례연구〉, 유통연구 17(5), 한국유통학회, 2012.

이철우, 《윈윈(Win-Win)에도 순서가 있다 – 유통업계 40년 이철우의 경영 이야기》, 끌리는책, 2013.

김지수, 〈대형 복합쇼핑몰의 동선 계획 특성에 관한 연구〉, 한양대학교 석사학위논문, 2016.

파코 언더힐, 송희령 옮김, 《몰링의 유혹 – 세계를 사로잡은 새로운 소비 트렌드》, 미래의창, 2008.

서울경제 건설부동산부, 《디벨로퍼들 – 부동산시장의 개척자》, RHK, 2016.

조지프 A. 아마토, 김승욱 옮김, 《걷기, 인간과 세상의 대화 – 깃털 없는 두 발 짐승, 인류가 내딛어온 6백만 년 걷기의 역사》, 작가정신, 2006.

노무라종합연구소, 《노무라종합연구소 2017 한국경제 대예측 - 경제 절벽, 어떻게 돌파할 것인가?》, RHK, 2016.

김기환, 《완벽한 쇼핑》, 김영사, 2012.

장현진, 〈도심형 복합쇼핑몰 공간구성 변화에 관한 연구〉, 국민대학교 석사학위논문, 2013.

서정렬·김현아, 《도시는 브랜드다 : 랜드마크에서 퓨처마크로》, 삼성경제연구소, 2008.

송선주, 〈복합상업시설(U.E.C)의 효율적 개발에 관한 연구 : 수원역 롯데쇼핑타운을 중심으로〉, 아주대학교 석사학위논문, 2014.

한경비즈니스·머니, 《대전망 2017 - 대한민국·아시아·세계경제 전문가 111명 심층 진단》, 한국경제신문, 2016.

김인순·손재권·김재연·엄태훈, 《파괴자들 ANTI의 역습》, 한스미디어, 2014.

오세조, 《한눈에 보는 한일 소매유통전쟁》, 중앙경제평론사, 2002.

김원제, 《콘텐츠 실크로드 미디어 오디세이 - 미디어2.0 패러다임이 촉발하는 새로운 콘텐츠 세상으로의 문명 여행》, 이담북스, 2009.

매일경제 경제부, 《문재인노믹스 - 나라다운 나라를 위한 문재인 정부 5년의 약속》, 매일경제신문사, 2017.

크리스티안 미쿤다, 최기철·박성신 옮김, 《제3의 공간 - 환상적인 체험을 제공하는 공간연출 마케팅》, 미래의창, 2005.

염민선·김현철, 〈국내 드러그스토어의 성장전략 - 미·일 드러그스토어의 발전과정과 성장전략을 중심으로〉, 한일경상논집 54권, 한일경상학회, 2012.

심태호 외, 《글로벌 리테일 인사이트 - 세계적 컨설팅회사 AT커니가 제시하는》, 한국체인스토어협회, 2013.

Jonathan Reynolds·Alan Treadgold, *Navigating the New Retail Landscape: A Guide for Business Leaders*, Oxford University Press, 2016.

"2016 TOP 250 GLOBAL POWERS OF RETAILING", *NRF News*, 2017.10.13.

〈日 드러그스토어, 편의점 위협하는 소매업계 새강자〉, 《연합뉴스》, 2017.07.10.

신민정, 〈브랜드 차별화 전략을 통한 국내 드러그스토어의 공간디자인에 대한 연구〉, 홍익대학교 석사학위논문, 2014.

서용구·홍성준, 《유통원론》, 학현사, 2015.

이승영, 〈한국형 드러그스토어의 현황 및 브랜드 차별화 전략에 관한 연구〉, 한국디자인문화학회지 22(2), 한국디자인문화학회, 2016.

이승영, 〈국내 헬스&뷰티스토어의 브랜드 이미지 및 고객만족, 구매의도에 관한 연구〉, 한국디자인문화학회지 22(3), 한국디자인문화학회, 2016.

박성진, 《한국의 TV 홈쇼핑》, 커뮤니케이션북스, 2009.

고성연, 《CJ의 생각 - 문화에서 꿈을 찾다, 7가지 창조적 여정 creative journey》, 열림원, 2016.

김연지, 〈TV홈쇼핑 모바일 앱의 특성이 소비자의 구매에 미치는 영향에관한 연구 : 홈앤쇼핑 모바일 앱 사용자를 중심으로〉, 경기대학교 석사학위논문, 2017.

황근, 《방송 재원》, 커뮤니케이션북스, 2015.

장문정, 《한마디면 충분하다 - 컨셉부터 네이밍, 기발한 카피에서 꽂히는 멘트까지》, 쌤앤파커스, 2017.

오창규·조인희, 〈홈쇼핑 쇼호스트가 소비자의 상품구매동기에 미치는 영향에 관한 연구〉, 한국엔터테인먼트 산업학회 학술대회 논문집, 한국엔터테인먼트 산업학회, 2014.

차세정 · 남윤성 · 박철순, 〈TV 홈쇼핑 산업의 성장과 과제: 우리홈쇼핑(채널명: 롯데홈쇼핑) 사례를 중심으로〉, 중소기업연구 38권 1호, 2016.

이한솔, 〈TV 홈쇼핑 관계 몰입과 홈쇼핑 오프라인 매장 방문 동기가 점포 속성 평가 및 만족도에 미치는 영향〉, 건국대학교 석사학위논문, 2017.

최영수, 《면세점 이야기 – 쇼핑, 관광, 한류의 최전선》, 미래의창, 2013.

김정옥 · 김진형 · 김소형, 〈신라면세점의 특성과 해외시장 진출전략〉, 호텔관광연구 66권, 한국호텔관광학회, 2016.

〈신동빈 "면세점은 롯데가 세계 1위 될 사업…도와달라"〉, 《한국경제》, 2015.09.17.

김민주, 《2010 트렌드 키워드 – 키워드로 읽는 오늘의 세상》, 미래의창, 2009.

박희영, 〈전통시장과 기업형슈퍼마켓(SSM) 방문객의 이용특성 비교 : 서울 수유시장과 중곡 제일시장을 대상으로〉, 서울대학교 석사학위논문, 2013.

김영호, 《유통만 알아도 돈이 보인다 – 초보 사장이 꼭 알아야 할 유통 마케팅의 비밀》, 다산북스, 2009.

이미나 · 김흥순, 〈기업형 슈퍼마켓의 입지특성과 소비자 이용행태 분석 : 서울특별시 소재 L 슈퍼를 중심으로〉, 한국지역개발학회지 25 (1), 한국지역개발학회, 2013.

〈SSM 1위 롯데슈퍼의 고민…"신규점포 늘려야 하는데"〉, 《아시아경제》, 2015.05.19.

홍두승, 《높은 사람 낮은 사람 – 한국사회의 계층을 말한다》, 동아시아, 2010.

〈"홈플러스, 1년 만에 흑자전환 비결은…상품수 줄이고 고객에 집중"〉, 《한국경제》, 2017.04.06.

신기동 · 박주영 · 허지정, 〈기업형 슈퍼마켓(SSM) 확산의 지역상권 영향과 대응방안 연구〉, 정책연구, 경기연구원, 2010.

홍기영, 《비즈 & 노믹스 – 지식 세상 만드는 깊고 다양한 생각》, 매일경제신문사, 2016.

최창일, 《트리즈 마케팅 – 창조경영, 최고의 해결사》, 더난출판사, 2007.

〈다이소, 규제 사각지대 업고 대형마트 넘본다〉, 《헤럴드경제》, 2017.08.10.

심상모, 〈국내 시장의 생활용품샵 디자인경영전략 비교 연구〉, 성균관대학교 석사학위논문, 2017.

츠키이즈미 히로시, 양병철 옮김, 《1승9패 유니클로 vs 9승1패 시마무라 – 과연 누가 진정한 챔피언인가?》, 머니플러스, 2010.

"Alibaba's Singles' Day By The Numbers: A Record $25 Billion Haul", Forbes, 2017.11.12.

PART 2 소비자의 욕망, 리테일 비즈니스 트렌드를 좌우하다

한상용 · 최재훈, 《IS는 왜? – IS는 '테러 괴물'인가, 객관적인 우리 시각으로 파헤친 IS 심층 파일》, 서해문집, 2016.

방정환, 《왜 세계는 인도네시아에 주목하는가 – 아세안경제공동체AEC 최대 경제대국을 가다》, 유아이북스, 2016.

KBS 〈골든 아시아〉 제작팀, 《골든 아시아》, 위즈덤하우스, 2016.

안젤라 강주현, 《혁신 리더의 글로벌 경쟁력 – CSR 전략과 CSV 인재》, 스타북스, 2015.

정수일, 《이슬람문명》, 창비, 2002.

이현수, 《이현수 교수의 서울사용 설명서 2084》, 선, 2008.

오은경, 《이슬람에서 여성으로 산다는 것 – 정신분석을 통해 본 이슬람, 전쟁, 테러 그리고 여성》, 시대의창, 2015.

이진영, 〈젠더감수성(Gender Sensitivity) 측정도구 개발에 관한 연구〉, 이화여자대학교 석사학위논문, 2010.

주홍식, 《스타벅스, 공간을 팝니다 – 하워드 슐츠가 감탄한 스타벅스커피 코리아 1조 매출의 비밀》, 알에이치코리아, 2017.

제러미 리프킨, 신현승 옮김, 《육식의 종말》, 시공사, 2002.

조선비즈 위비경영연구소, 《Weekly BIZ 경제 키워드 71》, 위클리비즈북스, 2016.

파울 트룸머, 김세나 옮김, 《피자는 어떻게 세계를 정복했는가 – 지구를 위협하는 맛있고 빠르고 값싼 음식의 치명적 유혹》, 더난출판사, 2011.

피터 싱어 · 짐 메이슨, 함규진 옮김, 《죽음의 밥상 – 농장에서 식탁까지, 그 길고 잔인한 여정에 대한 논쟁적 탐험》, 산책자, 2008.

마이클 캐롤런, 배현 옮김, 《값싼 음식의 실제 가격 – 값싼 음식의 가격표에 가려진 자연, 사람, 문화의 값비싼 희생》, 열린책들, 2016.

신승철, 《갈라파고스로 간 철학자 – 데카르트에서 들뢰즈 · 가타리까지, 철학 속 생태 읽기》, 서해문집, 2013.

권수현, 《지속 가능하게 섹시하게》, 김영사, 2010.

구정은 · 김세훈 · 손제민 · 남지원 · 정대연, 《지구의 밥상 – 세계화는 전 세계의 식탁들을 어떻게 점령했는가》, 글항아리, 2016.

미하엘 나스트, 김현정 옮김, 《혼자가 더 편한 사람들의 사랑법》, 북하우스, 2016.

E. F. 슈마허, 이상호 옮김, 《작은 것이 아름답다 – 인간 중심의 경제를 위하여》, 문예출판사, 2002.

필립 코틀러, 정준희 옮김, 《필립 코틀러 마케팅을 말하다》, 비즈니스북스, 2005.

마크 턴게이트, 최기철 옮김, 《남자에게 팔아라 – 골드미스터의 브랜드 스토리》, 미래의창, 2009.

김정하, 〈20~30대 남성의 외모관리행동이 자아존중감에 미치는 영향〉, 성신여자대학교 석사학위논문, 2017.

유혜선 · 서용구, 《스토리 마케팅 – 마케팅을 처음 공부하는 사람을 위한》, 명진출판사, 2010.

김남국, 《제로 시대 – 살아남는 기업은 무엇이 다른가》, 비즈니스북스, 2016.

이랑주, 《좋아 보이는 것들의 비밀 – 보는 순간 사고 싶게 만드는 9가지 법칙》, 인플루엔셜, 2016.

이현영, 《콘셉트 커뮤니케이션》, 커뮤니케이션북스, 2014.

오컴(Occam), 《스타트업 코리아 – 틈새와 기회를 발견하다》, 미래의창, 2016.

"Cubs wear zany suits, retailer hits home run", *Chicago Tribune*, 2016.05.02.

전양진 · 성희원, 《화장하는 남자가 시장을 바꾼다》, 삼성경제연구소, 2007.

〈구본걸 LF 회장, M&A 광폭 행보…식자재 사업 매출 견인〉, 뉴시스, 2017.12.14.

"Under Armour Unveils Smart PJs With Tom Brady", *Entrepreneur*, 2017.01.09.

아리아나 허핑턴, 정준희 옮김, 《수면 혁명 – 매일 밤 조금씩 인생을 바꾸는 숙면의 힘》, 민음사, 2016.

최상용, 《하루 3분, 수면 혁명》, 휴, 2014.

아리아나 허핑턴, 강주헌 옮김, 《제3의 성공 – 더 가치있게 더 충실하게 더 행복하게 살기》, 김영사, 2014.

박승오 · 홍승완, 《위대한 멈춤 – 삶을 바꿀 자유의 시간》, 열린책들, 2016.

타마키 타다시, 《한국경제, 돈의 배반이 시작된다 – 잃어버린 20년이 던지는 경고》, 스몰빅인사이트, 2016.

이명섭 · 김장호, 《100세 시대 액티브 시니어 비즈니스》, 행복한세상, 2016.

이현택, 《코웨이》, 커뮤니케이션북스, 2016.

김재영, 《독점의 조건 – 경쟁의 덫에서 벗어나는 카테고리 창조의 법칙》, 한스미디어, 2016.

"Rent the Runway Offers Designer Dresses in the Netflix Model", *The New York Times*, 2009.11.08.

김대이, 《White Space 비즈니스 모델 혁신 워크북 – 저성장 · 저소비의 불황기에 기업은 성장을 위해 어떤 전략을 선택해야 하는가》, 좋은땅, 2015.

Krishnendu Mukherjee, 이영주, 〈한국 가습기 살균제의 비극: 법적 분석〉, 환경법과 정책16, 강원대학교 비교법학연구소, 2016.

조용민, 〈가습기 살균제 사태를 통하여 드러난 문제점과 교훈〉, 의료정책포럼14(2), 대한의사협회 의료정책연구소, 2016.

홍기영, 《비즈 & 노믹스 – 지식 세상 만드는 깊고 다양한 생각》, 매일경제신문사, 2016.

〈우연히 살아남기〉, 《한겨레》, 2016.10.02.

조항민 · 김원제 · 박성철, 《과학기술 저널리즘 쟁점과 사례》, 커뮤니케이션북스, 2017.

tvN 〈판타스틱 패밀리〉 제작팀, 《당신은 누구와 살고 있습니까? – 가족의 틀을 깬 놀라운 신상 가족 밀착 취재기》, 중앙books, 2017.

김종선 · 김태균 · 이창현 · 진변석, 《경.박.한 시사 경제 톡》, 팬덤북스, 2017.

"11/11: Everything To Know About Singles' Day", *Forbes*, 2017.11.08.

"Singles' Day celebrates the new religion of China's middle class – consumerism", *The Independent*, 2017.11.11.

김재현 · 조용만, 《파워 위안화 – 벨 것인가, 베일 것인가》, 미래를소유한사람들, 2014.

프랑크 쉬르마허, 장혜경 옮김, 《고령사회 2018 – 다가올 미래에 대비하라》, 나무생각, 2011.

최홍규, 《푸드 커뮤니케이션 전략》, 커뮤니케이션북스, 2015.

신형덕, 《잘되는 기업은 무엇이 다를까 – 모방 불가능한 경쟁우위의 탄생》, 스마트북스, 2016.

Stephen Brown, *Marketing – The Retro Revolution*, SAGE Publications Ltd, 2001.

배우리, 《신드롬을 읽다 – 우리 삶을 종횡으로 규정하는 신드롬 협상에 대한 문화심리학적 해부》, 미래를소유한사람들, 2012.

클라우디아 해먼드, 이아린 옮김, 《어떻게 시간을 지배할 것인가 – 시간에 쫓기는 사람에서 시간을 리드하는 사람으로》, 위즈덤하우스, 2014.

서석화, 《종이 슬리퍼》, 나남, 1999.

커트 스텐, 하인해 옮김, 《헤어 – 꼿꼿하고 당당한 털의 역사》, Mid, 2017.

로버트 그린 · 주스트 엘퍼스, 안진환 · 이수경 옮김, 《권력의 법칙》, 웅진지식하우스, 2009.

이타미 사토시, 홍성민 옮김, 《굿바이 탈모》, 동아일보사, 2010.

"The (not so) hairy problem of male pattern baldness", *The Guardian*, 2016.09.04.

"The Truth About Hair Loss And Baldness Cures", *Huffington Post*, 2014.11.08.

PART 3 미래 산업을 좌우할 리테일 테크놀로지의 진화

미래전략정책연구원, 《10년 후 4차 산업혁명의 미래 – 전 세계를 뒤흔드는 위기와 기회》, 일상이상, 2017.

전승민, 《휴보이즘 – 나는 대한민국 로봇 휴보다》, Mid, 2014.

LG경제연구원, 《빅뱅 퓨처 – 2030 LG경제연구원 미래 보고서》, 한국경제신문, 2016.

제리 카플란, 신동숙 옮김, 《인간은 필요 없다 – 인공지능 시대의 부와 노동의 미래》, 한스미디어, 2016.

"Bill Gates reveals what he'd study if he were a college freshman today", *Business Insider*, 2017.05.15.

"eBay and Myer launch world-first virtual reality department store", *The Australian Financial Review*, 2016.05.18.

김만기, 《왜 나는 중국을 공부하는가》, 다산북스, 2016.

류종훈, 《젊은 중국이 몰려온다 – 13억 명이 여는 지갑에 우리 미래가 달렸다》, 21세기북스, 2017.

"Wang Hong: China's online stars making real cash", *BBC News*, 2016.08.01.

장야친, 〈중국 왕훙의 특징이 소비자 반응에 미치는 영향에 대한 연구〉, 한국외국어대학교 석사학위논문, 2017.

윤우요, 〈중국의 왕훙 비즈니스에 관한 연구〉, 한국상품문화디자인학회 논문집 49권, 한국상품문화디자인학회(구 한국패키지디자인학회), 2017.

사비오 챈 · 마이클 자쿠어, 홍선영 옮김, 《중국의 슈퍼 컨슈머 – 13억 중국 소비자는 무엇을 원하는가》, 부키, 2015.

진기 · 이승희 · 김은영, 〈중국의 '왕훙(网红)' 마케팅 요소에 대한 탐색적 연구〉, 한국생활과학회 학술대회논문집 (2017.06), 한국생활과학회, 2017.

"Amazon opens line-free grocery store in challenge to supermarkets", *Reuters*, 2016.12.05.

"World's Smartest Companies: The Chinese Are Rising", *Forbes*, 2016.06.21.

"Alibaba lets AI, robots and drones do the heavy lifting on Singles' Day", *South China Morning Post*, 2017.11.11.

"Amazon Robotics Challenge 2017 won by Australian budget bot〉, *BBC News*, 2017.07.31.

"Amazon's $775 million deal for robotics company Kiva is starting to look really smart〉, *Business Insider*, 2016.06.15.

PART 4 공간을 마케팅하는 리테일의 과학

강요식, 《박근혜, 한국 최초 여성 대통령》, 미다스북스, 2012.

〈박근혜 10일 영등포 타임스퀘어서 대선출마 선언〉, 《동아일보》, 2012.07.05.

조평규, 《중국은 우리의 내수시장이다 – 최근 중국을 읽는 코드를 제시》, 좋은땅, 2014.

"Tears, reality TV and the Chinese dream", *Financial Times*, 2013.04.16.

조용성, 《중국의 미래 10년 - 시진핑 시대의 중국을 조망하다!》, 넥서스BIZ, 2012.

전종규·김보람, 《요우커 천만 시대, 당신은 무엇을 보았는가》, 미래의창, 2015.

〈오픈 3년주년 '롯데피트인 동대문' 외국인 비중 60% 육박〉, 《파이낸셜뉴스》, 2016.05.30.

"Dollars & Scents: From clothes to cars to banks, brands seek distinction through fragrance", *Advertising Age*, 2014.12.09.

"Correlation between ambient scent and the brand positioning within consumers unconscious self", *Global Journal of commerce & Management perspective*, 2013.

"Using Scent as a Marketing Tool, Stores Hope It—and Shoppers", *The Wall Street Journal*, 2014.05.20.

"The smell of commerce: How companies use scents to sell their products", *The Independent*, 2011.08.15.

"Scent Marketing Expands to Banks", *Bloomberg*, 2014.01.09.

"Why Some Smells Make You Feel Nostalgic, According To Science", *Bustle*, 2017.12.25.

김명혜, 〈백화점 문화센터와 소비문화시대의 주부 정체성〉, 한국방송학보 16(2), 한국방송학회, 2002.

유진선, 〈전업주부의 사회문화예술교육기관으로서의 백화점 문화센터 연구〉, 한국예술종합학교 석사학위논문, 2008.

이화준, 〈백화점 문화센터 이용이 백화점에 대한 고객의 만족도와 충성도에 미치는 영향 연구〉, 중앙대학교 석사학위논문, 2013.

최승은, 〈백화점 문화센터 뷰티 강좌 구매행동에 관한 질적 연구〉, 성균관대학교 석사학위논문, 2016.

〈"백화점문화센터, 전문학원 버금가는 강좌.. 가성비 높아"〉, 《파이낸셜뉴스》, 2017.11.05.

〈롯데마트 문화센터 홈페이지 마비…문화센터 겨울학기 신청 폭주〉, 《조선비즈》, 2017.10.26.

고성연, 《CJ의 생각 - 문화에서 꿈을 찾다, 7가지 창조적 여정 creative journey》, 열림원, 2016.

윤호진, 《한류 20년, 대한민국 빅 콘텐츠》, 커뮤니케이션북스, 2016.

하기와라 도시히코, 《경영학 수업》, 비즈페이퍼, 2006.

홍선관, 《개발사업 로드맵》, 중앙일보조인스랜드, 2012.

매일경제 세계지식포럼 사무국, 《대혁신의 길》, 매일경제신문사, 2017.

조병찬, 《한국시장사》, 동국대학교출판부, 2004.

모종린, 《라이프스타일 도시》, 위클리비즈북스, 2016.

부록 - 리테일 취업 어드바이스

심태호 외, 《글로벌 리테일 인사이트 - 세계적 컨설팅회사 AT커니가 제시하는》, 한국체인스토어협회, 2013.

〈유통은 '일자리 낳는 거위'…대형 3시, 10년간 매년 9000명씩 채용〉, 《한국경제》, 2017.05.29.

김홍진, 《스마트경영: IT 전문경영인 김홍진의 4차 산업혁명시대 경영 제언》, 위클리비즈북스, 2017.

한상린·이성호·문지효, 〈유통산업의 국민경제적 파급효과 분석〉, 유통연구 22(3), 한국유통학회, 2017.

쇼핑은 어떻게 최고의 엔터테인먼트가 되었나

리테일 비즈니스, 소비자의 욕망을 읽다

초판 1쇄 발행 2018년 4월 27일

지은이 석혜탁
펴낸이 성의현
펴낸곳 미래의창

책임편집 한지원
디자인 공미향 · 박고은

등록 제10-1962호(2000년 5월 3일)
주소 서울시 마포구 잔다리로 62-1 미래의창빌딩(서교동 376-15, 5층)
전화 02-338-5175 **팩스** 02-338-5140
ISBN 978-89-5989-500-7 03320

미래의창은 여러분의 소중한 원고를 기다리고 있습니다. 원고 투고는 미래의창 블로그와 이메일을
이용해주세요. 책을 통해 여러분의 소중한 생각을 많은 사람들과 나누시기 바랍니다.
블로그 www.miraebook.co.kr 이메일 miraebookjoa@naver.com